Garnet Bracelet

and Other Stories

Alexander Kuprin

Гранатовый браслет

и другие рассказы

Александр И. Куприн

Garnet Bracelet and Other Stories

ISNB: 978-1-60444-860-3

Гранатовый браслет и другие рассказы

© Индоевропейских Издание , 2018

ISNB: 978-1-60444-860-3

ГРАНАТОВЫЙ БРАСЛЕТ

I

В середине августа, перед рождением молодого месяца, вдруг наступили отвратительные погоды, какие так свойственны северному побережью Черного моря. То по целым суткам тяжело лежал над землею и морем густой туман, и тогда огромная сирена на маяке ревела днем и ночью, точно бешеный бык. То с утра до утра шел не переставая мелкий, как водяная пыль, дождик, превращавший глинистые дороги и тропинки в сплошную густую грязь, в которой увязали надолго возы и экипажи. То задувал с северо-запада, со стороны степи свирепый ураган; от него верхушки деревьев раскачивались, пригибаясь и выпрямляясь, точно волны в бурю, гремели по ночам железные кровли дач, казалось, будто кто-то бегает по ним в подкованных сапогах, вздрагивали оконные рамы, хлопали двери, и дико завывало в печных трубах. Несколько рыбачьих баркасов заблудилось в море, а два и совсем не вернулись: только спустя неделю повыбрасывало трупы рыбаков в разных местах берега.

Обитатели пригородного морского курорта - большей частью греки и евреи, жизнелюбивые и мнительные, как все южане,- поспешно перебирались в город. По размякшему шоссе без конца тянулись ломовые дроги, перегруженные всяческими домашними вещами: тюфяками, диванами, сундуками, стульями, умывальниками, самоварами. Жалко, и грустно, и противно было глядеть сквозь мутную кисею дождя на этот жалкий скарб, казавшийся таким изношенным, грязным и нищенским; на горничных и кухарок, сидевших на верху воза на мокром брезенте с какими-то утюгами, жестянками и корзинками в руках, на запотевших, обессилевших лошадей, которые то и дело останавливались, дрожа коленями, дымясь и часто нося боками, на сипло ругавшихся дрогалей, закутанных от дождя в рогожи. Еще печальнее было видеть оставленные дачи с их внезапным простором, пустотой и оголенностью, с изуродованными клумбами, разбитыми стеклами, брошенными собаками и всяческим дачным сором из окурков, бумажек, черепков, коробочек и аптекарских пузырьков.

Но к началу сентября погода вдруг резко и совсем нежданно переменилась. Сразу наступили тихие безоблачные дни, такие ясные, солнечные и теплые, каких не было даже в июле. На обсохших сжатых полях, на их колючей желтой щетине заблестела слюдяным блеском осенняя паутина. Успокоившиеся деревья бесшумно и покорно роняли желтые листья.

Княгиня Вера Николаевна Шеина, жена предводителя дворянства, не могла покинуть дачи, потому что в их городском доме еще не покончили с ремонтом. И теперь она очень радовалась наступившим прелестным дням, тишине, уединению, чистому воздуху, щебетанью на телеграфных проволоках ласточек, стаившихся к отлету, и ласковому соленому ветерку, слабо тянувшему с моря.

II

Кроме того, сегодня был день ее именин - 17 сентября. По милым, отдаленным воспоминаниям детства она всегда любила этот день и всегда ожидала от него чего-то счастливо-чудесного. Муж, уезжая утром по спешным делам в город, положил ей на ночной столик футляр с прекрасными серьгами из грушевидных жемчужин, и этот подарок еще больше веселил ее.

Она была одна во всем доме. Ее холостой брат Николай, товарищ прокурора, живший обыкновенно вместе с ними, также уехал в город, в суд. К обеду муж обещал привезти немногих и только самых близких знакомых. Хорошо выходило, что именины совпали с дачным временем. В городе пришлось бы тратиться на большой парадный обед, пожалуй даже на бал, а здесь, на даче, можно было обойтись самыми небольшими расходами. Князь Шеин, несмотря на свое видное положение в обществе, а может быть, и благодаря ему, едва сводил концы с концами. Огромное родовое имение было почти совсем расстроено его предками, а жить приходилось выше средств: делать приемы, благотворить, хорошо одеваться, держать лошадей и т. д. Княгиня Вера, у которой прежняя страстная любовь к мужу давно уже перешла в чувство прочной, верной, истинной дружбы, всеми силами старалась помочь князю удержаться от полного разорения. Она во многом, незаметно для него, отказывала себе и, насколько возможно, экономила в домашнем хозяйстве.

Теперь она ходила по саду и осторожно срезала ножницами цветы к обеденному столу. Клумбы опустели и имели беспорядочный вид. Доцветали разноцветные махровые гвоздики, а также левкой – наполовину в цветах, а наполовину в тонких зеленых стручьях, пахнувших капустой, розовые кусты еще давали – в третий раз за это лето – бутоны и розы, но уже измельчавшие, редкие, точно выродившиеся. Зато пышно цвели своей холодной, высокомерной красотою георгины, пионы и астры, распространяя в чутком воздухе осенний, травянистый, грустный запах. Остальные цветы после своей роскошной любви и чрезмерного обильного

2

летнего материнства тихо осыпали на землю бесчисленные семена будущей жизни.

Близко на шоссе послышались знакомые звуки автомобильного трехтонного рожка. Это подъезжала сестра княгини Веры – Анна Николаевна Фриессе, с утра обещавшая по телефону приехать помочь сестре принимать гостей и по хозяйству.

Тонкий слух не обманул Веру. Она пошла навстречу. Через несколько минут у дачных ворот круто остановился изящный автомобиль–карета, и шофер, ловко спрыгнув с сиденья, распахнул дверцу.

Сестры радостно поцеловались. Они с самого раннего детства были привязаны друг к другу теплой и заботливой дружбой. По внешности они до странного не были схожи между собою. Старшая, Вера, пошла в мать, красавицу англичанку, своей высокой гибкой фигурой, нежным, но холодным и гордым лицом, прекрасными, хотя довольно большими руками и той очаровательной покатостью плеч, какую можно видеть на старинных миниатюрах. Младшая – Анна, – наоборот, унаследовала монгольскую кровь отца, татарского князя, дед которого крестился только в начале XIX столетия и древний род которого восходил до самого Тамерлана, или Ланг-Темира, как с гордостью называл ее отец, по-татарски, этого великого кровопийцу. Она была на полголовы ниже сестры, несколько широкая в плечах, живая и легкомысленная, насмешница. Лицо ее сильно монгольского типа с довольно заметными скулами, с узенькими глазами, которые она к тому же по близорукости щурила, с надменным выражением в маленьком, чувственном рте, особенно в слегка выдвинутой вперед полной нижней губе, – лицо это, однако, пленяло какой-то неуловимой и непонятной прелестью, которая заключалась, может быть, в улыбке, может быть, в глубокой женственности всех черт, может быть, в пикантной, задорно–кокетливой мимике. Ее грациозная некрасивость возбуждала и привлекала внимание мужчин гораздо чаще и сильнее, чем аристократическая красота ее сестры.

Она была замужем за очень богатым и очень глупым человеком, который ровно ничего не делал, но числился при каком–то благотворительном учреждении и имел звание камер-юнкера. Мужа она терпеть не могла, но родила от него двух детей – мальчика и девочку; больше она решила не иметь детей и не имела. Что касается Веры-та жадно хотела детей и даже, ей казалось, чем больше, тем лучше, но почему-то они у нее не рождались, и она болезненно и пылко обожала хорошеньких малокровных детей младшей сестры, всегда приличных и послушных, с бледными мучнистыми лицами и с завитыми льняными кукольными волосами.

3

Анна вся состояла из веселой безалаберности и милых, иногда странных противоречий. Она охотно предавалась самому рискованному флирту во всех столицах и на всех курортах Европы, но никогда не изменяла мужу, которого, однако, презрительно высмеивала и в глаза и за глаза; была расточительна, страшно любила азартные игры, танцы, сильные впечатления, острые зрелища, посещала за границей сомнительные кафе, но в то же время отличалась щедрой добротой и глубокой, искренней набожностью, которая заставила ее даже принять тайно католичество. У нее были редкой красоты спина, грудь и плечи. Отправляясь на большие балы, она обнажалась гораздо больше пределов, дозволяемых приличием и модой, но говорили, что под низким декольте у нее всегда была надета власяница.

Вера же была строго проста, со всеми холодно и немного свысока любезна, независима и царственно спокойна.

III

– Боже мой, как у вас здесь хорошо! Как хорошо! – говорила Анна, идя быстрыми и мелкими шагами рядом с сестрой по дорожке. – Если можно, посидим немного на скамеечке над обрывом. Я так давно не видела моря. И какой чудный воздух: дышишь – и сердце веселится. В Крыму, в Мисхоре, прошлым летом я сделала изумительное открытие. Знаешь, чем пахнет морская вода во время прибоя? Представь себе – резедой.

Вера ласково усмехнулась:

– Ты фантазерка.

– Нет, нет. Я помню также раз, надо мной все смеялись, когда я сказала, что в лунном свете есть какой-то розовый оттенок. А на днях художник Борицкий – вот тот, что пишет мой портрет, – согласился, что я была права и что художники об этом давно знают.

– Художник – твое новое увлечение?

– Ты всегда придумаешь! – засмеялась Анна и, быстро подойдя к самому краю обрыва, отвесной стеной падавшего глубоко в море, заглянула вниз и вдруг вскрикнула в ужасе и отшатнулась назад с побледневшим лицом.

– У, как высоко! – произнесла она ослабевшим и вздрагивающим голосом. – Когда я гляжу с такой высоты, у меня всегда как-то сладко и противно щекочет в груди... и пальцы на ногах щемит... И все-таки тянет, тянет...

Она хотела еще раз нагнуться над обрывом, но сестра остановила ее.

– Анна, дорогая моя, ради бога! У меня у самой голова кружится, когда ты так делаешь. Прошу тебя, сядь.

– Ну хорошо, хорошо, села... Но ты только посмотри, какая красота, какая радость – просто глаз не насытится. Если бы ты знала, как я благодарна богу за все чудеса, которые он для нас сделал!

Обе на минутку задумались. Глубоко–глубоко под ними покоилось море. Со скамейки не было видно берега, и оттого ощущение бесконечности и величия морского простора еще больше усиливалось. Вода была ласково–спокойна и весело–синя, светлея лишь косыми гладкими полосами в местах течения и переходя в густо–синий глубокий цвет на горизонте.

Рыбачьи лодки, с трудом отмечаемые глазом – такими они казались маленькими, – неподвижно дремали в морской глади, недалеко от берега. А дальше точно стояло в воздухе, не подвигаясь вперед, трехмачтовое судно, все сверху донизу одетое однообразными, выпуклыми от ветра, белыми стройными парусами.

– Я тебя понимаю, – задумчиво сказала старшая сестра, – но у меня как–то не так, как у тебя. Когда я в первый раз вижу море после большого времени, оно меня и волнует, и радует, и поражает. Как будто я в первый раз вижу огромное, торжественное чудо. Но потом, когда привыкну к нему, оно начинает меня давить своей плоской пустотой... Я скучаю, глядя на него, и уж стараюсь больше не смотреть. Надоедает.

Анна улыбнулась.

– Чему ты? – спросила сестра.

– Прошлым летом, – сказала Анна лукаво, – мы из Ялты поехали большой кавалькадой верхом на Уч–Кош. Это там, за лесничеством, выше водопада. Попали сначала в облако, было очень сыро и плохо видно, а мы все поднимались вверх по крутой тропинке между соснами. И вдруг как–то сразу окончился лес, и мы вышли из тумана. Вообрази себе; узенькая площадка на скале, и под ногами у нас пропасть. Деревни внизу кажутся не больше спичечной коробки, леса и сады – как мелкая травка. Вся местность спускается к морю, точно географическая карта. А там дальше – море! Верст на пятьдесят, на сто вперед. Мне казалось – я повисла в воздухе и вот-вот полечу. Такая красота, такая легкость! Я оборачиваюсь назад и говорю проводнику в восторге: "Что? Хорошо, Сеид–оглы?" А он только языком почмокал: "Эх, барина, как мине все это надоел. Каждый день видим".

– Благодарю за сравнение, – засмеялась Вера, – нет, я только думаю, что нам, северянам, никогда не понять прелести моря. Я люблю лес. Помнишь лес у нас в Егоровском?.. Разве может он когда-нибудь прискучить? Сосны!.. А какие мхи!.. А мухоморы! Точно из красного атласа и вышиты белым бисером. Тишина такая... прохлада.

5

– Мне все равно, я все люблю, – ответила Анна. – А больше всего я люблю мою сестренку, мою благоразумную Вереньку. Нас ведь только двое на свете.

Она обняла старшую сестру и прижалась к ней, щека к щеке. И вдруг спохватилась.

– Нет, какая же я глупая! Мы с тобою, точно в романе, сидим и разговариваем о природе, а я совсем забыла про мой подарок. Вот посмотри. Я боюсь только, понравится ли?

Она достала из своего ручного мешочка маленькую записную книжку в удивительном переплете: на старом, стершемся и посеревшем от времени синем бархате вился тускло-золотой филигранный узор редкой сложности, тонкости и красоты, – очевидно, любовное дело рук искусного и терпеливого художника. Книжка была прикреплена к тоненькой, как нитка, золотой цепочке, листки в середине были заменены таблетками из слоновой кости.

– Какая прекрасная вещь! Прелесть! – сказала Вера и поцеловала сестру. – Благодарю тебя. Где ты достала такое сокровище?

– В одной антикварной лавочке. Ты ведь знаешь мою слабость рыться в старинном хламе. Вот я и набрела на этот молитвенник. Посмотри, видишь, как здесь орнамент делает фигуру креста. Правда, я нашла только один переплет, остальное все пришлось придумывать – листочки, застежки, карандаш. Но Моллине совсем не хотел меня понять, как я ему ни толковала. Застежки должны были быть в таком же стиле, как и весь узор, матовые, старого золота, тонкой резьбы, а он бог знает что сделал. Зато цепочка настоящая венецианская, очень древняя.

Вера ласково погладила прекрасный переплет.

– Какая глубокая старина!.. Сколько может быть этой книжке? – спросила она.

– Я боюсь определить точно. Приблизительно конец семнадцатого века, середина восемнадцатого...

– Как странно, – сказала Вера с задумчивой улыбкой. – Вот я держу в своих руках вещь, которой, может быть, касались руки маркизы Помпадур или самой королевы Антуанетты... Но знаешь, Анна, это только тебе могла прийти в голову шальная мысль переделать молитвенник в дамский carnet[1]. Однако все-таки пойдем посмотрим, что там у нас делается.

Они пошли в дом через большую каменную террасу, со всех сторон закрытую густыми шпалерами винограда "изабелла". Черные обильные гроздья, издававшие слабый запах клубники, тяжело свисали между темной, кое-где озолоченной солнцем зеленью. По всей террасе

---

[1] Carnet - записная книжка (франц.).

разливался зеленый полусвет, от которого лица женщин сразу побледнели.

– Ты велишь здесь накрывать? – спросила Анна.

– Да, я сама так думала сначала... Но теперь вечера такие холодные. Уж лучше в столовой. А мужчины пусть сюда уходят курить.

– Будет кто-нибудь интересный?

– Я еще не знаю. Знаю только, что будет наш дедушка.

– Ах, дедушка милый. Вот радость! – воскликнула Анна и всплеснула руками. – Я его, кажется, сто лет не видала.

– Будет сестра Васи и, кажется, профессор Спешников. Я вчера, Анненька, просто голову потеряла. Ты знаешь, что они оба любят покушать – и дедушка и профессор. Но ни здесь, ни в городе – ничего не достанешь ни за какие деньги. Лука отыскал где-то перепелов – заказал знакомому охотнику – и что-то мудрит над ними. Ростбиф достали сравнительно недурной, – увы! – неизбежный ростбиф. Очень хорошие раки.

– Ну что ж, не так уж дурно. Ты не тревожься. Впрочем, между нами, у тебя у самой есть слабость вкусно поесть.

– Но будет и кое-что редкое. Сегодня утром рыбак принес морского детуха. Я сама видела. Прямо какое-то чудовище. Даже страшно.

Анна, до жадности любопытная ко всему, что ее касалось и что не касалось, сейчас же потребовала, чтобы ей принесли показать морского петуха.

Пришел высокий, бритый, желтолицый повар Лука с большой продолговатой белой лоханью, которую он с трудом, осторожно держал за ушки, боясь расплескать воду на паркет.

– Двенадцать с половиною фунтов, ваше сиятельство, – сказал он с особенной поварской гордостью. – Мы давеча взвешивали.

Рыба была слишком велика для лоханки и лежала на дне, завернув хвост. Ее чешуя отливала золотом, плавники были ярко-красного цвета, а от громадной хищной морды шли в стороны два нежно-голубых складчатых, как веер, длинных крыла. Морской петух был еще жив и усиленно работал жабрами.

Младшая сестра осторожно дотронулась мизинцем до головы рыбы. Но петух неожиданно всплеснул хвостом, и Анна с визгом отдернула руку.

– Не извольте беспокоиться, ваше сиятельство, все в лучшем виде устроим, – сказал повар, очевидно понимавший тревогу Анны. – Сейчас болгарин принес две дыни. Ананасные. На манер вроде как канталупы, но только запах куда ароматнее. И еще осмелюсь спросить ваше сиятельство, какой соус прикажете подавать к петуху: тартар или польский, а то можно просто сухари в масле?

7

– Делай, как знаешь. Ступай! – сказала княгиня.

IV

После пяти часов стали съезжаться гости. Князь Василий Львович привез с собою вдовую сестру Людмилу Львовну, по мужу Дурасову, полную, добродушную и необыкновенно молчаливую женщину; светского молодого богатого шалопая и кутилу Васючка, которого весь город знал под этим фамильярным именем, очень приятного в обществе уменьем петь и декламировать, а также устраивать живые картины, спектакли и благотворительные базары; знаменитую пианистку Женни Рейтер, подругу княгини Веры по Смольному институту, а также своего шурина Николая Николаевича. За ними приехал на автомобиле муж Анны с бритым толстым, безобразно огромным профессором Спешниковым и с местным вице-губернатором фон Зекком. Позднее других приехал генерал Аносов, в хорошем наемном ландо, в сопровождении двух офицеров: штабного полковника Понамарева, преждевременно состарившегося, худого, желчного человека, изможденного непосильной канцелярской работой, и гвардейского гусарского поручика Бахтинского, который славился в Петербурге как лучший танцор и несравненный распорядитель балов.

Генерал Аносов, тучный, высокий, серебряный старец, тяжело слезал с подножки, держась одной рукой за поручни козел, а другой – за задок экипажа. В левой руке он держал слуховой рожок, а в правой – палку с резиновым наконечником. У него было большое, грубое, красное лицо с мясистым носом и с тем добродушно-величавым, чуть-чуть презрительным выражением в прищуренных глазах, расположенных лучистыми, припухлыми полукругами, какое свойственно мужественным и простым людям, видавшим часто и близко перед своими глазами опасность и смерть. Обе сестры, издали узнавшие его, подбежали к коляске как раз вовремя, чтобы полушутя, полусерьезно поддержать его с обеих сторон под руки.

– Точно... архиерея! – сказал генерал ласковым хриповатым басом.

– Дедушка, миленький, дорогой! – говорила Вера тоном легкого упрека. – Каждый день вас ждем, а вы хоть бы глаза показали.

– Дедушка у нас на юге всякую совесть потерял, – засмеялась Анна. – Можно было бы, кажется, вспомнить о крестной дочери. А вы держите себя донжуаном, бесстыдник, и совсем забыли о нашем существовании...

Генерал, обнажив свою величественную голову, целовал поочередно руки у обеих сестер, потом целовал их в щеки и опять в руку.

8

— Девочки... подождите... не бранитесь, — говорил он, перемежая каждое слово вздохами, происходившими от давнишней одышки. — Честное слово... докторишки разнесчастные... все лето купали мои ревматизмы... в каком-то грязном... киселе, ужасно пахнет... И не выпускали... Вы первые... к кому приехал... Ужасно рад... с вами увидеться... Как прыгаете?.. Ты, Верочка... совсем леди... очень стала похожа... на покойницу мать... Когда крестить позовешь?

— Ой, боюсь, дедушка, что никогда...

— Не отчаивайся... все впереди... Молись богу... А ты, Аня, вовсе не изменилась... Ты и в шестьдесят лет... будешь такая же стрекоза-егоза. Постойте-ка. Давайте я вам представлю господ офицеров.

— Я уже давно имел эту честь! — сказал полковник Понамарев, кланяясь.

— Я был представлен княгине в Петербурге, — подхватил гусар.

— Ну, так представлю тебе, Аня, поручика Бахтинского. Танцор и буян, но хороший кавалерист. Вынь-ка, Бахтинский, милый мой, там из коляски... Пойдемте, девочки... Чем, Верочка, будешь кормить? У меня... после лиманного режима... аппетит, как у выпускного... прапорщика.

Генерал Аносов был боевым товарищем и преданным другом покойного князя Мирза-Булат-Тугановского. Всю нежную дружбу и любовь он после смерти князя перенес на его дочерей. Он знал их еще совсем маленькими, а младшую Анну даже крестил. В то время — как и до сих пор — он был комендантом большой, но почти упраздненной крепости в г. К. и ежедневно бывал в доме Тугановских. Дети просто обожали его за баловство, за подарки, за ложи в цирк и театр и за то, что никто так увлекательно не умел играть с ними, как Аносов. Но больше всего их очаровывали и крепче всего запечатлелись в их памяти его рассказы о военных походах, сражениях и стоянках на бивуаках, о победах и отступлениях, о смерти, ранах и лютых морозах, — неторопливые, эпически спокойные, простосердечные рассказы, рассказываемые между вечерним чаем и тем скучным часом, когда детей позовут спать.

По нынешним нравам этот обломок старины представлялся исполинской и необыкновенно живописной фигурой. В нем совмещались именно те простые, но трогательные и глубокие черты, которые даже и в его времена гораздо чаще встречались в рядовых, чем в офицерах, те чисто русские, мужицкие черты, которые в соединении дают возвышенный образ, делавший иногда нашего солдата не только непобедимым, но и великомучеником, почти святым, — черты, состоявшие из бесхитростной, наивной веры, ясного, добродушно-веселого взгляда на жизнь, холодной и деловой отваги, покорства перед лицом смерти, жалости к побежденному, бесконечного терпения и поразительной физической и нравственной выносливости.

Аносов, начиная с польской войны, участвовал во всех кампаниях, кроме японской. Он и на эту войну пошел бы без колебаний, но его не позвали, а у него всегда было великое по скромности правило: "Не лезь на смерть, пока тебя не позовут". За всю свою службу он не только никогда не высек, но даже не ударил ни одного солдата. Во время польского мятежа он отказался однажды расстреливать пленных, несмотря на личное приказание полкового командира. "Шпиона я не только расстреляю, – сказал он, – но, если прикажете, лично убью. А это пленные, и я не могу". И сказал он это так просто, почтительно, без тени вызова или рисовки, глядя прямо в глаза начальнику своими ясными, твердыми глазами, что его, вместо того чтобы самого расстрелять, оставили в покое.

В войну 1877–1879 годов он очень быстро дослужился до чина полковника, несмотря на то, что был мало образован или, как он сам выражался, кончил только "медвежью академию". Он участвовал при переправе через Дунай, переходил Балканы, отсиживался на Шипке, был при последней атаке Плевны; ранили его один раз тяжело, четыре – легко, и, кроме того, он получил осколком гранаты жестокую контузию в голову. Радецкий и Скобелев знали его лично и относились к нему с исключительным уважением. Именно про него и сказал как-то Скобелев: "Я знаю одного офицера, который гораздо храбрее меня, – это майор Аносов".

С войны он вернулся почти оглохший благодаря осколку гранаты, с больной ногой, на которой были ампутированы три отмороженных, во время балканского перехода, пальца, с жесточайшим ревматизмом, нажитым на Шипке. Его хотели было по истечении двух лет мирной службы упечь в отставку, но Аносов заупрямился. Тут ему очень кстати помог своим влиянием начальник края, живой свидетель его хладнокровного мужества при переправе через Дунай. В Петербурге решили не огорчать заслуженного полковника, и ему дали пожизненное место коменданта в г. К. – должность более почетную, чем нужную в целях государственной обороны.

В городе его все знали от мала до велика и добродушно посмеивались над его слабостями, привычками и манерой одеваться. Он всегда ходил без оружия, в старомодном сюртуке, в фуражке с большими полями и с громадным прямым козырьком, с палкою в правой руке, со слуховым рожком в левой и непременно в сопровождении двух ожиревших, ленивых, хриплых мопсов, у которых всегда кончик языка был высунут наружу и прикушен. Если ему во время обычной утренней прогулки приходилось встречаться со знакомыми, то прохожие за несколько кварталов слышали, как кричит комендант и как дружно вслед за ним лают его мопсы.

Как многие глухие, он был страстным любителем оперы, и иногда, во время какого-нибудь томного дуэта, вдруг на весь театр раздавался его решительный бас: "А ведь чисто взял до, черт возьми! Точно орех разгрыз". По театру проносился сдержанный смех, но генерал даже и не подозревал этого: по своей наивности он думал, что шепотом обменялся со своим соседом свежим впечатлением.

По обязанности коменданта он довольно часто, вместе со своими хрипящими мопсами, посещал главную гауптвахту, где весьма уютно за винтом, чаем и анекдотами отдыхали от тягот военной службы арестованные офицеры. Он внимательно расспрашивал каждого: "Как фамилия? Кем посажен? На сколько? За что?" Иногда совершенно неожиданно хвалил офицера за бравый, хотя и противозаконный поступок, иногда начинал распекать, крича так, что его бывало слышно на улице. Но, накричавшись досыта, он без всяких переходов и пауз осведомлялся, откуда офицеру носят обед и сколько он за него платит. Случалось, что какой-нибудь заблудший подпоручик, присланный для долговременной отсидки из такого захолустья, где даже не имелось собственной гауптвахты, признавался, что он, по безденежью, довольствуется из солдатского котла. Аносов немедленно распоряжался, чтобы бедняге носили обед из комендантского дома, от которого до гауптвахты было не более двухсот шагов.

В г. К. он и сблизился с семьей Тугановских и такими тесными узами привязался к детям, что для него стало душевной потребностью видеть их каждый вечер. Если случалось, что барышни выезжали куда-нибудь или служба задерживала самого генерала, то он искренно тосковал и не находил себе места в больших комнатах комендантского дома. Каждое лето он брал отпуск и проводил целый месяц в имении Тугановских, Егоровском, отстоявшем от К. на пятьдесят верст.

Он всю свою скрытую нежность души и потребность сердечной любви перенес на эту детвору, особенно на девочек. Сам он был когда-то женат, но так давно, что даже позабыл об этом. Еще до войны жена сбежала от него с проезжим актером, пленясь его бархатной курткой и кружевными манжетами. Генерал посылал ей пенсию вплоть до самой ее смерти, но в дом к себе не пустил, несмотря на сцены раскаяния и слезные письма. Детей у них не было.

V

Против ожидания, вечер был так тих и тепел, что свечи на террасе и в столовой горели неподвижными огнями. За обедом всех потешал князь

11

Василий Львович. У него была необыкновенная и очень своеобразная способность рассказывать. Он брал в основу рассказа истинный эпизод, где главным действующим лицом являлся кто-нибудь из присутствующих или общих знакомых, но так сгущал краски и при этом говорил с таким серьезным лицом и таким деловым тоном, что слушатели надрывались от смеха. Сегодня он рассказывал о неудавшейся женитьбе Николая Николаевича на одной богатой и красивой даме. В основе было только то, что муж дамы не хотел давать ей развода. Но у князя правда чудесно переплелась с вымыслом. Серьезного, всегда несколько чопорного Николая он заставил ночью бежать по улице в одних чулках, с башмаками под мышкой. Где-то на углу молодого человека задержал городовой, и только после длинного и бурного объяснения Николаю удалось доказать, что он товарищ прокурора, а не ночной грабитель. Свадьба, по словам рассказчика, чуть-чуть было не состоялась, но в самую критическую минуту отчаянная банда лжесвидетелей, участвовавших в деле, вдруг забастовала, требуя прибавки к заработной плате. Николай из скупости (он и в самом деле был скуповат), а также будучи принципиальным противником стачек и забастовок, наотрез отказался платить лишнее, ссылаясь на определенную статью закона, подтвержденную мнением кассационного департамента. Тогда рассерженные лжесвидетели на известный вопрос: "Не знает ли кто-нибудь из присутствующих поводов, препятствующих совершению брака?" – хором ответили: "Да, знаем. Все показанное нами на суде под присягой – сплошная ложь, к которой нас принудил угрозами и насилием господин прокурор. А про мужа этой дамы мы, как осведомленные лица, можем сказать только, что это самый почтенный человек на свете, целомудренный, как Иосиф, и ангельской доброты".

Напав на нить брачных историй, князь Василий не пощадил и Густава Ивановича Фриессе, мужа Анны, рассказав, что он на другой день после свадьбы явился требовать при помощи полиции выселения новобрачной из родительского дома, как не имеющую отдельного паспорта, и водворения ее на место проживания законного мужа. Верного в этом анекдоте было только то, что в первые дни замужней жизни Анна должна была безотлучно находиться около захворавшей матери, так как Вера спешно уехала к себе на юг, а бедный Густав Иванович предавался унынию и отчаянию.

Все смеялись. Улыбалась и Анна своими прищуренными глазами. Густав Иванович хохотал громко и восторженно, и его худое, гладко обтянутое блестящей кожей лицо, с прилизанными жидкими, светлыми волосами, с ввалившимися глазными орбитами, походило на череп, обнажавший в смехе прескверные зубы. Он до сих пор обожал Анну, как и в первый день супружества, всегда старался сесть около нее, незаметно притронуться к ней и ухаживал за нею так влюбленно и самодовольно, что часто становилось за него и жалко и неловко.

Перед тем как вставать из-за стола, Вера Николаевна машинально пересчитала гостей. Оказалось – тринадцать. Она была суеверна и подумала про себя: "Вот это нехорошо! Как мне раньше не пришло в голову посчитать? И Вася виноват – ничего не сказал по телефону".

Когда у Шейных или у Фриессе собирались близкие знакомые, то после обеда обыкновенно играли в покер, так как обе сестры до смешного любили азартные игры. В обоих домах даже выработались на этот счет свои правила: всем играющим раздавались поровну костяные жетончики определенной цены, и игра длилась до тех пор, пока все костяшки не переходили в одни руки, – тогда игра на этот вечер прекращалась, как бы партнеры ни настаивали на продолжении. Брать из кассы второй раз жетоны строго запрещалось. Такие суровые законы были выведены из практики, для обуздания княгини Веры и Анны Николаевны, которые в азарте не знали никакого удержу. Общий проигрыш редко достигал ста – двухсот рублей.

Сели за покер и на этот раз. Вера, не принимавшая участия в игре, хотела выйти на террасу, где накрывали к чаю, но вдруг ее с несколько таинственным видом вызвала из гостиной горничная.

– Что такое, Даша? – с неудовольствием спросила княгиня Вера, проходя в свой маленький кабинет, рядом со спальней. – Что у вас за глупый вид? И что такое вы вертите в руках?

Даша положила на стол небольшой квадратный предмет, завернутый аккуратно в белую бумагу и тщательно перевязанный розовой ленточкой.

– Я, ей-богу, не виновата, ваше сиятельство, – залепетала она, вспыхнув румянцем от обиды. – Он пришел и сказал...

– Кто такой – он?

– Красная шапка, ваше сиятельство... посыльный...

– И что же?

– Пришел на кухню и положил вот это на стол. "Передайте, говорит, вашей барыне. Но только, говорит, в ихние собственные руки". Я спрашиваю: от кого? А он говорит: "Здесь все обозначено". И с теми словами убежал.

– Подите и догоните его.

– Никак не догонишь, ваше сиятельство. Он приходил в середине обеда, я только вас не решалась обеспокоить, ваше сиятельство. Полчаса времени будет.

– Ну хорошо, идите.

Она разрезала ножницами ленту и бросила в корзину вместе с

бумагой, на которой был написан ее адрес. Под бумагой оказался небольшой ювелирный футляр красного плюша, видимо, только что из магазина. Вера подняла крышечку, подбитую бледно-голубым шелком, и увидела втиснутый в черный бархат овальный золотой браслет, а внутри его бережно сложенную красивым восьмиугольником записку. Она быстро развернула бумажку. Почерк показался ей знакомым, но, как настоящая женщина, она сейчас же отложила записку в сторону, чтобы посмотреть на браслет.

Он был золотой, низкопробный, очень толстый, но дутый и с наружной стороны весь сплошь покрытый небольшими старинными, плохо отшлифованными гранатами. Но зато посредине браслета возвышались, окружая какой-то странный маленький зеленый камешек, пять прекрасных гранатов-кабошонов, каждый величиной с горошину. Когда Вера случайным движением удачно повернула браслет перед огнем электрической лампочки, то в них, глубоко под их гладкой яйцевидной поверхностью, вдруг загорелись прелестные густо-красные живые огни.

"Точно кровь!" – подумала с неожиданной тревогой Вера.

Потом она вспомнила о письме и развернула его. Она прочитала следующие строки, написанные мелко, великолепно-каллиграфическим почерком:

"Ваше Сиятельство,

Глубокоуважаемая Княгиня Вера Николаевна!

Почтительно поздравляя Вас с светлым и радостным днем Вашего Ангела, я осмеливаюсь препроводить Вам мое скромное верноподданническое подношение".

"Ах, это – тот!" – с неудовольствием подумала Вера. Но, однако, дочитала письмо...

"Я бы никогда не позволил себе преподнести Вам что-либо, выбранное мною лично: для этого у меня нет ни права, ни тонкого вкуса и – признаюсь – ни денег. Впрочем, полагаю, что и на всем свете не найдется сокровища, достойного украсить Вас.

Но этот браслет принадлежал еще моей прабабке, а последняя, по времени, его носила моя покойная матушка. Посередине, между большими камнями, Вы увидите один зеленый. Это весьма редкий сорт граната – зеленый гранат. По старинному преданию, сохранившемуся в нашей семье, он имеет свойство сообщать дар предвидения носящим его женщинам и отгоняет от них тяжелые мысли, мужчин же охраняет от насильственной смерти.

Все камни с точностью перенесены сюда со старого серебряного браслета, и Вы можете быть уверены, что до Вас никто еще этого браслета не надевал.

Вы можете сейчас же выбросить эту смешную игрушку или подарить ее кому-нибудь, но я буду счастлив и тем, что к ней прикасались Ваши руки.

Умоляю Вас не гневаться на меня. Я краснею при воспоминании о моей дерзости семь лет тому назад, когда Вам, барышне, я осмеливался писать глупые и дикие письма и даже ожидать ответа на них. Теперь во мне осталось только благоговение, вечное преклонение и рабская преданность. Я умею теперь только желать ежеминутно Вам счастья и радоваться, если Вы счастливы. Я мысленно кланяюсь до земли мебели, на которой Вы сидите, паркету, по которому Вы ходите, деревьям, которые Вы мимоходом трогаете, прислуге, с которой Вы говорите. У меня нет даже зависти ни к людям, ни к вещам.

Еще раз прошу прощения, что обеспокоил Вас длинным, ненужным письмом.

Ваш до смерти и после смерти покорный слуга.

Г. С. Ж.".

"Показать Васе или не показать? И если показать – то когда? Сейчас или после гостей? Нет, уж лучше после – теперь не только этот несчастный будет смешон, но и я вместе с ним".

Так раздумывала княгиня Вера и не могла отвести глаз от пяти алых кровавых огней, дрожавших внутри пяти гранатов.

VI

Полковника Понамарева едва удалось заставить сесть играть в покер. Он говорил, что не знает этой игры, что вообще не признает азарта даже в шутку, что любит и сравнительно хорошо играет только в винт. Однако он не устоял перед просьбами и в конце концов согласился.

Сначала его приходилось учить и поправлять, но он довольно быстро освоился с правилами покера, и вот не прошло и получаса, как все фишки очутились перед ним.

– Так нельзя! – сказала с комической обидчивостью Анна. – Хоть бы немного дали поволноваться.

Трое из гостей – Спешников, полковник и вице-губернатор, туповатый, приличный и скучный немец, – были такого рода люди, что Вера положительно не знала, как их занимать и что с ними делать. Она составила для них винт, пригласив четвертым Густава Ивановича. Анна издали, в виде благодарности, прикрыла глаза веками, и сестра сразу поняла ее. Все знали, что если не усадить Густава Ивановича за карты, то он целый вечер будет ходить около жены, как пришитый, скаля свои гнилые зубы на лице черепа и портя жене настроение духа.

Теперь вечер потек ровно, без принуждения, оживленно. Васючок пел вполголоса, под аккомпанемент Женни Рейтер, итальянские народные канцонетты и рубинштейновские восточные песни. Голосок у него был маленький, но приятного тембра, послушный и верный. Женни Рейтер, очень требовательная музыкантша, всегда охотно ему аккомпанировала. Впрочем, говорили, что Васючок за нею ухаживает.

В углу на кушетке Анна отчаянно кокетничала с гусаром. Вера подошла и с улыбкой прислушалась.

— Нет, нет, вы, пожалуйста, не смейтесь, — весело говорила Анна, щуря на офицера свои милые, задорные татарские глаза. — Вы, конечно, считаете за труд лететь сломя голову впереди эскадрона и брать барьеры на скачках. Но посмотрите только на наш труд. Вот теперь мы только что покончили с лотереей-аллегри. Вы думаете, это было легко? Фи! Толпа, накурено, какие-то дворники, извозчики, я не знаю, как их там зовут... И все пристают с жалобами, с какими-то обидами... И целый, целый день на ногах. А впереди еще предстоит концерт в пользу недостаточных интеллигентных тружениц, а там еще белый бал...

— На котором, смею надеяться, вы не откажете мне в мазурке? — вставил Бахтинский и, слегка наклонившись, щелкнул под креслом шпорами.

— Благодарю... Но самое, самое мое больное место — это наш приют. Понимаете, приют для порочных детей...

— О, вполне понимаю. Это, должно быть, что-нибудь очень смешное?

— Перестаньте, как вам не совестно смеяться над такими вещами. Но вы понимаете, в чем наше несчастие? Мы хотим приютить этих несчастных детей с душами, полными наследственных пороков и дурных примеров, хотим обогреть их, обласкать...

— Гм!..

— ...поднять их нравственность, пробудить в их душах сознание долга... Вы меня понимаете? И вот к нам ежедневно приводят детей сотнями, тысячами, но между ними — ни одного порочного! Если спросишь родителей, не порочное ли дитя, — так можете представить — они даже оскорбляются! И вот приют открыт, освящен, все готово — и ни одного воспитанника, ни одной воспитанницы! Хоть премию предлагай за каждого доставленного порочного ребенка.

— Анна Николаевна, — серьезно и вкрадчиво перебил ее гусар. — Зачем премию? Возьмите меня бесплатно. Честное слово, более порочного ребенка вы нигде не отыщете.

— Перестаньте! С вами нельзя говорить серьезно, — расхохоталась она, откидываясь на спинку кушетки и блестя глазами.

Князь Василий Львович, сидя за большим круглым столом, показывал своей сестре, Аносову и шурину домашний юмористический альбом с собственноручными рисунками. Все четверо смеялись от души, и это понемногу перетянуло сюда гостей, не занятых картами.

Альбом служил как бы дополнением, иллюстрацией к сатирическим рассказам князя Василия. Со своим непоколебимым спокойствием он показывал, например: "Историю любовных похождений храброго генерала Аносова в Турции, Болгарии и других странах"; "Приключение петиметра князя Николя Булат—Тугановского в Монте—Карло" и так далее.

– Сейчас увидите, господа, краткое жизнеописание нашей возлюбленной сестры Людмилы Львовны, – говорил он, бросая быстрый смешливый взгляд на сестру. – Часть первая – детство. "Ребенок рос, его назвали Лима".

На листке альбома красовалась умышленно по–детски нарисованная фигура девочки, с лицом в профиль, но с двумя глазами, с ломаными черточками, торчащими вместо ног из–под юбки, с растопыренными пальцами разведенных рук.

– Никогда меня никто не называл Лимой, – засмеялась Людмила Львовна.

– Часть вторая. Первая любовь. Кавалерийский юнкер подносит девице Лиме на коленях стихотворение собственного изделия. Там есть поистине жемчужной красоты строки:

Твоя прекрасная нога –
Явленье страсти неземной!

Вот и подлинное изображение ноги.

А здесь юнкер склоняет невинную Лиму к побегу из родительского дома. Здесь самое бегство. А это вот – критическое положение: разгневанный отец догоняет беглецов. Юнкер малодушно сваливает всю беду на кроткую Лиму.

Ты там все пудрилась, час лишний провороня,
И вот за нами вслед ужасная погоня...
Как хочешь с ней разделывайся ты,
А я бегу в кусты.

После истории девицы Лимы следовала новая повесть: "Княгиня Вера и влюбленный телеграфист".

– Эта трогательная поэма только лишь иллюстрирована пером и цветными карандашами, – объяснял серьезно Василий Львович. – Текст еще изготовляется.

– Это что–то новое, – заметил Аносов, – я еще этого не видал.

– Самый последний выпуск. Свежая новость книжного рынка.

Вера тихо дотронулась до его плеча.

– Лучше не нужно, – сказала она.

Но Василий Львович или не расслышал ее слов, или не придал им настоящего значения.

– Начало относится к временам доисторическим. В один прекрасный майский день одна девица, по имени Вера, получает по почте письмо с целующимися голубками на заголовке. Вот письмо, а вот и голуби.

Письмо содержит в себе пылкое признание в любви, написанное вопреки всем правилам орфографии. Начинается оно так: "Прекрасная Блондина, ты, которая... бурное море пламени, клокочущее в моей груди. Твой взгляд, как ядовитый змей, впился в мою истерзанную душу" и так далее. В конце скромная подпись: "По роду оружия я бедный телеграфист, но чувства мои достойны милорда Георга. Не смею открывать моей полной фамилии – она слишком неприлична. Подписываюсь только начальными буквами: П. П. Ж. Прошу отвечать мне в почтамт, посте рестанте" [2]. Здесь вы, господа, можете видеть и портрет самого телеграфиста, очень удачно исполненный цветными карандашами.

Сердце Веры пронзено (вот сердце, вот стрела). Но, как благонравная и воспитанная девица, она показывает письмо почтенным родителям, а также своему другу детства и жениху, красивому молодому человеку Васе Шеину. Вот и иллюстрация. Конечно, со временем здесь будут стихотворные объяснения к рисункам.

Вася Шеин, рыдая, возвращает Вере обручальное кольцо. "Я не смею мешать твоему счастию, – говорит он, – но, умоляю, не делай сразу решительного шага. Подумай, поразмысли, проверь и себя и его. Дитя, ты не знаешь жизни и летишь, как мотылек на блестящий огонь. А я, – увы! – я знаю хладный и лицемерный свет. Знай, что телеграфисты увлекательны, но коварны. Для них доставляет неизъяснимое наслаждение обмануть своей гордой красотой и фальшивыми чувствами неопытную жертву и жестоко насмеяться над ней".

Проходит полгода. В вихре жизненного вальса Вера позабывает своего поклонника и выходит замуж за красивого Васю, но телеграфист не забывает ее. Вот он переодевается трубочистом и, вымазавшись сажей, проникает в будуар княгини Веры. Следы пяти пальцев и двух губ остались, как видите, повсюду: на коврах, на подушках, на обоях и даже на паркете.

Вот он в одежде деревенской бабы поступает на нашу кухню простой

---

2 poste restante - до востребования (искаж. франц.).

судомойкой. Однако излишняя благосклонность повара Луки заставляет его обратиться в бегство.

Вот он в сумасшедшем доме. А вот постригся в монахи. Но каждый день неуклонно посылает он Вере страстные письма. И там, где падают на бумагу его слезы, там чернила расплываются кляксами.

Наконец он умирает, но перед смертью завещает передать Вере две телеграфные пуговицы и флакон от духов – наполненный его слезами...

– Господа, кто хочет чаю? – спросила Вера Николаевна.

VII

Долгий осенний закат догорел. Погасла последняя багровая, узенькая, как щель, полоска, рдевшая на самом краю горизонта, между сизой тучей и землей. Уже не стало видно ни земли, ни деревьев, ни неба. Только над головой большие звезды дрожали своими ресницами среди черной ночи, да голубой луч от маяка подымался прямо вверх тонким столбом и точно расплескивался там о небесный купол жидким, туманным, светлым кругом. Ночные бабочки бились о стеклянные колпаки свечей. Звездчатые цветы белого табака в палисаднике запахли острее из темноты и прохлады.

Спешников, вице–губернатор и полковник Понамарев давно уже уехали, обещав прислать лошадей обратно со станции трамвая за комендантом. Оставшиеся гости сидели на террасе. Генерала Аносова, несмотря на его протесты, сестры заставили надеть пальто и укутали его ноги теплым пледом. Перед ним стояла бутылка его любимого красного вина Pommard, рядом с ним по обеим сторонам сидели Вера и Анна. Они заботливо ухаживали за генералом, наполняли тяжелым, густым вином его тонкий стакан, придвигали ему спички, нарезали сыр и так далее. Старый комендант хмурился от блаженства.

– Да-с... Осень, осень, осень, – говорил старик, глядя на огонь свечи и задумчиво покачивая головой. – Осень. Вот и мне уж пора собираться. Ах, жаль–то как! Только что настали красные денечки. Тут бы жить да жить на берегу моря, в тишине, спокойненько...

– И пожили бы у нас, дедушка, – сказала Вера.

– Нельзя, милая, нельзя. Служба... Отпуск кончился... А что говорить, хорошо бы было! Ты посмотри только, как розы–то пахнут... Отсюда слышу. А летом в жары ни один цветок не пахнул, только белая акация... да и та конфетами.

Вера вынула из вазочки две маленькие розы, розовую и карминную, и вдела их в петлицу генеральского пальто.

— Спасибо, Верочка. — Аносов нагнул голову к борту шинели, понюхал цветы и вдруг улыбнулся славной старческой улыбкой.

— Пришли мы, помню я, в Букарест и разместились по квартирам. Вот как–то иду я по улице. Вдруг повеял на меня сильный розовый запах, я остановился и увидал, что между двух солдат стоит прекрасный хрустальный флакон с розовым маслом. Они смазали уже им сапоги и также ружейные замки. "Что это у вас такое?" – спрашиваю. "Какое–то масло, ваше высокоблагородие, клали его в кашу, да не годится, так и дерет рот, а пахнет оно хорошо". Я дал им целковый, и они с удовольствием отдали мне его. Масла уже оставалось не более половины, но, судя по его дороговизне, было еще, по крайней мере, на двадцать червонцев. Солдаты, будучи довольны, добавили: "Да вот еще, ваше высокоблагородие, какой–то турецкий горох, сколько его ни варили, а все не подается, проклятый". Это был кофе; я сказал им: "Это только годится туркам, а солдатам нейдет". К счастию, опиуму они не наелись. Я видел в некоторых местах его лепешки, затоптанные в грязи.

— Дедушка, скажите откровенно, — попросила Анна, — скажите, испытывали вы страх во время сражений? Боялись?

— Как это странно, Анночка: боялся – не боялся. Понятное дело – боялся. Ты не верь, пожалуйста, тому, кто тебе скажет, что не боялся и что свист пуль для него самая сладкая музыка. Это или псих, или хвастун. Все одинаково боятся. Только один весь от страха раскисает, а другой себя держит в руках. И видишь: страх–то остается всегда один и тот же, а уменье держать себя от практики все возрастает; отсюда и герои и храбрецы. Так–то. Но испугался я один раз чуть не до смерти.

— Расскажите, дедушка, — попросили в один голос сестры.

Они до сих пор слушали рассказы Аносова с тем же восторгом, как и в их раннем детстве. Анна даже невольно совсем по–детски расставила локти на столе и уложила подбородок на составленные пятки ладоней. Была какая–то уютная прелесть в его неторопливом и наивном повествовании. И самые обороты фраз, которыми он передавал свои военные воспоминания, принимали у него невольно странный, неуклюжий, несколько книжный характер. Точно он рассказывал по какому–то милому, древнему стереотипу.

— Рассказ очень короткий, — отозвался Аносов. — Это было на Шипке, зимой, уже после того, как меня контузили в голову. Жили мы в землянке, вчетвером. Вот тут–то со мною и случилось страшное приключение. Однажды поутру, когда я встал с постели, представилось мне, что я не Яков, а Николай, и никак я не мог себя переуверить в том. Приметив, что у меня делается помрачение ума, закричал, чтобы подали мне воды, помочил голову, и рассудок мой воротился.

— Воображаю, Яков Михайлович, сколько вы там побед одержали над

20

женщинами, – сказала пианистка Женни Рейтер. – Вы, должно быть, смолоду очень красивы были.

– О, наш дедушка и теперь красавец! – воскликнула Анна.

– Красавцем не был, – спокойно улыбаясь, сказал Аносов. – Но и мной тоже не брезговали. Вот в этом же Букаресте был очень трогательный случай. Когда мы в него вступили, то жители встретили нас на городской площади с пушечною пальбою, от чего пострадало много окошек; но те, на которых поставлена была в стаканах вода, остались невредимы. А почему я это узнал? А вот почему. Пришедши на отведенную мне квартиру, я увидел на окошке стоящую низенькую клеточку, на клеточке была большого размера хрустальная бутылка с прозрачной водой, в ней плавали золотые рыбки, и между ними сидела на примосточке канарейка. Канарейка в воде! – это меня удивило, но, осмотрев, увидел, что в бутылке дно широко и вдавлено глубоко в середину, так что канарейка свободно могла влетать туда и сидеть. После сего сознался сам себе, что я очень недогадлив.

Вошел я в дом и вижу прехорошенькую болгарочку. Я предъявил ей квитанцию на постой и кстати уж спросил, почему у них целы стекла после канонады, и она мне объяснила, что это от воды. А также объяснила и про канарейку: до чего я был несообразителен!.. И вот среди разговора взгляды наши встретились, между нами пробежала искра, подобная электрической, и я почувствовал, что влюбился сразу – пламенно и бесповоротно.

Старик замолчал и осторожно потянул губами черное вино.

– Но ведь вы все–таки объяснились с ней потом? – спросила пианистка.

– Гм... конечно, объяснились... Но только без слов. Это произошло так...

– Дедушка, надеюсь, вы не заставите нас краснеть? – заметила Анна, лукаво смеясь.

– Нет, нет, – роман был самый приличный. Видите ли: всюду, где мы останавливались на постой, городские жители имели свои исключения и прибавления, но в Букаресте так коротко обходились с нами жители, что когда однажды я стал играть на скрипке, то девушки тотчас нарядились и пришли танцевать, и такое обыкновение повелось на каждый день.

Однажды, во время танцев, вечером, при освещении месяца, я вошел в сенцы, куда скрылась и моя болгарочка. Увидев меня, она стала притворяться, что перебирает сухие лепестки роз, которые, надо сказать, тамошние жители собирают целыми мешками. Но я обнял ее, прижал к своему сердцу и несколько раз поцеловал.

С тех пор каждый раз, когда являлась луна на небе со звездами, спешил я к возлюбленной моей и все денные заботы на время забывал с нею. Когда же последовал наш поход из тех мест, мы дали друг другу клятву в вечной взаимной любви и простились навсегда.

– И все? – спросила разочарованно Людмила Львовна.

– А чего же вам больше? – возразил комендант.

– Нет, Яков Михайлович, вы меня извините – это не любовь, а просто бивуачное приключение армейского офицера.

– Не знаю, милая моя, ей–богу, не знаю – любовь это была или иное чувство...

– Да нет... скажите... неужели в самом деле вы никогда не любили настоящей любовью? Знаете, такой любовью, которая... ну, которая... словом... святой, чистой, вечной любовью... неземной... Неужели не любили?

– Право, не сумею вам ответить, – замялся старик, поднимаясь с кресла. – Должно быть, не любил. Сначала все было некогда: молодость, кутежи, карты, война... Казалось, конца не будет жизни, юности и здоровью. А потом оглянулся – и вижу, что я уже развалина... Ну, а теперь, Верочка, не держи меня больше. Я распрощаюсь... Гусар, – обратился он к Бахтинскому, – ночь теплая, пойдемте–ка навстречу нашему экипажу.

– И я пойду с вами, дедушка, – сказала Вера.

– И я, – подхватила Анна.

Перед тем как уходить, Вера подошла к мужу и сказала ему тихо:

– Поди посмотри... там у меня в столе, в ящичке, лежит красный футляр, а в нем письмо. Прочитай его.

VIII

Анна с Бахтинским шли впереди, а сзади их, шагов на двадцать, комендант под руку с Верой. Ночь была так черна, что в первые минуты, пока глаза не притерпелись после света к темноте, приходилось ощупью ногами отыскивать дорогу. Аносов, сохранивший, несмотря на годы, удивительную зоркость, должен был помогать своей спутнице. Время от времени он ласково поглаживал своей большой холодной рукой руку Веры, легко лежавшую на сгибе его рукава.

– Смешная эта Людмила Львовна, – вдруг заговорил генерал, точно продолжая вслух течение своих мыслей. – Сколько раз я в жизни наблюдал: как только стукнет даме под пятьдесят, а в особенности если она вдова или старая девка, то так и тянет ее около чужой любви покрутиться. Либо шпионит, злорадствует и сплетничает, либо лезет устраивать чужое счастье, либо разводит словесный гуммиарабик насчет возвышенной любви. А я хочу сказать, что люди в наше время разучились любить. Не вижу настоящей любви. Да и в мое время не видел!

— Ну как же это так, дедушка? — мягко возразила Вера, пожимая слегка его-руку. — Зачем клеветать? Вы ведь сами были женаты. Значит, все–таки любили?

— Ровно ничего не значит, дорогая Верочка. Знаешь, как женился? Вижу, сидит около меня свежая девчонка. Дышит — грудь так и ходит под кофточкой. Опустит ресницы, длинные–длинные такие, и вся вдруг вспыхнет. И кожа на щеках нежная, шейка белая такая, невинная, и руки мяконькие, тепленькие. Ах ты, черт! А тут папа–мама ходят вокруг, за дверями подслушивают, глядят на тебя грустными такими, собачьими, преданными глазами. А когда уходишь — за дверями этакие быстрые поцелуйчики... За чаем ножка тебя под столом как будто нечаянно тронет... Ну и готово. "Дорогой Никита Антоныч, я пришел к вам просить руки вашей дочери. Поверьте, что это святое существо..." А у папы уже и глаза мокрые, и уж целоваться лезет... "Милый! Я давно догадывался... Ну, дай вам бог... Смотри только береги это сокровище..." И вот через три месяца святое сокровище ходит в затрепанном капоте, туфли на босу ногу, волосенки жиденькие, нечесаные, в папильотках, с денщиками собачится, как кухарка, с молодыми офицерами ломается, сюсюкает, взвизгивает, закатывает глаза. Мужа почему–то на людях называет Жаком. Знаешь, этак в нос, с растяжкой, томно: "Ж–а–а–ак". Мотовка, актриса, неряха, жадная. И глаза всегда лживые–лживые... Теперь все прошло, улеглось, утряслось. Я даже этому актеришке в душе благодарен... Слава богу, что детей не было...

— Вы простили им, дедушка?

— Простил — это не то слово, Верочка. Первое время был как бешеный. Если бы тогда увидел их, конечно, убил бы обоих. А потом понемногу отошло и отошло, и ничего не осталось, кроме презрения. И хорошо. Избавил бог от лишнего пролития крови. И кроме того, избежал я общей участи большинства мужей. Что бы я был такое, если бы не этот мерзкий случай? Вьючный верблюд, позорный потатчик, укрыватель, дойная корова, ширма, какая–то домашняя необходимая вещь... Нет! Все к лучшему, Верочка.

— Нет, нет, дедушка, в вас все–таки, простите меня, говорит прежняя обида... А вы свой несчастный опыт переносите на все человечество. Возьмите хоть нас с Васей. Разве можно назвать наш брак несчастливым?

Аносов довольно долго молчал. Потом протянул неохотно:

— Ну, хорошо... скажем — исключение... Но вот в большинстве–то случаев почему люди женятся? Возьмем женщину. Стыдно оставаться в девушках, особенно когда подруги уже повыходили замуж. Тяжело быть лишним ртом в семье. Желание быть хозяйкой, главною в доме, дамой,

23

самостоятельной... К тому же потребность, прямо физическая потребность материнства, и чтобы начать вить свое гнездо. А у мужчины другие мотивы. Во–первых, усталость от холостой жизни, от беспорядка в комнатах, от трактирных обедов, от грязи, окурков, разорванного и разрозненного белья, от долгов, от бесцеремонных товарищей, и прочее и прочее. Во–вторых, чувствуешь, что семьей жить выгоднее, здоровее и экономнее. В–третьих, думаешь: вот пойдут детишки, – я–то умру, а часть меня все–таки останется на свете... нечто вроде иллюзии бессмертия. В–четвертых, соблазн невинности, как в моем случае. Кроме того, бывают иногда и мысли о приданом. А где же любовь–то? Любовь бескорыстная, самоотверженная, не ждущая награды? Та, про которую сказано – "сильна, как смерть"? Понимаешь, такая любовь, для которой совершить любой подвиг, отдать жизнь, пойти на мучение – вовсе не труд, а одна радость. Постой, постой, Вера, ты мне сейчас опять хочешь про твоего Васю? Право же, я его люблю. Он хороший парень. Почем знать, может быть, будущее и покажет его любовь в свете большой красоты. Но ты пойми, о какой любви я говорю. Любовь должна быть трагедией. Величайшей тайной в мире! Никакие жизненные удобства, расчеты и компромиссы не должны ее касаться.

– Вы видели когда–нибудь такую любовь, дедушка? – тихо спросила Вера.

– Нет, – ответил старик решительно. – Я, правда, знаю два случая похожих. Но один был продиктован глупостью, а другой... так... какая–то кислота... одна жалость... Если хочешь, я расскажу. Это недолго.

– Прошу вас, дедушка.

– Ну, вот. В одном полку нашей дивизии (только не в нашем) была жена полкового командира. Рожа, я тебе скажу, Верочка, преестественная. Костлявая, рыжая, длинная, худущая, ротастая... Штукатурка с нее так и сыпалась, как со старого московского дома. Но, понимаешь, этакая полковая Мессалина: темперамент, властность, презрение к людям, страсть к разнообразию. Вдобавок – морфинистка.

И вот однажды, осенью, присылают к ним в полк новоиспеченного прапорщика, совсем желторотого воробья, только что из военного училища. Через месяц эта старая лошадь совсем овладела им. Он паж, он слуга, он раб, он вечный кавалер ее в танцах, носит ее веер и платок, в одном мундирчике выскакивает на мороз звать ее лошадей. Ужасная это штука, когда свежий и чистый мальчишка положит свою первую любовь к ногам старой, опытной и властолюбивой развратницы. Если он сейчас выскочил невредим – все равно в будущем считай его погибшим. Это – штамп на всю жизнь.

К рождеству он ей уже надоел. Она вернулась к одной из своих прежних, испытанных пассий. А он не мог. Ходит за ней, как привидение.

Измучился весь, исхудал, почернел. Говоря высоким штилем — "смерть уже лежала на его высоком челе". Ревновал он ее ужасно. Говорят, целые ночи простаивал под ее окнами.

И вот однажды весной устроили они в полку какую-то маевку или пикник. Я и ее и его знал лично, но при этом происшествии не был. Как и всегда в этих случаях, было много выпито. Обратно возвращались ночью пешком по полотну железной дороги. Вдруг навстречу им идет товарный поезд. Идет очень медленно вверх, по довольно крутому подъему. Дает свистки. И вот, только что паровозные огни поравнялись с компанией, она вдруг шепчет на ухо прапорщику: "Вы все говорите, что любите меня. А ведь, если я вам прикажу — вы, наверно, под поезд не броситесь". А он, ни слова не ответив, бегом — и под поезд. Он-то, говорят, верно рассчитал, как раз между передними и задними колесами: так бы его аккуратно пополам и перерезало. Но какой-то идиот вздумал его удерживать и отталкивать. Да не осилил. Прапорщик как уцепился руками за рельсы, так ему обе кисти и оттяпало.

— Ох, какой ужас! — воскликнула Вера.

— Пришлось прапорщику оставить службу. Товарищи собрали ему кое-какие деньжонки на выезд. Оставаться-то в городе ему было неудобно: живой укор перед глазами и ей, и всему полку. И пропал человек... самым подлым образом... Стал попрошайкой... замерз где-то на пристани в Петербурге.

А другой случай был совсем жалкий. И такая же женщина была, как и первая, только молодая и красивая. Очень и очень нехорошо себя вела. На что уж мы легко глядели на эти домашние романы, но даже и нас коробило. А муж — ничего. Все знал, все видел и молчал. Друзья намекали ему, а он только руками отмахивался. "Оставьте, оставьте... Не мое дело, не мое дело... Пусть только Леночка будет счастлива!.." Такой олух!

Под конец сошлась она накрепко с поручиком Вишняковым, субалтерном из ихней роты. Так втроем и жили в двумужественном браке — точно это самый законный вид супружества. А тут наш полк двинули на войну. Наши дамы провожали нас, провожала и она, и, право, даже смотреть было совестно: хотя бы для приличия взглянула разок на мужа, — нет, повесилась на своем поручике, как черт на сухой вербе, и не отходит. На прощанье, когда мы уже уселись в вагоны и поезд тронулся, так она еще мужу вслед, бесстыдница, крикнула: "Помни же, береги Володю! Если что-нибудь с ним случится — уйду из дому и никогда не вернусь. И детей заберу".

Ты, может быть, думаешь, что этот капитан был какая-нибудь тряпка? размазня? стрекозиная душа? Ничуть. Он был храбрым солдатом. Под Зелеными Горами он шесть раз водил свою роту на турецкий редут, и у него от двухсот человек осталось только четырнадцать. Дважды раненный

– он отказался идти на перевязочный пункт. Вот он был какой. Солдаты на него богу молились.

Но она велела... Его Леночка ему велела!

И он ухаживал за этим трусом и лодырем Вишняковым, за этим трутнем безмедовым, – как нянька, как мать. На ночлегах под дождем, в грязи, он укутывал его своей шинелью. Ходил вместо него на саперные работы, а тот отлеживался в землянке или играл в штос. По ночам проверял за него сторожевые посты. А это, заметь, Веруня, было в то время, когда башибузуки вырезывали наши пикеты так же просто, как ярославская баба на огороде срезает капустные кочни. Ей–богу, хотя и грех вспоминать, но все обрадовались, когда узнали, что Вишняков скончался в госпитале от тифа...

– Ну, а женщин, дедушка, женщин вы встречали любящих?

– О, конечно, Верочка. Я даже больше скажу: я уверен, что почти каждая женщина способна в любви на самый высокий героизм. Пойми, она целует, обнимает, отдается – и она уже мать. Для нее, если она любит, любовь заключает весь смысл жизни – всю вселенную! Но вовсе не она виновата в том, что любовь у людей приняла такие пошлые формы и снизошла просто до какого–то житейского удобства, до маленького развлечения. Виноваты мужчины, в двадцать лет пресыщенные, с цыплячьими телами и заячьими душами, неспособные к сильным желаниям, к героическим поступкам, к нежности и обожанию перед любовью. Говорят, что раньше все это бывало. А если и не бывало, то разве не мечтали и не тосковали об этом лучшие умы и души человечества – поэты, романисты, музыканты, художники? Я на днях читал историю Машеньки Леско и кавалера де Грие... Веришь ли, слезами обливался... Ну скажи же, моя милая, по совести, разве каждая женщина в глубине своего сердца не мечтает о такой любви – единой, всепрощающей, на все готовой, скромной и самоотверженной?

– О, конечно, конечно, дедушка...

– А раз ее нет, женщины мстят. Пройдет еще лет тридцать... я не увижу, но ты, может быть, увидишь, Верочка. Помяни мое слово, что лет через тридцать женщины займут в мире неслыханную власть. Они будут одеваться, как индийские идолы. Они будут попирать нас, мужчин, как презренных, низкопоклонных рабов. Их сумасбродные прихоти и капризы станут для нас мучительными законами. И все оттого, что мы целыми поколениями не умели преклоняться и благоговеть перед любовью. Это будет месть. Знаешь закон: сила действия равна силе противодействия.

Немного помолчав, он вдруг спросил:

– Скажи мне, Верочка, если только тебе не трудно, что это за история с телеграфистом, о котором рассказывал сегодня князь Василий? Что здесь правда и что выдумка, по его обычаю?

26

— Разве вам интересно, дедушка?

— Как хочешь, как хочешь, Вера. Если тебе почему–либо неприятно...

— Да вовсе нет. Я с удовольствием расскажу.

И она рассказала коменданту со всеми подробностями о каком–то безумце, который начал преследовать ее своею любовью еще за два года до ее замужества.

Она ни разу не видела его и не знает его фамилии. Он только писал ей и в письмах подписывался Г. С. Ж. Однажды он обмолвился, что служит в каком–то казенном учреждении маленьким чиновником, — о телеграфе он не упоминал ни слова. Очевидно, он постоянно следил за ней, потому что в своих письмах весьма точно указывал, где она бывала на вечерах, в каком обществе и как была одета. Сначала письма его носили вульгарный и курьезно пылкий характер, хотя и были вполне целомудренны. Но однажды Вера письменно (кстати, не проболтайтесь, дедушка, об этом нашим: никто из них не знает) попросила его не утруждать ее больше своими любовными излияниями. С тех пор он замолчал о любви и стал писать лишь изредка: на пасху, на Новый год и в день ее именин. Княгиня Вера рассказала также и о сегодняшней посылке и даже почти дословно передала странное письмо своего таинственного обожателя...

— Да–а, — протянул генерал наконец. — Может быть, это просто ненормальный малый, маниак, а — почем знать? — может быть, твой жизненный путь, Верочка, пересекла именно такая любовь, о которой грезят женщины и на которую больше не способны мужчины. Постой–ка. Видишь, впереди движутся фонари? Наверно, мой экипаж.

В то же время сзади послышалось зычное рявканье автомобиля, и дорога, изрытая колесами, засияла белым ацетиленовым светом. Подъехал Густав Иванович.

— Анночка, я захватил твои вещи. Садись, — сказал он. — Ваше превосходительство, не позволите ли довезти вас?

— Нет уж, спасибо, мой милый, — ответил генерал. — Не люблю я этой машины. Только дрожит и воняет, а радости никакой. Ну, прощай, Верочка. Теперь я буду часто приезжать, — говорил он, целуя у Веры лоб и руки.

Все распрощались. Фриессе довез Веру Николаевну до ворот ее дачи и, быстро описав круг, исчез в темноте со своим ревущим и пыхтящим автомобилем.

IX

Княгиня Вера с неприятным чувством поднялась на террасу и вошла в дом. Она еще издали услышала громкий голос брата Николая и увидела его высокую, сухую фигуру, быстро сновавшую из угла в угол. Василий Львович сидел у ломберного стола и, низко наклонив свою стриженую большую светловолосую голову, чертил мелком по зеленому сукну.

– Я давно настаивал! – говорил Николай раздраженно и делая правой рукой такой жест, точно он бросал на землю какую-то невидимую тяжесть. – Я давно настаивал, чтобы прекратить эти дурацкие письма. Еще Вера за тебя замуж не выходила, когда я уверял, что ты и Вера тешитесь ими, как ребятишки, видя в них только смешное... Вот, кстати, и сама Вера... Мы, Верочка, говорим сейчас с Василием Львовичем об этом твоем сумасшедшем, о твоем Пе Пе Же. Я нахожу эту переписку дерзкой и пошлой.

– Переписки вовсе не было, – холодно остановил его Шеин. – Писал лишь он один...

Вера покраснела при этих словах и села на диван в тень большой латании.

– Я извиняюсь за выражение, – сказал Николай Николаевич и бросил на землю, точно оторвав от груди, невидимый тяжелый предмет.

– А я не понимаю, почему ты называешь его моим, – вставила Вера, обрадованная поддержкой мужа. – Он так же мой, как и твой...

– Хорошо, еще раз извиняюсь. Словом, я хочу только сказать, что его глупостям надо положить конец. Дело, по-моему, переходит за те границы, где можно смеяться и рисовать забавные рисуночки... Поверьте, если я здесь о чем хлопочу и о чем волнуюсь, – так это только о добром имени Веры и твоем, Василий Львович.

– Ну, это ты, кажется, уж слишком хватил, Коля, – возразил Шеин.

– Может быть, может быть... Но вы легко рискуете попасть в смешное положение.

– Не вижу, каким способом, – сказал князь.

– Вообрази себе, что этот идиотский браслет... – Николай приподнял красный футляр со стола и тотчас же брезгливо бросил его на место, – что эта чудовищная поповская штучка останется у нас, или мы ее выбросим, или подарим Даше. Тогда, во-первых, Пе Пе Же может хвастаться своим знакомым или товарищам, что княгиня Вера Николаевна Шеина принимает его подарки, а во-вторых, первый же случай поощрит его к дальнейшим подвигам. Завтра он присылает кольцо с брильянтами, послезавтра жемчужное колье, а там – глядишь – сядет на скамью подсудимых за растрату или подлог, а князья Шеины будут вызваны в качестве свидетелей... Милое положение!

– Нет, нет, браслет надо непременно отослать обратно! – воскликнул Василий Львович.

— Я тоже так думаю, — согласилась Вера, — и как можно скорее. Но как это сделать? Ведь мы не знаем ни имени, ни фамилии, ни адреса.

— О, это-то совсем пустое дело! — возразил пренебрежительно Николай Николаевич. — Нам известны инициалы этого Пе Пе Же... Как его, Вера?

— Ге Эс Же.

— Вот и прекрасно. Кроме того, нам известно, что он где-то служит. Этого совершенно достаточно. Завтра же я беру городской указатель и отыскиваю чиновника или служащего с такими инициалами. Если почему-нибудь я его не найду, то просто-напросто позову полицейского сыскного агента и прикажу отыскать. На случай затруднения у меня будет в руках вот эта бумажка с его почерком. Одним словом, завтра к двум часам дня я буду знать в точности адрес и фамилию этого молодчика и даже часы, в которые он бывает дома. А раз я это узнаю, то мы не только завтра же возвратим ему его сокровище, а и примем меры, чтобы он уж больше никогда не напоминал нам о своем существовании.

— Что ты думаешь сделать? — спросил князь Василий.

— Что? Поеду к губернатору и попрошу...

— Нет, только не к губернатору. Ты знаешь, каковы наши отношения... Тут прямая опасность попасть в смешное положение.

— Все равно. Поеду к жандармскому полковнику. Он мне приятель по клубу. Пусть-ка он вызовет этого Ромео и погрозит у него пальцем под носом. Знаешь, как он это делает? Приставит человеку палец к самому носу и рукой совсем не двигает, а только лишь один палец у него качается, и кричит: "Я, сударь, этого не потерплю-ю-ю!"

— Фи! Через жандармов! — поморщилась Вера.

— И правда, Вера, — подхватил князь. — Лучше уж в это дело никого посторонних не мешать. Пойдут слухи, сплетни... Мы все достаточно хорошо знаем наш город. Все живут точно в стеклянных банках... Лучше уж я сам пойду к этому... юноше... хотя бог его знает, может быть, ему шестьдесят лет?.. Вручу ему браслет и прочитаю хорошую строгую нотацию.

— Тогда и я с тобой, — быстро прервал его Николай Николаевич. — Ты слишком мягок. Предоставь мне с ним поговорить... А теперь, друзья мои, — он вынул карманные часы и поглядел на них, — вы извините меня, если я пойду на минутку к себе. Едва на ногах держусь, а мне надо просмотреть два дела.

— Мне почему-то стало жалко этого несчастного, — нерешительно сказала Вера.

— Жалеть его нечего! — резко отозвался Николай, оборачиваясь в дверях. — Если бы такую выходку с браслетом и письмами позволил себе человек нашего круга, то князь Василий послал бы ему вызов. А если бы он этого не сделал, то сделал бы я. А в прежнее время я бы просто велел отвести его на конюшню и наказать розгами. Завтра, Василий Львович, ты подожди меня в своей канцелярии, я сообщу тебе по телефону.

X

Заплеванная лестница пахла мышами, кошками, керосином и стиркой. Перед шестым этажом князь Василий Львович остановился.

– Подожди немножко, – сказал он шурину. – Дай я отдышусь. Ах, Коля, не следовало бы этого делать...

Они поднялись еще на два марша. На лестничной площадке было так темно, что Николай Николаевич должен был два раза зажигать спички, пока не разглядел номера квартиры.

На его звонок отворила дверь полная, седая, сероглазая женщина в очках, с немного согнутым вперед, видимо, от какой–то болезни, туловищем.

– Господин Желтков дома? – спросил Николай Николаевич.

Женщина тревожно забегала глазами от глаз одного мужчины к глазам другого и обратно. Приличная внешность обоих, должно быть, успокоила ее.

– Дома, прошу, – сказала она, открывая дверь. – Первая дверь налево.

Булат–Тугановский постучал три раза коротко и решительно. Какой–то шорох послышался внутри. Он еще раз постучал.

– Войдите, – отозвался слабый голос.

Комната была очень низка, но очень широка и длинна, почти квадратной формы. Два круглых окна, совсем похожих на пароходные иллюминаторы, еле–еле ее освещали. Да и вся она была похожа на кают-компанию грузового парохода. Вдоль одной стены стояла узенькая кровать, вдоль другой очень большой и широкий диван, покрытый истрепанным прекрасным текинским ковром, посередине – стол, накрытый цветной малороссийской скатертью.

Лица хозяина сначала не было видно: он стоял спиною к свету и в замешательстве потирал руки. Он был высок ростом, худощав, с длинными пушистыми, мягкими волосами.

– Если не ошибаюсь, господин Желт–ков? – спросил высокомерно Николай Николаевич.

– Желтков. Очень приятно. Позвольте представиться.

Он сделал по направлению к Тугановскому два шага с протянутой рукой. Но в тот же момент, точно не замечая его приветствия, Николай Николаевич обернулся всем телом к Шеину.

30

– Я тебе говорил, что мы не ошиблись.

Худые, нервные пальцы Желткова забегали по борту коричневого короткого пиджачка, застегивая и расстегивая пуговицы. Наконец он с трудом произнес, указывая на диван и неловко кланяясь:

– Прошу покорно. Садитесь.

Теперь он стал весь виден: очень бледный, с нежным девичьим лицом, с голубыми глазами и упрямым детским подбородком с ямочкой посредине; лет ему, должно быть, было около тридцати, тридцати пяти.

– Благодарю вас, – сказал просто князь Шеин, разглядывавший его очень внимательно.

– Merci, – коротко ответил Николай Николаевич. И оба остались стоять. – Мы к вам всего только на несколько минут. Это – князь Василий Львович Шеин, губернский предводитель дворянства. Моя фамилия – Мирза-Булат-Тугановский. Я – товарищ прокурора. Дело, о котором мы будем иметь честь говорить с вами, одинаково касается и князя и меня, или, вернее, супруги князя, а моей сестры.

Желтков, совершенно растерявшись, опустился вдруг на диван и пролепетал омертвевшими губами: "Прошу, господа, садиться". Но, должно быть, вспомнил, что уже безуспешно предлагал то же самое раньше, вскочил, подбежал к окну, теребя волосы, и вернулся обратно на прежнее место. И опять его дрожащие руки забегали, теребя пуговицы, щипля светлые рыжеватые усы, трогая без нужды лицо.

– Я к вашим услугам, ваше сиятельство, – произнес он глухо, глядя на Василия Львовича умоляющими глазами.

Но Шеин промолчал. Заговорил Николай Николаевич.

– Во-первых, позвольте возвратить вам вашу вещь, – сказал он и, достав из кармана красный футляр, аккуратно положил его на стол. – Она, конечно, делает честь вашему вкусу, но мы очень просили бы вас, чтобы такие сюрпризы больше не повторялись.

– Простите... Я сам знаю, что очень виноват, – прошептал Желтков, глядя вниз, на пол, и краснея. – Может быть, позволите стаканчик чаю?

– Видите ли, господин Желтков, – продолжал Николай Николаевич, как будто не расслышав последних слов Желткова. – Я очень рад, что нашел в вас порядочного человека, джентльмена, способного понимать с полуслова. И я думаю, что мы договоримся сразу. Ведь, если я не ошибаюсь, вы преследуете княгиню Веру Николаевну уже около семи-восьми лет?

– Да, – ответил Желтков тихо и опустил ресницы благоговейно.

– И мы до сих пор не принимали против вас никаких мер, хотя – согласитесь – это не только можно было бы, а даже и нужно было сделать. Не правда ли?

– Да.

31

– Да. Но последним вашим поступком, именно присылкой этого вот самого гранатового браслета, вы переступили те границы, где кончается наше терпение. Понимаете? – кончается. Я от вас не скрою, что первой нашей мыслью было – обратиться к помощи власти, но мы не сделали этого, и я очень рад, что не сделали, потому что – повторяю – я сразу угадал в вас благородного человека.

– Простите. Как вы сказали? – спросил вдруг внимательно Желтков и рассмеялся. – Вы хотели обратиться к власти?.. Именно так вы сказали?

Он положил руки в карманы, сел удобно в угол дивана, достал портсигар и спички и закурил.

– Итак, вы сказали, что вы хотели прибегнуть к помощи власти?.. Вы меня извините, князь, что я сижу? – обратился он к Шеину. – Ну–с, дальше?

Князь придвинул стул к столу и сел. Он, не отрываясь, глядел с недоумением и жадным, серьезным любопытством в лицо этого странного человека.

– Видите ли, милый мой, эта мера от вас никогда не уйдет, – с легкой наглостью продолжал Николай Николаевич. – Врываться в чужое семейство...

– Виноват, я вас перебью...

– Нет, виноват, теперь уж я вас перебью... – почти закричал прокурор.

– Как вам угодно. Говорите. Я слушаю. Но у меня есть несколько слов для князя Василия Львовича.

И, не обращая больше внимания на Тугановского, он сказал:

– Сейчас настала самая тяжелая минута в моей жизни. И я должен, князь, говорить с вами вне всяких условностей... Вы меня выслушаете?

– Слушаю, – сказал Шеин. – Ах, Коля, да помолчи ты, – сказал он нетерпеливо, заметив гневный жест Тугановского. – Говорите.

Желтков в продолжение нескольких секунд ловил ртом воздух, точно задыхаясь, и вдруг покатился, как с обрыва. Говорил он одними челюстями, губы у него были белые и не двигались, как у мертвого.

– Трудно выговорить такую... фразу... что я люблю вашу жену. Но семь лет безнадежной и вежливой любви дают мне право на это. Я соглашаюсь, что вначале, когда Вера Николаевна была еще барышней, я писал ей глупые письма и даже ждал на них ответа. Я соглашаюсь с тем, что мой последний поступок, именно посылка браслета, была еще большей глупостью. Но... вот я вам прямо гляжу в глаза и чувствую, что вы меня поймете. Я знаю, что не в силах разлюбить ее никогда... Скажите, князь... предположим, что вам это неприятно... скажите, – что бы вы сделали для того, чтоб оборвать это чувство? Выслать меня в другой город, как сказал Николай Николаевич? Все равно и там так же я буду любить Веру Николаевну, как здесь. Заключить меня в тюрьму? Но и там я найду способ дать ей знать о моем существовании. Остается только одно – смерть... Вы хотите, я приму ее в какой угодно форме.

– Мы вместо дела разводим какую-то мелодекламацию, – сказал Николай Николаевич, надевая шляпу. – Вопрос очень короток: вам предлагают одно из двух: либо вы совершенно отказываетесь от преследования княгини Веры Николаевны, либо, если на это вы не согласитесь, мы примем меры, которые нам позволят наше положение, знакомство и так далее.

Но Желтков даже не поглядел на него, хотя и слышал его слова. Он обратился к князю Василию Львовичу и спросил:

– Вы позволите мне отлучиться на десять минут? Я от вас не скрою, что пойду говорить по телефону с княгиней Верой Николаевной. Уверяю вас, что все, что возможно будет вам передать, я передам.

– Идите, – сказал Шеин.

Когда Василий Львович и Тугановский остались вдвоем, то Николай Николаевич сразу набросился на своего шурина.

– Так нельзя, – кричал он, делая вид, что бросает правой рукой на землю от груди какой-то невидимый предмет. – Так положительно нельзя. Я тебя предупреждал, что всю деловую часть разговора я беру на себя. А ты раскис и позволил ему распространяться о своих чувствах. Я бы это сделал в двух словах.

– Подожди, – сказал князь Василий Львович, – сейчас все это объяснится. Главное, это то, что я вижу его лицо, и я чувствую, что этот человек не способен обманывать и лгать заведомо. И правда, подумай, Коля, разве он виноват в любви и разве можно управлять таким чувством, как любовь, – чувством, которое до сих пор еще не нашло себе истолкователя. – Подумав, князь сказал: – Мне жалко этого человека. И мне не только что жалко, но вот я чувствую, что присутствую при какой-то громадной трагедии души, и я не могу здесь паясничать.

– Это декадентство, – сказал Николай Николаевич.

Через десять минут Желтков вернулся. Глаза его блестели и были глубоки, как будто наполнены непролитыми слезами. И видно было, что он совсем забыл о светских приличиях, о том, кому где надо сидеть, и перестал держать себя джентльменом. И опять с больной, нервной чуткостью это понял князь Шеин.

– Я готов, – сказал он, – и завтра вы обо мне ничего не услышите. Я как будто бы умер для вас. Но одно условие – это я вам говорю, князь Василий Львович, – видите ли, я растратил казенные деньги, и мне как-никак приходится из этого города бежать. Вы позволите мне написать еще последнее письмо княгине Вере Николаевне?

– Нет. Если кончил, так кончил. Никаких писем, – закричал Николай Николаевич.

– Хорошо, пишите, – сказал Шеин.

– Вот и все, – произнес, надменно улыбаясь, Желтков. – Вы обо мне более не услышите и, конечно, больше никогда меня не увидите. Княгиня Вера Николаевна совсем не хотела со мной говорить. Когда я ее спросил, можно ли мне остаться в городе, чтобы хотя изредка ее видеть, конечно не показываясь ей на глаза, она ответила: "Ах, если бы вы знали, как мне надоела вся эта история. Пожалуйста, прекратите ее как можно скорее". И вот я прекращаю всю эту историю. Кажется, я сделал все, что мог?

Вечером, приехав на дачу, Василий Львович передал жене очень точно все подробности свидания с Желтковым. Он как будто бы чувствовал себя обязанным сделать это.

Вера хотя была встревожена, но не удивилась и не пришла в замешательство. Ночью, когда муж пришел к ней в постель, она вдруг сказала ему, повернувшись к стене:

– Оставь меня, – я знаю, что этот человек убьет себя.

XI

Княгиня Вера Николаевна никогда не читала газет, потому что, во—первых, они ей пачкали руки, а во—вторых, она никогда не могла разобраться в том языке, которым нынче пишут.

Но судьба заставила ее развернуть как раз тот лист и натолкнуться на тот столбец, где было напечатано:

"Загадочная смерть. Вчера вечером, около семи часов, покончил жизнь самоубийством чиновник контрольной палаты Г. С. Желтков. Судя по данным следствия, смерть покойного произошла по причине растраты казенных денег. Так, по крайней мере, самоубийца упоминает в своем письме. Ввиду того что показаниями свидетелей установлена в этом акте его личная воля, решено не отправлять труп в анатомический театр".

Вера думала про себя:

"Почему я это предчувствовала? Именно этот трагический исход? И что это было: любовь или сумасшествие?"

Целый день она ходила по цветнику и по фруктовому саду. Беспокойство, которое росло в ней с минуты на минуту, как будто не давало ей сидеть на месте. И все ее мысли были прикованы к тому неведомому человеку, которого она никогда не видела и вряд ли когда-нибудь увидит, к этому смешному Пе Пе Же.

"Почем знать, может быть, твой жизненный путь пересекла настоящая, самоотверженная, истинная любовь", – вспомнились ей слова Аносова.

В шесть часов пришел почтальон. На этот раз Вера Николаевна узнала почерк Желткова и с нежностью, которой она в себе не ожидала, развернула письмо:

Желтков писал так:

"Я не виноват, Вера Николаевна, что богу было угодно послать, мне, как громадное счастье, любовь к Вам. Случилось так, что меня не интересует в жизни ничто: ни политика, ни наука, ни философия, ни забота о будущем счастье людей – для меня вся жизнь заключается только в Вас. Я теперь чувствую, что каким–то неудобным клином врезался в Вашу жизнь. Если можете, простите меня за это. Сегодня я уезжаю и никогда не вернусь, и ничто Вам обо мне не напомнит.

Я бесконечно благодарен Вам только за то, что Вы существуете. Я проверял себя – это не болезнь, не маниакальная идея – это любовь, которою богу было угодно за что–то меня вознаградить.

Пусть я был смешон в Ваших глазах и в глазах Вашего брата, Николая Николаевича. Уходя, я в восторге говорю: "Да святится имя Твое".

Восемь лет тому назад я увидел Вас в цирке в ложе, и тогда же в первую секунду я сказал себе: я ее люблю потому, что на свете нет ничего похожего на нее, нет ничего лучше, нет ни зверя, ни растения, ни звезды, ни человека прекраснее Вас и нежнее. В Вас как будто бы воплотилась вся красота земли...

Подумайте, что мне нужно было делать? Убежать в другой город? Все равно сердце было всегда около Вас, у Ваших ног, каждое мгновение дня заполнено Вами, мыслью о Вас, мечтами о Вас... сладким бредом. Я очень стыжусь и мысленно краснею за мой дурацкий браслет, – ну, что же? – ошибка. Воображаю, какое он впечатление произвел на Ваших гостей.

Через десять минут я уеду, я успею только наклеить марку и опустить письмо в почтовый ящик, чтобы не поручать этого никому другому. Вы это письмо сожгите. Я вот сейчас затопил печку и сжигаю все самое дорогое, что было у меня в жизни: ваш платок, который, я признаюсь, украл. Вы его забыли на стуле на балу в Благородном собрании. Вашу записку, – о, как я ее целовал, – ею Вы запретили мне писать Вам. Программу художественной выставки, которую Вы однажды держали в руке и потом забыли на стуле при выходе... Кончено. Я все отрезал, но все–таки думаю и даже уверен, что Вы обо мне вспомните. Если Вы обо мне вспомните, то... я знаю, что Вы очень музыкальны, я Вас видел чаще всего на бетховенских квартетах, – так вот, если Вы обо мне вспомните, то сыграйте или прикажите сыграть сонату D–dur, No 2, op. 2.

Я не знаю, как мне кончить письмо. От глубины души благодарю Вас за то, что Вы были моей единственной радостью в жизни, единственным утешением, единой мыслью.Дай бог Вам счастья, и пусть ничто временное и житейское не тревожит Вашу прекрасную душу. Целую Ваши руки.

Г. С. Ж.”.

Она пришла к мужу с покрасневшими от слез глазами и вздутыми губами и, показав письмо, сказала:

– Я ничего от тебя не хочу скрывать, но я чувствую, что в нашу жизнь вмешалось что–то ужасное. Вероятно, вы с Николаем Николаевичем сделали что–нибудь не так, как нужно.

Князь Шеин внимательно прочел письмо, аккуратно сложил его и, долго помолчав, сказал:

– Я не сомневаюсь в искренности этого человека, и даже больше, я не смею разбираться в его чувствах к тебе.

– Он умер? – спросила Вера.

– Да, умер, я скажу, что он любил тебя, а вовсе не был сумасшедшим. Я не сводил с него глаз и видел каждое его движение, каждое изменение его лица. И для него не существовало жизни без тебя. Мне казалось, что я присутствую при громадном страдании, от которого люди умирают, и даже почти понял, что передо мною мертвый человек. Понимаешь, Вера, я не знал, как себя держать, что мне делать...

– Вот что, Васенька, – перебила его Вера Николаевна, – тебе не будет больно, если я поеду в город и погляжу на него?

– Нет, нет. Вера, пожалуйста, прошу тебя. Я сам поехал бы, но только Николай испортил мне все дело. Я боюсь, что буду чувствовать себя принужденным.

XII

Вера Николаевна оставила свой экипаж за две улицы до Лютеранской. Она без большого труда нашла квартиру Желткова. Навстречу ей вышла сероглазая старая женщина, очень полная, в серебряных очках, и так же, как вчера, спросила:

– Кого вам угодно?

– Господина Желткова, – сказала княгиня.

Должно быть, ее костюм – шляпа, перчатки – и несколько властный тон произвели на хозяйку квартиры большое впечатление. Она разговорилась.

– Пожалуйста, пожалуйста, вот первая дверь налево, а там сейчас... Он так скоро ушел от нас. Ну, скажем, растрата. Сказал бы мне об этом. Вы знаете, какие наши капиталы, когда отдаешь квартиры внаем холостякам. Но какие-нибудь шестьсот-семьсот рублей я бы могла собрать и внести за него. Если бы вы знали, что это был за чудный человек, пани. Восемь лет я его держала на квартире, и он казался мне совсем не квартирантом, а родным сыном.

Тут же в передней был стул, и Вера опустилась на него.

— Я друг вашего покойного квартиранта, — сказала она, подбирая каждое слово к слову. — Расскажите мне что-нибудь о последних минутах его жизни, о том, что он делал и что говорил.

— Пани, к нам пришли два господина и очень долго разговаривали. Потом он объяснил, что ему предлагали место управляющего в экономии. Потом пан Ежий побежал до телефона и вернулся такой веселый. Затем эти два господина ушли, а он сел и стал писать письмо. Потом пошел и опустил письмо в ящик, а потом мы слышим, будто бы из детского пистолета выстрелили. Мы никакого внимания не обратили. В семь часов он всегда пил чай. Лукерья — прислуга — приходит и стучится, он не отвечает, потом еще раз, еще раз. И вот должны были взломать дверь, а он уже мертвый.

— Расскажите мне что-нибудь о браслете, — приказала Вера Николаевна.

— Ах, ах, ах, браслет — я и забыла. Почему вы знаете? Он, перед тем как написать письмо, пришел ко мне и сказал: "Вы католичка?" Я говорю: "Католичка". Тогда он говорит: "У вас есть милый обычай — так он и сказал: милый обычай — вешать на изображение матки боски кольца, ожерелья, подарки. Так вот исполните мою просьбу: вы можете этот браслет повесить на икону?" Я ему обещала это сделать.

— Вы мне его покажете? — спросила Вера.

— Прошу, прошу, пани. Вот его первая дверь налево. Его хотели сегодня отвезти в анатомический театр, но у него есть брат, так он упросил, чтобы его похоронить по-христианску. Прошу, прошу.

Вера собралась с силами и открыла дверь. В комнате пахло ладаном и горели три восковые свечи. Наискось комнаты лежал на столе Желтков. Голова его покоилась очень низко, точно нарочно ему, трупу, которому все равно, подсунули маленькую мягкую подушку. Глубокая важность была в его закрытых глазах, и губы улыбались блаженно и безмятежно, как будто бы он перед расставаньем с жизнью узнал какую-то глубокую и сладкую тайну, разрешившую всю человеческую его жизнь. Она вспомнила, что то же самое умиротворенное выражение она видала на масках великих страдальцев — Пушкина и Наполеона.

— Если прикажете, пани, я уйду? — спросила старая женщина, и в ее тоне послышалось что-то чрезвычайно интимное.

— Да, я потом вас позову, — сказала Вера и сейчас же вынула из маленького бокового кармана кофточки большую красную розу, подняла немного вверх левой рукой голову трупа, а правой рукой положила ему под шею цветок. В эту секунду она поняла, что та любовь, о которой мечтает каждая женщина, прошла мимо нее. Она вспомнила слова генерала Аносова о вечной исключительной любви – почти пророческие слова. И, раздвинув в обе стороны волосы на лбу мертвеца, она крепко сжала руками его виски и поцеловала его в холодный, влажный лоб долгим дружеским поцелуем.

Когда она уходила, то хозяйка квартиры обратилась к ней льстивым польским тоном:

– Пани, я вижу, что вы не как все другие, не из любопытства только. Покойный пан Желтков перед смертью сказал мне: "Если случится, что я умру и придет поглядеть на меня какая–нибудь дама, то скажите ей, что у Бетховена самое лучшее произведение..." – он даже нарочно записал мне это. Вот поглядите...

– Покажите, – сказала Вера Николаевна и вдруг заплакала. – Извините меня, это впечатление смерти так тяжело, что я не могу удержаться.

И она прочла слова, написанные знакомым почерком:

"L. van Beethoven. Son. No 2, op. 2. Largo Appassionato".

XIII

Вера Николаевна вернулась домой поздно вечером и была рада, что не застала дома ни мужа, ни брата.

Зато ее дожидалась пианистка Женни Рейтер, и, взволнованная тем, что она видела и слышала, Вера кинулась к ней и, целуя ее прекрасные большие руки, закричала:

– Женни, милая, прошу тебя, сыграй для меня что–нибудь, – и сейчас же вышла из комнаты в цветник и села на скамейку.

Она почти ни одной секунды не сомневалась в том, что Женни сыграет то самое место из Второй сонаты, о котором просил этот мертвец с смешной фамилией Желтков.

Так оно и было. Она узнала с первых аккордов это исключительное, единственное по глубине произведение. И душа ее как будто бы раздвоилась. Она единовременно думала о том, что мимо нее прошла большая любовь, которая повторяется только один раз в тысячу лет. Вспомнила слова генерала Аносова и спросила себя: почему этот человек заставил ее слушать именно это бетховенское произведение, и еще против ее желания? И в уме ее слагались слова. Они так совпадали в ее мысли с музыкой, что это были как будто бы куплеты, которые кончались словами: "Да святится имя Твое".

"Вот сейчас я вам покажу в нежных звуках жизнь, которая покорно и радостно обрекла себя на мучения, страдания и смерть. Ни жалобы, ни упрека, ни боли самолюбия я не знал. Я перед тобою – одна молитва: "Да святится имя Твое".

Да, я предвижу страдание, кровь и смерть. И думаю, что трудно расстаться телу с душой, но, Прекрасная, хвала тебе, страстная хвала и тихая любовь. "Да святится имя Твое".

Вспоминаю каждый твой шаг, улыбку, взгляд, звук твоей походки. Сладкой грустью, тихой, прекрасной грустью обвеяны мои последние воспоминания. Но я не причиню тебе горя. Я ухожу один, молча, так угодно было богу и судьбе. "Да святится имя Твое".

В предсмертный печальный час я молюсь только тебе. Жизнь могла бы быть прекрасной и для меня. Не ропщи, бедное сердце, не ропщи. В душе я призываю смерть, но в сердце полон хвалы тебе: "Да святится имя Твое".

Ты, ты и люди, которые окружали тебя, все вы не знаете, как ты была прекрасна. Бьют часы. Время. И, умирая, я в скорбный час расставания с жизнью все–таки пою – слава Тебе.

Вот она идет, все усмиряющая смерть, а я говорю – слава Тебе!.."

Княгиня Вера обняла ствол акации, прижалась к нему и плакала. Дерево мягко сотрясалось. Налетел легкий ветер и, точно сочувствуя ей, зашелестел листьями. Острее запахли звезды табака... И в это время удивительная музыка, будто бы подчиняясь ее горю, продолжала:

"Успокойся, дорогая, успокойся, успокойся. Ты обо мне помнишь? Помнишь? Ты ведь моя единая и последняя любовь. Успокойся, я с тобой. Подумай обо мне, и я буду с тобой, потому что мы с тобой любили друг друга только одно мгновение, но навеки. Ты обо мне помнишь? Помнишь? Помнишь? Вот я чувствую твои слезы. Успокойся. Мне спать так сладко, сладко, сладко".

Женни Рейтер вышла из комнаты, уже кончив играть, и увидала княгиню Веру, сидящую на скамейке всю в слезах.

– Что с тобой? – спросила пианистка.

Вера, с глазами, блестящими от слез, беспокойно, взволнованно стала целовать ей лицо, губы, глаза и говорила:

– Нет, нет, – он меня простил теперь. Все хорошо.

ОЛЕСЯ

I

Мой слуга, повар и спутник по охоте — полесовщик Ярмола вошел в комнату, согнувшись под вязанкой дров, сбросил ее с грохотом на пол и подышал на замерзшие пальцы.

—У, какой ветер, паныч, на дворе, — сказал он, садясь на корточки перед заслонкой. — Нужно хорошо в грубке протопить. Позвольте запалочку, паныч.

—Значит, завтра на зайцев не пойдем, а? Как ты думаешь, Ярмола?

—Нет... не можно... слышите, какая завируха. Заяц теперь лежит и — а ни мур—мур... Завтра и одного следа не увидите.

Судьба забросила меня на целых шесть месяцев в глухую деревушку Волынской губернии, на окраину Полесья, и охота была единственным моим занятием и удовольствием. Признаюсь, в то время, когда мне предложили ехать в деревню, я вовсе не думал так нестерпимо скучать. Я поехал даже с радостью. "Полесье... глушь... лоно природы... простые нравы... первобытные натуры, — думал я, сидя в вагоне, — совсем незнакомый мне народ, со странными обычаями, своеобразным языком... и уж, наверно, какое множество поэтических легенд, преданий и песен!" А я в то время (рассказывать, так всё рассказывать) уж успел тиснуть в одной маленькой газетке рассказ с двумя убийствами и одним самоубийством и знал теоретически, что для писателей полезно наблюдать нравы.

Но... или перебродские крестьяне отличались какою—то особенной, упорной несообщительностью, или я не умел взяться за дело, — отношения мои с ними ограничивались только тем, что, увидев меня, они еще издали снимали шапки, а поравнявшись со мной, угрюмо произносили: "Гай буг", что должно было обозначать: "Помогай бог". Когда же я пробовал с ними разговориться, то они глядели на меня с удивлением, отказывались понимать самые простые вопросы и всё порывались целовать у меня руки — старый обычай, оставшийся от польского крепостничества.

Книжки, какие у меня были, я все очень скоро перечитал. От скуки — хотя это сначала казалось мне неприятным — я сделал попытку познакомиться с местной интеллигенцией в лице ксендза, жившего за пятнадцать верст, находившегося при нем "пана органиста", местного урядника и конторщика соседнего имения из отставных унтер—офицеров, но ничего из этого не вышло.

Потом я пробовал заняться лечением перебродских жителей. В моем распоряжении были: касторовое масло, карболка, борная кислота, йод. Но тут, помимо моих скудных сведений, я наткнулся на полную невозможность ставить диагнозы, потому что признаки болезни у всех моих пациентов были всегда одни и те же: "в середине болит" и "ни есть, ни пить не можу".

Приходит, например, ко мне старая баба. Вытерев со смущенным видом нос указательным пальцем правой руки, она достает из-за пазухи пару яиц, причем на секунду я вижу ее коричневую кожу, и кладет их на стол. Затем она начинает ловить мои руки, чтобы запечатлеть на них поцелуй. Я прячу руки и убеждаю старуху: "Да полно, бабка... оставь... я не поп... мне этого не полагается... Что у тебя болит?"

—В середине у меня болит, паничу, в самой, что ни на есть, середине, так что даже ни пить, ни есть не можу.

—Давно это у тебя сделалось?

—А я знаю? — отвечает она также вопросом. — Так и печет и печет. Ни пить, ни есть не можу.

И сколько я ни бьюсь, более определенных признаков болезни не находится.

—Да вы не беспокойтесь, — посоветовал мне однажды конторщик из унтеров, — сами вылечатся. Присохнет, как на собаке. Я, доложу вам, только одно лекарство употребляю — нашатырь. Приходит ко мне мужик. "Что тебе?" — "Я, говорит, больной"... Сейчас же ему под нос склянку нашатырного спирту. "Нюхай!" Нюхает... "Нюхай еще... сильнее!" Нюхает... "Что, легче?" — "Як будто полегшало..." — "Ну, так и ступай с богом".

К тому же мне претило это целование рук (а иные так прямо падали в ноги и изо всех сил стремились облобызать мои сапоги). Здесь сказывалось вовсе не движение признательного сердца, а просто омерзительная привычка, привитая веками рабства и насилия. И я только удивлялся тому же самому конторщику из унтеров и уряднику, глядя, с какой невозмутимой важностью суют они в губы мужикам свои огромные красные лапы...

Мне оставалась только охота. Но в конце января наступила такая погода, что и охотиться стало невозможно. Каждый день дул страшный ветер, а за ночь на снегу образовался твердый, льдистый слой наста, по которому заяц пробегал, не оставляя следов. Сидя взаперти и прислушиваясь к вою ветра, я тосковал страшно. Понятно, я ухватился с жадностью за такое невинное развлечение, как обучение грамоте полесовщика Ярмолы.

Началось это, впрочем, довольно оригинально. Я однажды писал письмо и вдруг почувствовал, что кто—то стоит за моей спиной. Обернувшись, я увидел Ярмолу, подошедшего, как и всегда, беззвучно в своих мягких лаптях.

–Что тебе, Ярмола? — спросил я.

–Да вот дивлюсь, как вы пишете. Вот бы мне так… Нет, нет… не так, как вы, — смущенно заторопился он, видя, что я улыбаюсь. — Мне бы только мое фамилие…

–Зачем это тебе? — удивился я… (Надо заметить, что Ярмола считается самым бедным и самым ленивым мужиком во всем Переброде; жалованье и свой крестьянский заработок он пропивает; таких плохих волов, как у него, нет нигде в окрестности. По моему мнению, ему—то уж ни в каком случае не могло понадобиться знание грамоты). Я еще раз спросил с сомнением: — Для чего же тебе надо уметь писать фамилию?

–А видите, какое дело, паныч, — ответил Ярмола необыкновенно мягко, — ни одного грамотного нет у нас в деревне. Когда гумагу какую нужно подписать, или в волости дело, или что… никто не может… Староста печать только кладет, а сам не знает, что в ней напечатано… То хорошо было бы для всех, если бы кто умел расписаться.

Такая заботливость Ярмолы — заведомого браконьера, беспечного бродяги, с мнением которого никогда даже не подумал бы считаться сельский сход, — такая заботливость его об общественном интересе родного села почему—то растрогала меня. Я сам предложил давать ему уроки. И что же это была за тяжкая работа — все мои попытки выучить его сознательному чтению и письму! Ярмола, знавший в совершенстве каждую тропинку своего леса, чуть ли не каждое дерево, умевший ориентироваться днем и ночью в каком угодно месте, различавший по следам всех окрестных волков, зайцев и лисиц, — этот самый Ярмола никак не мог представить себе, почему, например, буквы "м" и "а" вместе составляют "ма". Обыкновенно над такой задачей он мучительно раздумывал минут десять, а то и больше, причем его смуглое, худое лицо с впалыми черными глазами, всё ушедшее в жесткую черную бороду и большие усы, выражало крайнюю степень умственного напряжения.

–Ну скажи, Ярмола — "ма". Просто только скажи — "ма", — приставал я к нему. — Не гляди на бумагу, гляди на меня, вот так. Ну говори — "ма"…

Тогда Ярмола глубоко вздыхал, клал на стол указку и произносил грустно и решительно:

–Нет… не могу…

–Как же не можешь? Это же ведь так легко. Скажи просто–напросто — "ма", вот как я говорю.

–Нет… не могу, паныч… забыл…

Все методы, приемы и сравнения разбивались об эту чудовищную непонятливость. Но стремление Ярмолы к просвещению вовсе не ослабевало.

–Мне бы только мою фамилию! — застенчиво упрашивал он меня. — Больше ничего не нужно. Только фамилию: Ярмола Попружук — и больше ничего.

Отказавшись окончательно от мысли выучить его разумному чтению и письму, я стал учить его подписываться механически. К моему великому удивлению, этот способ оказался наиболее доступным Ярмоле, так что к концу второго месяца мы уже почти осилили фамилию. Что же касается до имени, то его, ввиду облегчения задачи, мы решили совсем отбросить.

По вечерам, окончив топку печей, Ярмола с нетерпением дожидался, когда я позову его.

–Ну, Ярмола, давай учиться, — говорил я.

Он боком подходил к столу, облокачивался на него локтями, просовывал между своими черными, закорузлыми, несгибающимися пальцами перо и спрашивал меня, подняв кверху брови:

–Писать?

–Пиши.

Ярмола довольно уверенно чертил первую букву — "П" (эта буква у нас носила название: "два стояка и сверху перекладина"); потом он смотрел на меня вопросительно:

–Что ж ты не пишешь? Забыл?

–Забыл... — досадливо качал головой Ярмола.

–Эх, какой ты! Ну, ставь колесо.

–А–а! Колесо, колесо!.. Знаю... — оживлялся Ярмола и старательно рисовал на бумаге вытянутую вверх фигуру, весьма похожую очертаниями на Каспийское море. Окончивши этот труд, он некоторое время молча любовался им, наклоняя голову то на левый, то на правый бок и щуря глаза.

–Что же ты стал? Пиши дальше.

–Подождите немного, панычу... сейчас.

Минуты две он размышлял и потом робко спрашивал:

–Так же, как первая?

–Верно. Пиши.

Так мало–помалу мы добрались до последней буквы — "к" (твердый знак мы отвергли), которая была у нас известна как "палка, а посредине палки кривуля хвостом набок".

–А что вы думаете, панычу, — говорил иногда Ярмола, окончив свой труд и глядя на него с любовной гордостью, — если бы мне еще месяцев с пять или шесть поучиться, я бы совсем хорошо знал. Как вы скажете?

II

Ярмола сидел на корточках перед заслонкой, перемешивая в печке уголья, а я ходил взад и вперед по диагонали моей комнаты. Из всех двенадцати комнат огромного помещичьего дома я занимал только одну, бывшую диванную. Другие стояли запертыми на ключ, и в них неподвижно и торжественно плесневела старинная штофная мебель, диковинная бронза и портреты XVIII столетия.

Ветер за стенами дома бесился, как старый, озябший голый дьявол. В его реве слышались стоны, визг и дикий смех. Метель к вечеру расходилась еще сильнее. Снаружи кто-то яростно бросал в стекла окон горсти мелкого сухого снега. Недалекий лес роптал и гудел с непрерывной, затаенной, глухой угрозой…

Ветер забирался в пустые комнаты и в печные воющие трубы, и старый дом, весь расшатанный, дырявый, полуразвалившийся, вдруг оживлялся странными звуками, к которым я прислушивался с невольной тревогой. Вот точно вздохнуло что-то в белой зале, вздохнуло глубоко, прерывисто, печально. Вот заходили и заскрипели где-то далеко высохшие гнилые половицы под чьими-то тяжелыми и бесшумными шагами. Чудится мне затем, что рядом с моей комнатой, в коридоре, кто-то осторожно и настойчиво нажимает на дверную ручку и потом, внезапно разъярившись, мчится по всему дому, бешено потрясая всеми ставнями и дверьми, или, забравшись в трубу, скулит так жалобно, скучно и непрерывно, то поднимая всё выше, всё тоньше свой голос до жалобного визга, то опуская его вниз, до звериного рычанья. Порою бог весть откуда врывался этот страшный гость и в мою комнату, пробегал внезапным холодом у меня по спине и колебал пламя лампы, тускло светившей под зеленым бумажным, обгоревшим сверху абажуром.

На меня нашло странное, неопределенное беспокойство. Вот, думалось мне, сижу я глухой и ненастной зимней ночью в ветхом доме, среди деревни, затерявшейся в лесах и сугробах, в сотнях верст от городской жизни, от общества, от женского смеха, от человеческого разговора… И начинало мне представляться, что годы и десятки лет будет тянуться этот ненастный вечер, будет тянуться вплоть до моей смерти, и так же будет реветь за окнами ветер, так же тускло будет гореть лампа под убогим зеленым абажуром, так же тревожно буду ходить я взад и вперед по моей комнате, так же будет сидеть около печки молчаливый, сосредоточенный Ярмола, — странное, чуждое мне существо, равнодушное ко всему на свете: и к тому, что у него дома в семье есть нечего, и к бушеванию ветра, и к моей неопределенной, разъедающей тоске.

Мне вдруг нестерпимо захотелось нарушить это томительное молчание каким-нибудь подобием человеческого голоса, и я спросил:

—Как ты думаешь, Ярмола, откуда это сегодня такой ветер?

—Ветер? — отозвался Ярмола, лениво подымая голову. — А паныч разве не знает?

—Конечно, не знаю. Откуда же мне знать?

—И вправду не знаете? — оживился вдруг Ярмола. — Это я вам скажу, — продолжал он с таинственным оттенком в голосе: — это я вам скажу: чи ведьмака народилась, чи ведьмак веселье справляет.

—Ведьмака — это колдунья по-вашему?

—А так, так… колдунья.

Я с жадностью накинулся на Ярмолу. "Почем знать, — думал я, — может быть, сейчас же мне удастся выжать из него какую-нибудь интересную историю, связанную с волшебством, с зарытыми кладами, с вовкулаками?.."

—Ну, а у вас здесь, на Полесье, есть ведьмы? — спросил я.

—Не знаю… Может, есть, — ответил Ярмола с прежним равнодушием и опять нагнулся к печке. — Старые люди говорят, что были когда-то… Может, и неправда…

Я сразу разочаровался. Характерной чертой Ярмолы была упорная несловоохотливость, и я уж не надеялся добиться от него ничего больше об этом интересном предмете. Но, к моему удивлению, он вдруг заговорил с ленивой небрежностью и как будто бы обращаясь не ко мне, а к гудевшей печке:

—Была у нас лет пять тому назад такая ведьма… Только ее хлопцы с села прогнали!

—Куда же они ее прогнали?

—Куда!.. Известно, в лес… Куда же еще? И хату ее сломали, чтобы от того проклятого кубла и щепок не осталось… А саму ее вывели за вышницы и по шее.

—За что же так с ней обошлись?

—Вреда от нее много было: ссорилась со всеми, зелье под хаты подливала, закрутки вязала в жите… Один раз просила она у нашей молодицы злот (пятнадцать копеек). Та ей говорит: "Нет у меня злота, отстань". — "Ну, добре, говорит, будешь ты помнить, как мне злотого не дала…" И что же вы думаете, паничу: с тех самых пор стало у молодицы дитя болеть. Болело, болело, да и совсем умерло. Вот тогда хлопцы ведьмаку и прогнали, пусть ей очи повылазят…

—Ну, а где же теперь эта ведьмака? — продолжал я любопытствовать.

—Ведьмака? — медленно переспросил, по своему обыкновенно, Ярмола. — А я знаю?

—Разве у нее не осталось в деревне какой-нибудь родни?

–Нет, не осталось. Да она чужая была, из кацапок чи из цыганов… Я еще маленьким хлопцем был, когда она пришла к нам на село. И девочка с ней была: дочка или внучка… Обеих прогнали…

–А теперь к ней разве никто не ходит: погадать там или зелья какого-нибудь попросить?

–Бабы бегают, — пренебрежительно уронил Ярмола.

–Ага! Значит, все-таки известно, где она живет?

–Я не знаю… Говорят люди, что где-то около Бисова Кута она живет… Знаете — болото, что за Ириновским шляхом. Так вот в этом болоте она и сидит, трясьця ее матери!

"Ведьма живет в каких-нибудь десяти верстах от моего дома… настоящая, живая, полесская ведьма!" Эта мысль сразу заинтересовала и взволновала меня.

–Послушай, Ярмола, — обратился я к полесовщику, — а как бы мне с ней познакомиться, с этой ведьмой?

–Тьфу! — сплюнул с негодованием Ярмола. — Вот еще добро нашли.

–Добро или недобро, а я к ней всё равно пойду. Как только немного потеплеет, сейчас же и отправлюсь. Ты меня, конечно, проводишь?

Ярмолу так поразили последние слова, что он даже вскочил с полу.

–Я?! — воскликнул он с негодованием. — А и ни за что! Пусть оно там бог ведает что, а я не пойду.

–Ну вот, глупости, пойдешь.

–Нет, паничу, не пойду… ни за что не пойду… Чтобы я?! — опять воскликнул он, охваченный новым наплывом возмущения. — Чтобы я пошел до ведьмачьего кубла? Да пусть меня бог боронит. И вам не советую, паныч.

–Как хочешь… а я все-таки пойду. Мне очень любопытно на нее посмотреть.

–Ничего там нет любопытного, — пробурчал Ярмола, с сердцем захлопывая печную дверку.

Час спустя, когда он, уже убрав самовар и напившись в темных сенях чаю, собирался идти домой, я спросил:

–Как зовут эту ведьму?

–Мануйлиха, — ответил Ярмола с грубой мрачностью.

Он хотя и не высказывал никогда своих чувств, но, кажется, сильно ко мне привязался; привязался за нашу общую страсть к охоте, за мое простое обращение, за помощь, которую я изредка оказывал его вечно голодающей семье, а главным образом за то, что я один на всем свете не корил его пьянством, чего Ярмола терпеть не мог. Поэтому моя решимость познакомиться с ведьмой привела его в отвратительное настроение духа, которое он выразил только усиленным сопением да еще тем, что, выйдя на крыльцо, из всей силы ударил ногой в бок свою собаку — Рябчика.

Рябчик отчаянно завизжал и отскочил в сторону, но тотчас же побежал вслед за Ярмолой, не переставая скулить.

III

Дня через три потеплело. Однажды утром, очень рано, Ярмола вошел в мою комнату и заявил небрежно:

–Нужно ружья почистить, паныч.

–А что? — спросил я, потягиваясь под одеялом.

–Заяц ночью сильно походил: следов много. Может, пойдем на пановку?

Я видел, что Ярмоле не терпится скорее пойти в лес, но он скрывает это страстное желание охотника под напускным равнодушием. Действительно, в передней уже стояла его одностволка, от которой не ушел еще ни один бекас, несмотря на то, что вблизи дула она была украшена несколькими оловянными заплатами, наложенными в тех местах, где ржавчина и пороховые газы проели железо.

Едва войдя в лес, мы тотчас же напали на заячий след: две лапки рядом и две позади одна за другой. Заяц вышел на дорогу, прошел по ней сажен двести и сделал с дороги огромный прыжок в сосновый молодняк.

–Ну, теперь будем обходить его, — сказал Ярмола. — Как дал столба, так тут сейчас и ляжет. Вы, паныч, идите… — Он задумался, соображая по каким–то ему одному известным приметам, куда меня направить… — Вы идите до старой корчмы. А я его обойду от Замлына. Как только собака его выгонит, я буду гукать вам.

И он тотчас же скрылся, точно нырнул в густую чащу мелкого кустарника. Я прислушался. Ни один звук не выдал его браконьерской походки, ни одна веточка не треснула под его ногами, обутыми в лыковые постолы.

Я неторопливо дошел до старой корчмы — нежилой, развалившейся хаты, и стал на опушке хвойного леса, под высокой сосной с прямым голым стволом. Было так тихо, как только бывает в лесу зимою в безветренный день. Нависшие на ветвях пышные комья снега давили их книзу, придавая им чудесный, праздничный и холодный вид. По временам срывалась с вершины тоненькая веточка, и чрезвычайно ясно слышалось, как она, падая, с легким треском задевала за другие ветви. Снег розовел на солнце и синел в тени. Мной овладело тихое очарование этого торжественного, холодного безмолвия, и мне казалось, что я чувствую, как время медленно и бесшумно проходит мимо меня…

Вдруг далеко, в самой чаще, раздался лай Рябчика, — характерный лай собаки, идущей за зверем: тоненький, заливчатый и нервный, почти переходящий в визг. Тотчас же услышал я и голос Ярмолы, кричавшего с ожесточением вслед собаке: "У — бый! У — бый!", первый слог — протяжным резким фальцетом, а второй — отрывистой басовой нотой (я только много времени спустя дознался, что этот охотничий полесский крик происходит от глагола "убивать").

Мне казалось, судя по направленно лая, что собака гонит влево от меня, и я торопливо побежал через полянку, чтобы перехватить зверя. Но не успел я сделать и двадцати шагов, как огромный серый заяц выскочил из-за пня и, как будто бы не торопясь, заложив назад длинные уши, высокими, редкими прыжками перебежал через дорогу и скрылся в молодняке. Следом за ним стремительно вылетел Рябчик. Увидев меня, он слабо махнул хвостом, торопливо куснул несколько раз зубами снег и опять погнал зайца.

Ярмола вдруг так же бесшумно вынырнул из чащи.

—Что же вы, паныч, не стали ему на дороге? — крикнул он и укоризненно зачмокал языком.

—Да ведь далеко было… больше двухсот шагов.

Видя мое смущение, Ярмола смягчился.

—Ну, ничего… Он от нас не уйдет. Идите на Ириновский шлях, — он сейчас туда выйдет.

Я пошел по направлению Ириновского шляха и уже через минуты две услыхал, что собака опять гонит где-то недалеко от меня. Охваченный охотничьим волнением, я побежал, держа ружье наперевес, сквозь густой кустарник, ломая ветви и не обращая внимания на их жестокие удары. Я бежал так довольно долго и уже стал задыхаться, как вдруг лай собаки прекратился. Я пошел тише. Мне казалось, что если я буду идти всё прямо, то непременно встречусь с Ярмолой на Ириновском шляху. Но вскоре я убедился, что во время моего бега, огибая кусты и пни и совсем не думая о дороге, я заблудился. Тогда я начал кричать Ярмоле. Он не откликался.

Между тем машинально я шел всё дальше. Лес редел понемногу, почва опускалась и становилась кочковатой. След, оттиснутый на снегу моей ногой, быстро темнел и наливался водой. Несколько раз я уже проваливался по колена. Мне приходилось перепрыгивать с кочки на кочку; в покрывавшем их густом буром мху ноги тонули, точно в мягком ковре.

Кустарник скоро совсем окончился. Передо мной было большое круглое болото, занесенное снегом, из-под белой пелены которого торчали редкие кочки. На противоположном конце болота, между деревьями, выглядывали белые стены какой-то хаты. "Вероятно, здесь живет ириновский лесник, — подумал я. — Надо зайти и расспросить у него дорогу".

Но дойти до хаты было не так–то легко. Каждую минуту я увязал в трясине. Сапоги мои набрали воды и при каждом шаге громко хлюпали; становилось невмочь тянуть их за собою.

Наконец я перебрался через это болото, взобрался на маленький пригорок и теперь мог хорошо рассмотреть хату. Это даже была не хата, а именно сказочная избушка на курьих ножках. Она не касалась полом земли, а была построена на сваях, вероятно, ввиду половодья, затопляющего весною весь Ириновский лес. Но одна сторона ее от времени осела, и это придавало избушке хромой и печальный вид. В окнах недоставало нескольких стекол; их заменяли какие–то грязные ветошки, выпиравшиеся горбом наружу.

Я нажал на клямку и отворил дверь. В хате было очень темно, а у меня, после того как я долго глядел на снег, ходили перед глазами фиолетовые круги; поэтому я долго не мог разобрать, есть ли кто-нибудь в хате.

–Эй, добрые люди, кто из вас дома? — спросил я громко.

Около печки что–то завозилось. Я подошел поближе и увидал старуху, сидевшую на полу. Перед ней лежала огромная куча куриных перьев. Старуха брала отдельно каждое перо, сдирала с него бородку и клала пух в корзину, а стержни бросала прямо на землю.

"Да ведь это — Мануйлиха, ириновская ведьма", — мелькнуло у меня в голове, едва я только повнимательнее вгляделся в старуху. Все черты бабы–яги, как ее изображает народный эпос, были налицо: худые щеки, втянутые внутрь, переходили внизу в острый, длинный, дряблый подбородок, почти соприкасавшийся с висящим вниз носом; провалившийся беззубый рот беспрестанно двигался, точно пережевывая что–то; выцветшие, когда–то голубые глаза, холодные, круглые, выпуклые, с очень короткими красными веками, глядели точно глаза невиданной зловещей птицы.

–Здравствуй, бабка! — сказал я как можно приветливее. — Тебя уж не Мануйлихой ли зовут?

В ответ что–то заклокотало и захрипело в груди у старухи; потом из ее беззубого, шамкающего рта вырвались странные звуки, то похожие на задыхающееся карканье старой вороны, то вдруг переходившие в сиплую, обрывающуюся фистулу:

–Прежде, может, и Мануйлихой звали добрые люди... А теперь зовут зовуткой, а величают уткой. Тебе что надо-то? — спросила она недружелюбно и не прекращая своего однообразного занятия.

–Да вот, бабушка, заблудился я. Может, у тебя молоко найдется?

–Нет молока, — сердито отрезала старуха. — Много вас по лесу ходит... Всех не напоишь, не накормишь...

–Ну, бабушка, неласковая же ты до гостей.

–И верно, батюшка: совсем неласковая. Разносолов для вас не держим. Устал — посиди, никто тебя из хаты не гонит. Знаешь, как в пословице говорится: "Приходите к нам на завалинке посидеть, у нашего праздника звона послушать, а обедать к вам мы и сами догадаемся". Так–то вот…

Эти обороты речи сразу убедили меня, что старуха действительно пришлая в этом крае; здесь не любят и не понимают хлесткой, уснащенной редкими словцами речи, которой так охотно щеголяет краснобай–северянин. Между тем старуха, продолжая механически свою работу, всё еще бормотала что–то себе под нос, но всё тише и невнятнее. Я разбирал только отдельные слова, не имевшие между собой никакой связи: "Вот тебе и бабушка Мануйлиха… А кто такой — неведомо… Лета–то мои не маленькие… Ногами егозит, стрекочит, сокочит — чистая сорока…"

Я некоторое время молча прислушивался, и внезапная мысль, что передо мною — сумасшедшая женщина, вызвала у меня ощущение брезгливого страха.

Однако я успел осмотреться вокруг себя. Бо́льшую часть избы занимала огромная облупившаяся печка. Образо́в в переднем углу не было. По стенам, вместо обычных охотников с зелеными усами и фиолетовыми собаками и портретов никому неведомых генералов, висели пучки засушенных трав, связки сморщенных корешков и кухонная посуда. Ни совы, ни черного кота я не заметил, но зато с печки два рябых солидных скворца глядели на меня с удивленным и недоверчивым видом.

–Бабушка, а воды–то у вас по крайней мере можно напиться? — спросил я, возвышая голос.

–А вон, в кадке, — кивнула головой старуха.

Вода отзывала болотной ржавчиной. Поблагодарив старуху (на что она не обратила ни малейшего внимания), я спросил ее, как мне выйти на шлях.

Она вдруг подняла голову, поглядела на меня пристально своими холодными птичьими глазами и забормотала торопливо:

–Иди, иди… Иди, молодец, своей дорогой. Нечего тут тебе делать. Хорош гость в гостинку… Ступай, батюшка, ступай…

Мне действительно ничего больше не оставалось, как уйти. Но вдруг мне пришло в голову попытать последнее средство, чтобы хоть немного смягчить суровую старуху. Я вынул из кармана новый серебряный четвертак и протянул его Мануйлихе. Я не ошибся: при виде денег старуха зашевелилась, глаза ее раскрылись еще больше, и она потянулась за монетой своими скрюченными, узловатыми, дрожащими пальцами.

–Э, нет, бабка Мануйлиха, даром не дам, — поддразнил я ее, пряча монету. — Ну–ка, погадай мне.

Коричневое сморщенное лицо колдуньи собралось в недовольную гримасу. Она, по-видимому, колебалась и нерешительно глядела на мой кулак, где были зажаты деньги. Но жадность взяла верх.

–Ну, ну, пойдем, что ли, пойдем, — прошамкала она, с трудом подымаясь с полу. — Никому я не ворожу теперь, касатик... Забыла... Стара стала, глаза не видят. Только для тебя разве.

Держась за стену, сотрясаясь на каждом шагу сгорбленным телом, она подошла к столу, достала колоду бурых, распухших от времени карт, стасовала их и придвинула ко мне.

–Сыми-ка... Левой ручкой сыми... От сердца...

Поплевав на пальцы, она начала раскладывать кабалу. Карты падали на стол с таким звуком, как будто бы они были сваляны из теста, и укладывались в правильную восьмиконечную звезду. Когда последняя карта легла рубашкой вверх на короля, Мануйлиха протянула ко мне руку.

–Позолоти, барин хороший... Счастлив будешь, богат будешь... — запела она попрошайническим, чисто цыганским тоном.

Я сунул ей приготовленную монету. Старуха проворно, по-обезьяньи, спрятала ее за щеку.

–Большой интерес тебе выходит через дальнюю дорогу, — начала она привычной скороговоркой. — Встреча с бубновой дамой и какой-то приятный разговор в важном доме. Вскорости получишь неожиданное известие от трефового короля. Падают тебе какие-то хлопоты, а потом опять падают какие-то небольшие деньги. Будешь в большой компании, пьян будешь... Не так, чтобы очень сильно, а все-таки выходит тебе выпивка. Жизнь твоя будет долгая. Если в шестьдесят семь лет не умрешь, то...

Вдруг она остановилась, подняла голову, точно к чему-то прислушиваясь. Я тоже насторожился. Чей-то женский голос, свежий, звонкий и сильный, пел, приближаясь к хате. Я тоже узнал слова грациозной малорусской песенки:

Ой чи цвит, чи ни цвит
Калиноньку ломит.
Ой чи сон, чи не сон
Головоньку клонит.

–Ну иди, иди теперь, соколик, — тревожно засуетилась старуха, отстраняя меня рукой от стола. — Нечего тебе по чужим хатам околачиваться. Иди, куда шел...

Она даже ухватила меня за рукав моей куртки и тянула к двери. Лицо ее выражало какое-то звериное беспокойство.

51

Голос, певший песню, вдруг оборвался совсем близко около хаты, громко звякнула железная клямка, и в просвете быстро распахнувшейся двери показалась рослая смеющаяся девушка. Обеими руками она бережно поддерживала полосатый передник, из которого выглядывали три крошечных птичьих головки с красными шейками и черными блестящими глазенками.

–Смотри, бабушка, зяблики опять за мною увязались, — воскликнула она, громко смеясь, — посмотри, какие смешные… Голодные совсем. А у меня, как нарочно, хлеба с собой не было.

Но, увидев меня, она вдруг замолчала и вспыхнула густым румянцем. Ее тонкие черные брови недовольно сдвинулись, а глаза с вопросом обратились на старуху.

–Вот барин зашел… Пытает дорогу, — пояснила старуха. — Ну, батюшка, — с решительным видом обернулась она ко мне, — будет тебе прохлаждаться. Напился водицы, поговорил, да пора и честь знать. Мы тебе не компания…

–Послушай, красавица, — сказал я девушке. — Покажи мне, пожалуйста, дорогу на Ириновский шлях, а то из вашего болота во веки веков не выберешься.

Должно быть, на нее подействовал мягкий, просительный тон, который я придал этим словам. Она бережно посадила на печку, рядом со скворцами, своих зябликов, бросила на лавку скинутую уже короткую свитку и молча вышла из хаты.

Я последовал за ней.

–Это у тебя всё ручные птицы? — спросил я, догоняя девушку.

–Ручные, — ответила она отрывисто и даже не взглянув на меня. — Ну вот, глядите, — сказала она, останавливаясь у плетня. — Видите тропочку, вон, вон, между соснами–то? Видите?

–Вижу…

–Идите по ней всё прямо. Как дойдете до дубовой колоды, повернете налево. Так прямо, всё лесом, лесом и идите. Тут сейчас вам и будет Ириновский шлях.

В то время, когда она вытянутой правой рукой показывала мне направление дороги, я невольно залюбовался ею. В ней не было ничего похожего на местных "дивчат", лица которых под уродливыми повязками, прикрывающими сверху лоб, а снизу рот и подбородок, носят такое однообразное, испуганное выражение. Моя незнакомка, высокая брюнетка лет около двадцати — двадцати пяти, держалась легко и стройно. Просторная белая рубаха свободно и красиво обвивала ее молодую, здоровую грудь. Оригинальную красоту ее лица, раз его увидев, нельзя было позабыть, но трудно было даже привыкнуть к нему, его описать. Прелесть его заключалась в этих больших, блестящих, темных глазах, которым тонкие, надломленные посредине брови придавали неуловимый оттенок лукавства, властности и наивности; в смугло—розовом тоне кожи, в своевольном изгибе губ, из которых нижняя, несколько более полная, выдавалась вперед с решительным и капризным видом.

—Неужели вы не боитесь жить одни в такой глуши? — спросил я, остановившись у забора.

Она равнодушно пожала плечами.

—Чего же нам бояться? Волки сюда не заходят.

—Да разве волки одни… Снегом вас занести может, пожар может случиться… И мало ли что еще. Вы здесь одни, вам и помочь никто не успеет.

—И слава богу! — махнула она пренебрежительно рукой. — Как бы нас с бабкой вовсе в покое оставили, так лучше бы было, а то…

—А то что?

—Много будете знать, скоро состаритесь, — отрезала она. — Да вы сами—то кто будете? — спросила она тревожно.

Я догадался, что, вероятно, и старуха и эта красавица боятся каких-нибудь утеснений со стороны "предержащих", и поспешил ее успокоить.

—О! ты, пожалуйста, не тревожься. Я не урядник, не писарь, не акцизный, словом, я никакое начальство.

—Нет, вы правду говорите?

—Даю тебе честное слово. Ей—богу, я самый посторонний человек. Просто, приехал сюда погостить на несколько месяцев, а там и уеду. Если хочешь, я даже никому не скажу, что был здесь и видел вас. Ты мне веришь?

Лицо девушки немного прояснялось.

—Ну, значит, коль не врете, так правду говорите. А вы как: раньше об нас слышали или сами зашли?

—Да я и сам не знаю, как тебе сказать… Слышать—то я слышал, положим, и даже хотел когда—нибудь забрести к вам, а сегодня зашел случайно — заблудился… Ну, а теперь скажи, чего вы людей боитесь? Что они вам злого делают?

Она поглядела на меня с испытующим недоверием. Но совесть у меня была чиста, и я, не сморгнув, выдержал этот пристальный взгляд. Тогда она заговорила с возрастающим волнением:

—Плохо нам от них приходится… Простые люди еще ничего, а вот начальство… Приедет урядник — тащит, приедет становой — тащит. Да еще прежде, чем взять—то, над бабкой надругается: ты, говорят, ведьма, чертовка, каторжница… Эх! Да что и говорить!

—А тебя не трогают? — сорвался у меня неосторожный вопрос.

Она с надменной самоуверенностью повела головой снизу вверх, и в ее сузившихся глазах мелькнуло злое торжество…

53

–Не трогают… Один раз сунулся ко мне землемер какой–то… Поласкаться ему, видишь, захотелось… Так, должно быть, и до сих пор не забыл, как я его приласкала.

В этих насмешливых, но своеобразно гордых словах прозвучало столько грубой независимости, что я невольно подумал: "Однако недаром ты выросла среди полесского бора, — с тобой и впрямь опасно шутить".

–А мы разве трогаем кого–нибудь! — продолжала она, проникаясь ко мне всё большим доверием. — Нам и людей не надо. Раз в год только схожу я в местечко купить мыла да соли… Да вот еще бабушке чаю, — чай она у меня любит. А то хоть бы и вовсе никого не видеть.

–Ну, я вижу, вы с бабушкой людей не жалуете… А мне можно когда-нибудь зайти на минуточку?

Она засмеялась, и — как странно, как неожиданно изменилось ее красивое лицо! Прежней суровости в нем и следа не осталось: оно вдруг сделалось светлым, застенчивым, детским.

–Да что у нас вам делать? Мы с бабкой скучные… Что ж, заходите, пожалуй, коли вы и впрямь добрый человек. Только вот что… вы уж если когда к нам забредете, так без ружья лучше…

–Ты боишься?

–Чего мне бояться? Ничего я не боюсь, — и в ее голосе опять послышалась уверенность в своей силе. — А только не люблю я этого. Зачем бить пташек или вот зайцев тоже. Никому они худого не делают, а жить им хочется так же, как и нам с вами. Я их люблю: они маленькие, глупые такие… Ну, однако, до свидания, — заторопилась она, — не знаю, как величать–то вас по имени… Боюсь, бабка браниться станет.

И она легко и быстро побежала в хату, наклонив вниз голову и придерживая руками разбившиеся от ветра волосы.

–Постой, постой! — крикнул я. — Как тебя зовут–то? Уж будем знакомы как следует.

Она остановилась на мгновение и обернулась ко мне.

–Аленой меня зовут… По–здешнему — Олеся.

Я вскинул ружье на плечи и пошел по указанному мне направлению. Поднявшись на небольшой холмик, откуда начиналась узкая, едва заметная лесная тропинка, я оглянулся. Красная юбка Олеси, слегка колеблемая ветром, еще виднелась на крыльце хаты, выделяясь ярким пятном на ослепительно белом, ровном фоне снега.

Через час после меня пришел домой Ярмола. По своей обычной неохоте к праздному разговору, он ни слова не спросил меня о том, как и где я заблудился. Он только сказал как будто бы вскользь:

–Там… я зайца на кухню занес… жарить будем или пошлете кому-нибудь?

—А ведь ты не знаешь, Ярмола, где я был сегодня? — сказал я, заранее представляя себе удивление полесовщика.

—Отчего же мне не знать? — грубо проворчал Ярмола. — Известно, к ведьмакам ходили...

—Как же ты узнал это?

—А почему же мне не узнать? Слышу, что вы голоса не подаете, ну я и вернулся на ваш след... Эх, паны-ыч! — прибавил он с укоризненной досадой. — Не следует вам такими делами заниматься... Грех!..

IV

Весна наступила в этом году ранняя, дружная и — как всегда на Полесье — неожиданная. Побежали по деревенским улицам бурливые, коричневые, сверкающие ручейки, сердито пенясь вокруг встречных каменьев и быстро вертя щепки и гусиный пух; в огромных лужах воды отразилось голубое небо с плывущими по нему круглыми, точно крутящимися, белыми облаками; с крыш посыпались частые звонкие капли. Воробьи, стаями обсыпавшие придорожные ветлы, кричали так громко и возбужденно, что ничего нельзя было расслышать за их криком. Везде чувствовалась радостная, торопливая тревога жизни.

Снег сошел, оставшись еще кое-где грязными рыхлыми клочками в лощинах и тенистых перелесках. Из-под него выглянула обнаженная, мокрая, теплая земля, отдохнувшая за зиму и теперь полная свежих соков, полная жажды нового материнства. Над черными нивами вился легкий парок, наполнявший воздух запахом оттаявшей земли, — тем свежим, вкрадчивым и могучим, пьяным запахом весны, который даже и в городе узнаешь среди сотен других запахов. Мне казалось, что вместе с этим ароматом вливалась в мою душу весенняя грусть, сладкая и нежная, исполненная беспокойных ожиданий и смутных предчувствий, — поэтическая грусть, делающая в ваших глазах всех женщин хорошенькими и всегда приправленная неопределенными сожалениями о прошлых вёснах. Ночи стали теплее; в их густом влажном мраке чувствовалась незримая, спешная творческая работа природы...

В эти весенние дни образ Олеси не выходил из моей головы. Мне нравилось, оставшись одному, лечь, зажмурить глаза, чтобы лучше сосредоточиться, и беспрестанно вызывать в своем воображении ее то суровое, то лукавое, то сияющее нежной улыбкой лицо, ее молодое тело, выросшее в приволье старого бора так же стройно и так же могуче, как растут молодые елочки, ее свежий голос с неожиданными низкими бархатными нотками... "Во всех ее движениях, в ее словах, — думал я, —

есть что—то благородное (конечно, в лучшем смысле этого довольно пошлого слова), какая—то врожденная изящная умеренность..." Также привлекал меня к Олесе и некоторый ореол окружавшей ее таинственности, суеверная репутация ведьмы, жизнь в лесной чаще среди болота и в особенности — эта гордая уверенность в своих силах, сквозившая в немногих обращенных ко мне словах.

Нет ничего мудреного, что, как только немного просохли лесные тропинки, я отправился в избушку на курьих ножках. На случай, если бы понадобилось успокоить ворчливую старуху, я захватил с собою полфунта чаю и несколько пригоршен кусков сахару.

Я застал обеих женщин дома. Старуха возилась около ярко пылавшей печи, а Олеся пряла лен, сидя на очень высокой скамейке; когда я, входя, стукнул дверью, она обернулась, нитка оборвалась под ее руками, и веретено покатилось по полу.

Старуха некоторое время внимательно и сердито вглядывалась в меня, сморщившись и заслоняя лицо ладонью от жара печки.

—Здравствуй, бабуся! — сказал я громким, бодрым голосом. — Не узнаёшь, должно быть, меня? Помнишь, я в прошлом месяце заходил про дорогу спрашивать? Ты мне еще гадала?

—Ничего не помню, батюшка, — зашамкала старуха, недовольно тряся головой, — ничего не помню. И что ты у нас позабыл, — никак не пойму. Что мы тебе за компания? Мы люди простые, серые... Нечего тебе у нас делать. Лес велик, есть место, где разойтись... так—то...

Ошеломленный нелюбезным приемом, я совсем потерялся и очутился в том глупом положении, когда не знаешь, что делать: обратить ли грубость в шутку, или самому рассердиться, или, наконец, не сказав ни слова, повернуться и уйти назад. Невольно я повернулся с беспомощным выражением к Олесе. Она чуть—чуть улыбнулась с оттенком незлой насмешки, встала из—за прялки и подошла к старухе.

—Не бойся, бабка, — сказала она примирительно, — это не лихой человек, он нам худого не сделает. Милости просим садиться, — прибавила она, указывая мне на лавку в переднем углу и не обращая более внимания на воркотню старухи.

Ободренный ее вниманием, я догадался выдвинуть самое решительное средство.

—Какая же ты сердитая, бабуся... Чуть гости на порог, а ты сейчас и бранишься. А я было тебе гостинцу принес, — сказал я, доставая из сумки свои свертки.

Старуха бросила быстрый взгляд на свертки, но тотчас же отвернулась к печке.

—Никаких мне твоих гостинцев не нужно, — проворчала она, ожесточенно разгребая кочергой уголья. — Знаем мы тоже гостей этих.

Сперва без мыла в душу лезут, а потом… Что у тебя в кулечке-то? — вдруг обернулась она ко мне.

Я тотчас же вручил ей чай и сахар. Это подействовало на старуху смягчающим образом, и хотя она и продолжала ворчать, но уже не в прежнем, непримиримом тоне.

Олеся села опять за пряжу, а я поместился около нее на низкой, короткой и очень шаткой скамеечке. Левой рукой Олеся быстро сучила белую, мягкую, как шелк, кудель, а в правой у нее с легким жужжанием крутилось веретено, которое она то пускала падать почти до земли, то ловко подхватывала его и коротким движением пальцев опять заставляла вертеться. Эта работа, такая простая на первый взгляд, но в сущности требующая огромного, многовекового навыка и ловкости, так и кипела в ее руках. Невольно я обратил внимание на эти руки: они загрубели и почернели от работы, но были невелики и такой красивой формы, что им позавидовали бы многие благовоспитанные девицы.

—А вот вы мне тогда и не сказали, что вам бабка гадала, — произнесла Олеся. И, видя, что я опасливо обернулся назад, она прибавила: — Ничего, ничего, она немного на ухо туга, не услышит. Она только мой голос хорошо разбирает.

—Да, гадала. А что?

—Да так себе… Просто спрашиваю… А вы верите? — кинула она на меня украдкой быстрый взгляд.

—Чему? Тому, что твоя бабка мне гадала, или вообще?

—Нет, вообще…

—Как сказать, вернее будет, что не верю, а все-таки почем знать? Говорят, бывают случаи… Даже в умных книгах об них напечатано. А вот тому, что твоя бабка говорила, так совсем не верю. Так и любая баба деревенская сумеет поворожить.

Олеся улыбнулась.

—Да, это правда, что она теперь плохо гадает. Стара стала, да и боится она очень. А что вам карты сказали?

—Ничего интересного не было. Я теперь и не помню. Что обыкновенно говорят: дальняя дорога, трефовый интерес… Я и позабыл даже.

—Да, да, плохая она стала ворожка. Слова многие позабыла от старости… Куда ж ей? Да и опасается она. Разве только деньги увидит, так согласится.

—Чего же она боится?

—Известно чего, — начальства боится… Урядник приедет, так завсегда грозит: "Я, говорит, тебя во всякое время могу упрятать. Ты знаешь, говорит, что вашему брату за чародейство полагается? Ссылка в каторжную работу, без сроку, на Соколиный остров". Как вы думаете, врет он это или нет?

–Нет, врать он не врет; действительно за это что–то полагается, но уже не так страшно… Ну, а ты, Олеся, умеешь гадать?

Она как будто бы немного замялась, но всего лишь на мгновение.

–Гадаю… Только не за деньги, — добавила она поспешно.

–Может быть, ты и мне кинешь карты?

–Нет, — тихо, но решительно ответила она, покачав головой.

–Почему же ты не хочешь? Ну, не теперь, так когда–нибудь после… Мне почему–то кажется, что ты мне правду скажешь.

–Нет. Не стану. Ни за что не стану.

–Ну, уж это нехорошо, Олеся. Ради первого знакомства нельзя отказывать… Почему ты не согласна?

–Потому что я на вас уже бросала карты, в другой раз нельзя…

–Нельзя? Отчего же? Я этого не понимаю.

–Нет, нет, нельзя… нельзя… — зашептала она с суеверным страхом. — Судьбу нельзя два раза пытать… Не годится… Она узнает, подслушает… Судьба не любит, когда ее спрашивают. Оттого все ворожки несчастные.

Я хотел ответить Олесе какой–нибудь шуткой и не мог: слишком много искреннего убеждения было в ее словах, так что даже, когда она, упомянув про судьбу, со странной боязнью оглянулась на дверь, я невольно повторил это движение.

–Ну, если не хочешь мне погадать, так расскажи, что у тебя тогда вышло? — попросил я.

Олеся вдруг бросила прялку и притронулась рукой к моей руке.

–Нет… Лучше не надо, — сказала она, и ее глаза приняли умоляюще-детское выражение. — Пожалуйста, не просите… Нехорошо вам вышло… Не просите лучше…

Но я продолжал настаивать. Я не мог разобрать: был ли ее отказ и темные намеки на судьбу наигранным приемом гадалки, или она действительно сама верила в то, о чем говорила, но мне стало как–то не по себе, почти жутко.

–Ну хорошо, я, пожалуй, скажу, — согласилась наконец Олеся. — Только смотрите, уговор лучше денег: не сердиться, если вам что не понравится. Вышло вам вот что: человек вы хотя и добрый, но только слабый… Доброта ваша не хорошая, не сердечная. Слову вы своему не господин. Над людьми любите верх брать, а сами им хотя и не хотите, но подчиняетесь. Вино любите, а также… Ну да всё равно, говорить, так уж всё по порядку… До нашей сестры больно охочи, и через это вам много в жизни будет зла… Деньгами вы не дорожите и копить их не умеете — богатым никогда не будете… Говорить дальше?

–Говори, говори! Всё, что знаешь, говори!

–Дальше вышло, что жизнь ваша будет невеселая. Никого вы сердцем не полюбите, потому что сердце у вас холодное, ленивое, а тем, которые вас будут любить, вы много горя принесете. Никогда вы не женитесь, так холостым и умрете. Радостей вам в жизни больших не будет, но будет много скуки и тяготы... Настанет такое время, что руки сами на себя наложить захотите... Такое у вас дело одно выйдет... Но только не посмеете, так снесете... Сильную нужду будете терпеть, однако под конец жизни судьба ваша переменится через смерть какого-то близкого вам человека и совсем для вас неожиданно. Только всё это будет еще через много лет, а вот в этом году... Я не знаю, уж когда именно, — карты говорят, что очень скоро... Может быть, даже и в этом месяце...

—Что же случится в этом году? — спросил я, когда она опять остановилась.

—Да уж боюсь даже говорить дальше. Падает вам большая любовь со стороны какой-то трефовой дамы. Вот только не могу догадаться, замужняя она или девушка, а знаю, что с темными волосами...

Я невольно бросил быстрый взгляд на голову Олеси.

—Что вы смотрите? — покраснела вдруг она, почувствовав мой взгляд с пониманием, свойственным некоторым женщинам. — Ну да, вроде моих, — продолжала она, машинально поправляя волосы и еще больше краснея.

—Так ты говоришь — большая трефовая любовь? — пошутил я.

—Не смейтесь, не надо смеяться, — серьезно, почти строго заметила Олеся. — Я вам всё только правду говорю.

—Ну хорошо, не буду, не буду. Что же дальше?

—Дальше... Ох! Нехорошо выходит этой трефовой даме, хуже смерти. Позор она через вас большой примет, такой, что во всю жизнь забыть нельзя, печаль долгая ей выходит... А вам в ее планете ничего дурного не выходит.

—Послушай, Олеся, а не могли ли тебя карты обмануть? Зачем же я буду трефовой даме столько неприятностей делать? Человек я тихий, скромный, а ты столько страхов про меня наговорила.

—Ну, уж этого я не знаю. Да и вышло-то так, что не вы это сделаете, — не нарочно, значит, а только через вас вся эта беда стрясется... Вот когда мои слова сбудутся, вы меня тогда вспомните.

—И всё это тебе карты сказали, Олеся?

Она ответила не сразу, уклончиво и как будто бы неохотно:

—И карты... Да я и без них узнаю много, вот хоть бы по лицу. Если, например, который человек должен скоро нехорошей смертью умереть, я это сейчас у него на лице прочитаю, даже говорить мне с ним не нужно.

—Что же ты видишь у него в лице?

—Да я и сама не знаю. Страшно мне вдруг сделается, точно он не живой передо мной стоит. Вот хоть у бабушки спросите, она вам скажет, что я правду говорю. Трофим, мельник, в позапрошлом году у себя на млине

59

удавился, а я его только за два дня перед тем видела и тогда же сказала бабушке: "Вот посмотри, бабуся, что Трофим на днях дурной смертью умрет". Так оно и вышло. А на прошлые святки зашел к нам конокрад-Яшка, просил бабушку погадать. Бабушка разложила на него карты, стала ворожить. А он шутя спрашивает: "Ты мне скажи, бабка, какой я смертью умру?" А сам смеется. Я как поглядела на него, так и пошевельнуться не могу: вижу, сидит Яков, а лицо у него мертвое, зеленое... Глаза закрыты, а губы черные... Потом, через неделю, слышим, что поймали мужики Якова, когда он лошадей хотел свести... Всю ночь его били... Злой у нас народ здесь, безжалостный... В пятки гвозди ему заколотили, перебили кольями все ребра, а к утру из него и дух вон.

—Отчего же ты ему не сказала, что его беда ждет?

—А зачем говорить? — возразила Олеся. — Что у судьбы положено, разве от этого убежишь? Только бы понапрасну человек свои последние дни тревожился... Да мне и самой гадко, что я так вижу, сама себе я противна делаюсь... Только что ж? Это ведь у меня от судьбы. Бабка моя, когда помоложе была, тоже смерть узнавала, и моя мать тоже, и бабкина мать — это не от нас... это в нашей крови так.

Она перестала прясть и сидела, низко опустив голову, тихо положив руки вдоль колен. В ее неподвижно остановившихся глазах с расширившимися зрачками отразился какой-то темный ужас, какая-то невольная покорность таинственным силам и сверхъестественным знаниям, осенявшим ее душу.

V

В это время старуха разостлала на столе чистое полотенце с вышитыми концами и поставила на него дымящийся горшок.

—Иди ужинать, Олеся, — позвала она внучку и после минутного колебания прибавила, обращаясь ко мне, — может быть, и вы, господин, с нами откушаете? Милости просим... Только неважные у нас кушанья-то, супов не варим, а просто крупничок полевой...

Нельзя сказать, чтобы ее приглашение отзывалось особенной настойчивостью, и я уже было хотел отказаться от него, но Олеся, в свою очередь, попросила меня с такой милой простотой и с такой ласковой улыбкой, что я поневоле согласился. Она сама налила мне полную тарелку крупника — похлебки из гречневой крупы с салом, луком, картофелем и курицей — чрезвычайно вкусного и питательного кушанья. Садясь за стол, ни бабушка, ни внучка не перекрестились. За ужином я не переставал наблюдать за обеими женщинами, потому что, по моему глубокому убеждению, которое я и до сих пор сохраняю, нигде человек не высказывается так ясно, как во время еды. Старуха глотала крупник с торопливой жадностью, громко чавкая и запихивая в рот огромные куски хлеба, так что под ее дряблыми щеками вздувались и двигались большие гули. У Олеси даже в манере есть была какая–то врожденная порядочность.

Спустя час после ужина я простился с хозяйками избушки на курьих ножках.

–Хотите, я вас провожу немножко? — предложила Олеся.

–Какие такие проводы еще выдумала! — сердито прошамкала старуха. — Не сидится тебе на месте, стрекоза…

Но Олеся уже накинула на голову красный кашемировый платок и вдруг, подбежав к бабушке, обняла ее и звонко поцеловала.

–Бабушка! Милая, дорогая, золотая… я только на минуточку, сейчас и назад.

–Ну ладно, уж ладно, верченая, — слабо отбивалась от нее старуха. — Вы, господин, не обессудьте: совсем дурочка она у меня.

Пройдя узкую тропинку, мы вышли на лесную дорогу, черную от грязи, всю истоптанную следами копыт и изборожденную колеями, полными воды, в которой отражался пожар вечерней зари. Мы шли обочиной дороги, сплошь покрытой бурыми прошлогодними листьями, еще не высохшими после снега. Кое–где сквозь их мертвую желтизну подымали свои лиловые головки крупные колокольчики "сна" — первого цветка Полесья.

–Послушай, Олеся, — начал я, — мне очень хочется спросить тебя кое о чем, да я боюсь, что ты рассердишься… Скажи мне, правду ли говорят, что твоя бабка… как бы это выразиться?..

–Колдунья? — спокойно помогла мне Олеся.

–Нет… Не колдунья… — замялся я. — Ну да, если хочешь — колдунья… Конечно, ведь мало ли что болтают. Почему ей просто-напросто не знать каких–нибудь трав, средств, заговоров?.. Впрочем, если тебе это неприятно, ты можешь не отвечать.

–Нет, отчего же, — отозвалась она просто, — что ж тут неприятного? Да она, правда, колдунья. Но только теперь она стала стара и уж не может делать того, что делала раньше.

–Что же она умела делать? — полюбопытствовал я.

–Разное. Лечить умела, от зубов пользовала, руду заговаривала, отчитывала, если кого бешеная собака укусит или змея, клады указывала… да всего и не перечислишь.

–Знаешь что, Олеся?.. Ты меня извини, а я ведь этому всему не верю. Ну, будь со мною откровенна, я тебя никому не выдам: ведь всё это — одно притворство, чтобы только людей морочить?

Она равнодушно пожала плечами.

—Думайте, как хотите. Конечно, бабу деревенскую обморочить ничего не стоит, но вас бы я не стала обманывать.

—Значить, ты твердо веришь колдовству?

—Да как же мне не верить? Ведь у нас в роду чары… Я и сама многое умею.

—Олеся, голубушка… Если бы ты знала, как мне это интересно… Неужели ты мне ничего не покажешь?

—Отчего же, покажу, если хотите, — с готовностью согласилась Олеся. — Сейчас желаете?

—Да, если можно, сейчас.

—А бояться не будете?

—Ну вот глупости. Ночью, может быть, боялся бы, а теперь еще светло.

—Хорошо. Дайте мне руку.

Я повиновался. Олеся быстро засучила рукав моего пальто и расстегнула запонку у манжетки, потом она достала из своего кармана небольшой, вершка в три, финский ножик и вынула его из кожаного чехла.

—Что ты хочешь делать? — спросил я, чувствуя, как во мне шевельнулось подленькое опасение.

—А вот сейчас… Ведь вы же сказали, что не будете бояться!

Вдруг рука ее сделала едва заметное легкое движение, и я ощутил в мякоти руки, немного выше того места, где щупают пульс, раздражающее прикосновение острого лезвия. Кровь тотчас же выступила во всю ширину пореза, полилась по руке и частыми каплями закапала на землю. Я едва удержался от того, чтобы не крикнуть, но, кажется, побледнел.

—Не бойтесь, живы останетесь, — усмехнулась Олеся.

Она крепко обхватила рукой мою руку повыше раны и, низко склонившись к ней лицом, стала быстро шептать что—то, обдавая мою кожу горячим прерывистым дыханием. Когда же Олеся выпрямилась и разжала свои пальцы, то на пораненном месте осталась только красная царапина.

—Ну что? Довольно с вас? — с лукавой улыбкой спросила она, пряча свой ножик. — Хотите еще?

—Конечно, хочу. Только, если бы можно было, не так уж страшно и без кровопролития, пожалуйста.

—Что бы вам такое показать? — задумалась она. — Ну хоть разве это вот: идите впереди меня по дороге… Только, смотрите, не оборачивайтесь назад.

—А это не будет страшно? — спросил я, стараясь беспечной улыбкой прикрыть боязливое ожидание неприятного сюрприза.

—Нет, нет… Пустяки… Идите.

Я пошел вперед, очень заинтересованный опытом, чувствуя за своей спиной напряженный взгляд Олеси. Но, пройдя около двадцати шагов, я вдруг споткнулся на совсем ровном месте и упал ничком.

–Идите, идите! — закричала Олеся. — Не оборачивайтесь! Это ничего, до свадьбы заживет… Держитесь крепче за землю, когда будете падать.

Я пошел дальше. Еще десять шагов, и я вторично растянулся во весь рост.

Олеся громко захохотала и захлопала в ладоши.

–Ну что? Довольны? — крикнула она, сверкая своими белыми зубами. — Верите теперь? Ничего, ничего!.. Полетели не вверх, а вниз.

–Как ты это сделала? — с удивлением спросил я, отряхиваясь от приставших к моей одежде веточек и сухих травинок. — Это не секрет?

–Вовсе не секрет. Я вам с удовольствием расскажу. Только боюсь, что, пожалуй, вы не поймете… Не сумею я объяснить…

Я действительно не совсем понял ее. Но, если не ошибаюсь, этот своеобразный фокус состоит в том, что она, идя за мною следом шаг за шагом, нога в ногу, и неотступно глядя на меня, в то же время старается подражать каждому, самому малейшему моему движению, так сказать, отожествляет себя со мною. Пройдя таким образом несколько шагов, она начинает мысленно воображать на некотором расстоянии впереди меня веревку, протянутую поперек дороги на аршин от земли. В ту минуту, когда я должен прикоснуться ногой к этой воображаемой веревке, Олеся вдруг делает падающее движение, и тогда, по ее словам, самый крепкий человек должен непременно упасть… Только много времени спустя я вспомнил сбивчивое объяснение Олеси, когда читал отчет доктора Шарко об опытах, произведенных им над двумя пациентками Сальпетриера, профессиональными колдуньями, страдавшими истерией. И я был очень удивлен, узнав, что французские колдуньи из простонародья прибегали в подобных случаях совершенно к той же сноровке, какую пускала в ход хорошенькая полесская ведьма.

–О! Я еще много чего умею, — самоуверенно заявила Олеся. — Например, я могу нагнать на вас страх.

–Что это значит?

–Сделаю так, что вам страшно станет. Сидите вы, например, у себя в комнате вечером, и вдруг на вас найдет ни с того ни с сего такой страх, что вы задрожите и оглянуться назад не посмеете. Только для этого мне нужно знать, где вы живете, и раньше видеть вашу комнату.

–Ну, уж это совсем просто, — усомнился я. — Подойдешь к окну, постучишь, крикнешь что–нибудь.

–О, нет, нет… Я буду в лесу в это время, никуда из хаты не выйду… Но я буду сидеть и всё думать, что вот я иду по улице, вхожу в ваш дом, отворяю двери, вхожу в вашу комнату… Вы сидите где–нибудь… ну, хоть

63

у стола… я подкрадываюсь к вам сзади тихонько… вы меня не слышите… я хватаю вас за плечо руками и начинаю давить… всё крепче, крепче, крепче… а сама гляжу на вас… вот так — смотрите…

Ее тонкие брови вдруг сдвинулись, глаза в упор остановились на мне с грозным и притягивающим выражением, зрачки увеличились и посинели. Мне тотчас же вспомнилась виденная мною в Москве, в Третьяковской галерее, голова Медузы — работа уж не помню какого художника. Под этим пристальным, странным взглядом меня охватил холодный ужас сверхъестественного.

—Ну полно, полно, Олеся… будет, — сказал я с деланным смехом. — Мне гораздо больше нравится, когда ты улыбаешься — тогда у тебя такое милое, детское лицо.

Мы пошли дальше. Мне вдруг вспомнилась выразительность и даже для простой девушки изысканность фраз в разговоре Олеси, и я сказал:

—Знаешь, что меня удивляет в тебе, Олеся? Вот ты выросла в лесу, никого не видавши… Читать ты, конечно, тоже много не могла…

—Да я вовсе не умею и читать-то.

—Ну, тем более… А между тем ты так хорошо говоришь, не хуже настоящей барышни. Скажи мне, откуда у тебя это? Понимаешь, о чем я спрашиваю?

—Да, понимаю. Это всё от бабушки… Вы не глядите, что она такая с виду. У! Какая она умная! Вот, может быть, она и при вас разговорится, когда побольше привыкнет… Она всё знает, ну просто всё на свете, про что ни спросишь. Правда, постарела она теперь.

—Значит, она много видела на своем веку? Откуда она родом? Где она раньше жила?

Кажется, эти вопросы не понравились Олесе. Она ответила не сразу, уклончиво и неохотно:

—Не знаю… Да она об этом и не любит говорить. Если же когда и скажет что, то всегда просит забыть и не вспоминать больше… Ну, однако, мне пора, — заторопилась Олеся, — бабушка будет сердиться. До свиданья… Простите, имени вашего не знаю.

Я назвался.

—Иван Тимофеевич? Ну, вот и отлично. Так до свиданья, Иван Тимофеевич! Не брезгуйте нашей хатой, заходите.

На прощанье я протянул ей руку, и ее маленькая крепкая рука ответила мне сильным, дружеским пожатием.

VI

С этого дня я стал частым гостем в избушке на курьих ножках. Каждый раз, когда я приходил, Олеся встречала меня с своим привычным сдержанным достоинством. Но всегда, по первому невольному движению, которое она делала, увидев меня, я замечал, что она радуется моему приходу. Старуха по-прежнему не переставала бурчать что-то себе под нос, но явного недоброжелательства не выражала благодаря невидимому для меня, но несомненному заступничеству внучки; также немалое влияние в благотворном для меня смысле оказывали приносимые мною кое-когда подарки: то теплый платок, то банка варенья, то бутылка вишневой наливки. У нас с Олесей, точно по безмолвному обоюдному уговору, вошло в обыкновение, что она меня провожала до Ириновского шляха, когда я уходил домой. И всегда у нас в это время завязывался такой живой, интересный разговор, что мы оба старались поневоле продлить дорогу, идя как можно тише безмолвными лесными опушками. Дойдя до Ириновского шляха, я ее провожал обратно с полверсты, и все-таки, прежде чем проститься, мы еще долго разговаривали, стоя под пахучим навесом сосновых ветвей.

Не одна красота Олеси меня в ней очаровывала, но также и ее цельная, самобытная, свободная натура, ее ум, одновременно ясный и окутанный непоколебимым наследственным суеверием, детски невинный, но и не лишенный лукавого кокетства красивой женщины. Она не уставала меня расспрашивать подробно обо всем, что занимало и волновало ее первобытное, яркое воображение: о странах и народах, об явлениях природы, об устройстве земли и вселенной, об ученых людях, о больших городах… Многое ей казалось удивительным, сказочным, неправдоподобным. Но я с самого начала нашего знакомства взял с нею такой серьезный, искренний и простой тон, что она охотно принимала на бесконтрольную веру все мои рассказы. Иногда, затрудняясь объяснить ей что-нибудь, слишком, по моему мнению, непонятное для ее полудикарской головы (а иной раз и самому мне не совсем ясное), я возражал на ее жадные вопросы: "Видишь ли… Я не сумею тебе этого рассказать… Ты не поймешь меня".

Тогда она принималась меня умолять:

–Нет, пожалуйста, пожалуйста, я постараюсь… Вы хоть как-нибудь скажите… хоть и непонятно…

Она принуждала меня пускаться в чудовищные сравнения, в самые дерзкие примеры, и если я затруднялся подыскать выражение, она сама помогала мне целым дождем нетерпеливых вопросов, вроде тех, которые мы предлагаем заике, мучительно застрявшему на одном слове. И действительно, в конце концов ее гибкий, подвижной ум и свежее воображение торжествовали над моим педагогическим бессилием. Я поневоле убеждался, что для своей среды, для своего воспитания (или, вернее сказать, отсутствия его) она обладала изумительными способностями.

Однажды я вскользь упомянул что-то про Петербург. Олеся тотчас же заинтересовалась:

—Что такое Петербург? Местечко?

—Нет, это не местечко; это самый большой русский город.

—Самый большой? Самый, самый, что ни на есть? И больше его нету? — пристала она ко мне.

—Ну да… Там всё главное начальство живет… господа большие… Дома́ там всё каменные, деревянных нет.

—Уж, конечно, гораздо больше нашей Степани? — уверенно спросила Олеся.

—О, да… немножко побольше… так, раз в пятьсот. Там такие есть дома, в которых в каждом народу живет вдвое больше, чем во всей Степани.

—Ах, Боже мой! Какие же это дома? — почти в испуге спросила Олеся.

Мне пришлось, по обыкновению, прибегнуть к сравнению.

—Ужасные дома. В пять, в шесть, а то и в семь этажей. Видишь вот ту сосну?

—Самую большую? Вижу.

—Так вот такие высокие дома. И сверху донизу набиты людьми. Живут эти люди в маленьких конурках, точно птицы в клетках, человек по десяти в каждой, так что всем и воздуху-то не хватает. А другие внизу живут, под самой землей, в сырости и холоде; случается, что солнца у себя в комнате круглый год не видят.

—Ну, уж я б ни за что не променяла своего леса на ваш город, — сказала Олеся, покачав головой. — Я и в Степань-то приду на базар, так мне противно сделается. Толкаются, шумят, бранятся… И такая меня тоска возьмет за лесом, — так бы бросила всё и без оглядки побежала… Бог с ним, с городом вашим, не стала бы я там жить никогда.

—Ну, а если твой муж будет из города? — спросил я с легкой улыбкой.

Ее брови нахмурились, и тонкие ноздри дрогнули.

—Вот еще! — сказала она с пренебрежением. — Никакого мне мужа не надо.

—Это ты теперь только так говоришь, Олеся. Почти все девушки то же самое говорят и всё же замуж выходят. Подожди немного: встретишься с кем-нибудь, — полюбишь — тогда не только в город, а на край света с ним пойдешь.

—Ах, нет, нет… пожалуйста, не будем об этом, — досадливо отмахивалась она. — Ну к чему этот разговор?.. Прошу вас, не надо.

–Какая ты смешная, Олеся. Неужели ты думаешь, что никогда в жизни не полюбишь мужчину? Ты — такая молодая, красивая, сильная. Если в тебе кровь загорится, то уж тут не до зароков будет.

–Ну что ж — и полюблю! — сверкнув глазами, с вызовом ответила Олеся. — Спрашиваться ни у кого не буду…

–Стало быть, и замуж пойдешь, — поддразнил я.

–Это вы, может быть, про церковь говорите? — догадалась она.

–Конечно, про церковь… Священник вокруг аналоя будет водить, дьякон запоет "Исаия ликуй", на голову тебе наденут венец…

Олеся опустила веки и со слабой улыбкой отрицательно покачала головой.

–Нет, голубчик… Может быть, вам и не понравится, что я скажу, а только у нас в роду никто не венчался: и мать и бабка без этого прожили… Нам в церковь и заходить–то нельзя…

–Всё из–за колдовства вашего?

–Да, из–за нашего колдовства, — со спокойной серьезностью ответила Олеся. — Как же я посмею в церковь показаться, если уже от самого рождения моя душа продана ему.

–Олеся… Милая… Поверь мне, что ты сама себя обманываешь… Ведь это дико, это смешно, что ты говоришь.

На лице Олеси опять показалось уже замеченное мною однажды странное выражение убежденной и мрачной покорности своему таинственному предназначению.

–Нет, нет… Вы этого не можете понять, а я это чувствую… Вот здесь, — она крепко притиснула руку к груди, — в душе чувствую. Весь наш род проклят во веки веков. Да вы посудите сами: кто же нам помогает, как не он? Разве может простой человек сделать то, что я могу? Вся наша сила от него идет.

И каждый раз наш разговор, едва коснувшись этой необычайной темы, кончался подобным образом. Напрасно я истощал все доступные пониманию Олеси доводы, напрасно говорил в простой форме о гипнотизме, о внушении, о докторах–психиатрах и об индийских факирах, напрасно старался объяснить ей физиологическим путем некоторые из ее опытов, хотя бы, например, заговаривание крови, которое так просто достигается искусным нажатием на вену, — Олеся, такая доверчивая ко мне во всем остальном, с упрямой настойчивостью опровергала мне мои доказательства и объяснения… "Ну хорошо, хорошо, про заговор крови я вам, так и быть, подарю, — говорила она, возвышая голос в увлечении спора, — а откуда же другое берется? Разве я одно только и знаю, что кровь заговаривать? Хотите, я вам в один день всех мышей и тараканов выведу из хаты? Хотите, я в два дня вылечу простой водой самую сильную огневицу, хоть бы все ваши доктора от больного отказались? Хотите, я сделаю так, что вы какое-нибудь одно слово совсем позабудете? А сны почему я разгадываю? А будущее почему узнаю?"

Кончался этот спор всегда тем, что и я и Олеся умолкали не без внутреннего раздражения друг против друга. Действительно, для многого из ее черного искусства я не умел найти объяснения в своей небольшой науке. Я не знаю и не могу сказать, обладала ли Олеся и половиной тех секретов, о которых говорила с такой наивной верой, но то, чему я сам бывал нередко свидетелем, вселило в меня непоколебимое убеждение, что Олесе были доступны те бессознательные, инстинктивные, туманные, добытые случайным опытом, странные знания, которые, опередив точную науку на целые столетия, живут, перемешавшись со смешными и дикими поверьями, в темной, замкнутой народной массе, передаваясь, как величайшая тайна, из поколения в поколение.

Несмотря на резкое разногласие, в этом единственном пункте, мы всё сильнее и крепче привязывались друг к другу. О любви между нами не было сказано еще ни слова, но быть вместе для нас уже сделалось потребностью, и часто в молчаливые минуты, когда наши взгляды нечаянно и одновременно встречались, я видел, как увлажнялись глаза Олеси и как билась тоненькая голубая жилка у нее на виске…

Зато мои отношения с Ярмолой совсем испортились. Для него, очевидно, не были тайной мои посещения избушки на курьих ножках и вечерние прогулки с Олесей: он всегда с удивительной точностью знал всё, что происходит в его лесу. С некоторого времени я заметил, что он начинает избегать меня. Его черные глаза следили за мною издали с упреком и неудовольствием каждый раз, когда я собирался идти в лес, хотя порицания своего он не высказывал ни одним словом. Наши комически серьезные занятия грамотой прекратились. Если же я иногда вечером звал Ярмолу учиться, он только махал рукой.

–Куда там! Пустое это дело, паныч, — говорил он с ленивым презрением.

На охоту мы тоже перестали ходить. Всякий раз, когда я подымал об этом разговор, у Ярмолы находился какой-нибудь предлог для отказа: то ружье у него неисправно, то собака больна, то ему самому некогда: "Нема часу, паныч… нужно пашню сегодня орать", — чаще всего отвечал Ярмола на мое приглашение, и я отлично знал, что он вовсе не будет "орать пашню", а проведет целый день около монополии в сомнительной надежде на чье-нибудь угощение. Эта безмолвная, затаенная вражда начинала меня утомлять, и я уже подумывал о том, чтобы отказаться от услуг Ярмолы, воспользовавшись для этого первым подходящим предлогом… Меня останавливало только чувство жалости к его огромной нищей семье, которой четыре рубля Ярмолова жалованья помогали не умереть с голода.

VII

Однажды, когда я, по обыкновению, пришел перед вечером в избушку на курьих ножках, мне сразу бросилось в глаза удрученное настроение духа ее обитательниц. Старуха сидела с ногами на постели и, сгорбившись, обхватив голову руками, качалась взад и вперед и что-то невнятно бормотала. На мое приветствие она не обратила никакого внимания. Олеся поздоровалась со мной, как и всегда, ласково, но разговор у нас не вязался. По-видимому, она слушала меня рассеянно и отвечала невпопад. На ее красивом лице лежала тень какой-то беспрестанной внутренней заботы.

—Я вижу, у вас случилось что-то нехорошее, Олеся, — сказал я, осторожно прикасаясь рукой к ее руке, лежавшей на скамейке.

Олеся быстро отвернулась к окну, точно разглядывая там что. Она старалась казаться спокойной, но ее брови сдвинулись и задрожали, а зубы крепко прикусили нижнюю губу.

—Нет... что же у нас могло случиться особенного? — произнесла она глухим голосом. — Всё как было, так и осталось.

—Олеся, зачем ты говоришь мне неправду? Это нехорошо с твоей стороны... А я было думал, что мы с тобой совсем друзьями стали.

—Право же, ничего нет... Так... свои заботы... пустячные...

—Нет, Олеся, должно быть, не пустячные. Посмотри — ты сама на себя непохожа сделалась.

—Это вам так кажется только.

—Будь же со мной откровенна, Олеся. Не знаю, смогу ли я тебе помочь, но, может быть, хоть совет какой-нибудь дам... Ну, наконец, просто тебе легче станет, когда поделишься горем.

—Ах, да правда, не стоит и говорить об этом, — с нетерпением возразила Олеся. — Ничем вы тут нам не можете пособить.

Старуха вдруг с небывалой горячностью вмешалась в наш разговор:

—Чего ты фордыбачишься, дурочка! Тебе дело говорят, а ты нос дерешь. Точно умнее тебя и на свете-то нет никого. Позвольте, господин, я вам всю эту историю расскажу по порядку, — повернулась она в мою сторону.

Размеры неприятности оказались гораздо значительнее, чем я мог предположить из слов гордой Олеси. Вчера вечером в избушку на курьих ножках заезжал местный урядник.

—Сначала-то он честь честью сел и водки потребовал, — говорила Мануйлиха, — а потом и пошел, и пошел. "Выбирайся, говорит, из хаты в двадцать четыре часа со всеми своими потрохами. Если говорит, я в следующий раз приеду и застану тебя здесь, так и знай, не миновать тебе этапного порядка. При двух, говорит, солдатах отправлю тебя, анафему, на родину". А моя родина, батюшка, далекая, город Амченск… У меня там теперь и души знакомой нет, да и пачпорта наши просрочены-распрочены, да еще к тому неисправные. Ах, ты, господи, несчастье мое!

–Почему же он раньше позволял тебе жить, а только теперь надумался? — спросил я.

–Да вот поди ж ты… Брехал он что–то такое, да я, признаться, не поняла. Видишь, какое дело: хибарка эта, вот в которой мы живем, не наша, а помещичья. Ведь мы раньше с Олесей на селе жили, а потом…

–Знаю, знаю, бабушка, слышал об этом… Мужики на тебя рассердились…

–Ну вот, вот это самое. Я тогда у старого помещика, господина Абросимова, эту халупу выпросила. Ну, а теперь будто бы купил лес новый помещик и будто бы хочет он какие–то болота, что ли, сушить. Только чего же я–то им помешала?

–Бабушка, а может быть, всё это вранье одно? — заметил я. — Просто-напросто уряднику "красненькую" захотелось получить.

–Давала, родной, давала. Не бере–ет! Вот история… Четвертной билет давала, не берет… Куд–да тебе! Так на меня вызверился, что я уж не знала, где стою. Заладил в одну душу: "вон да вон!" Что ж мы теперь делать будем, сироты мы несчастные! Батюшка родимый, хоть бы ты нам чем помог, усовестил бы его, утробу ненасытную. Век бы, кажется, была тебе благодарна.

–Бабушка! — укоризненно, с расстановкой произнесла Олеся.

–Чего там — бабушка! — рассердилась старуха. — Я тебе уже двадцать пятый год — бабушка. Что же, по–твоему, с сумой лучше идти? Нет, господин, вы ее не слушайте. Уж будьте милостивы, если что можете сделать, то сделайте.

Я в неопределенных выражениях обещал похлопотать, хотя, по правде сказать, надежды было мало. Если уж наш урядник отказывался "взять", значит, дело было слишком серьезное. В этот вечер Олеся простилась со мной холодно и, против обыкновения, не пошла меня провожать. Я видел, что самолюбивая девушка сердится на меня за мое вмешательство и немного стыдится бабушкиной плаксивости.

VIII

Было серенькое теплое утро. Уже несколько раз принимался идти крупный, короткий, благодатный дождь, после которого на глазах растет молодая трава и вытягиваются новые побеги. После дождя на минутку выглядывало солнце, обливая радостным сверканием облитую дождем молодую, еще нежную зелень сиреней, сплошь наполнявших мой палисадник; громче становился задорный крик воробьев на рыхлых огородных грядках; сильнее благоухали клейкие коричневые почки тополя. Я сидел у стола и чертил план лесной дачи, когда в комнату вошел Ярмола.

–Есть врядник, — проговорил он мрачно.

У меня в эту минуту совсем вылетело из головы отданное мною два дня тому назад приказание уведомить меня в случае приезда урядника, и я никак не мог сразу сообразить, какое отношение имеет в настоящую минуту ко мне этот представитель власти.

–Что такое? — спросил я в недоумении.

–Говорю, что врядник приехал, — повторил Ярмола тем же враждебным тоном, который он вообще принял со мною за последние дни. — Сейчас я видел его на плотине. Сюда едет.

На улице послышалось тарахтение колес. Я поспешно бросился к окну и отворил его. Длинный, худой, шоколадного цвета мерин, с отвислой нижней губой и обиженной мордой, степенной рысцой влек высокую тряскую плетушку, с которой он был соединен при помощи одной лишь оглобли, — другую оглоблю заменяла толстая веревка (злые уездные языки уверяли, что урядник нарочно завел этот печальный "выезд" для пресечения всевозможных нежелательных толкований). Урядник сам правил лошадью, занимая своим чудовищным телом, облеченным в серую шинель щегольского офицерского сукна, оба сиденья.

–Мое почтение, Евпсихий Африканович! — крикнул я, высовываясь из окошка.

–А–а, мое почтенье–с! Как здоровьице? — отозвался он любезным, раскатистым начальническим баритоном.

Он сдержал мерина и, прикоснувшись выпрямленной ладонью к козырьку, с тяжеловесной грацией наклонил вперед туловище.

–Зайдите на минуточку. У меня к вам делишко одно есть.

Урядник широко развел руками и затряс головой.

–Не могу–с! При исполнении служебных обязанностей. Еду в Волошу на мертвое тело — утопленник–с.

Но я уже знал слабые стороны Евпсихия Африкановича и потому сказал с деланным равнодушием:

–Жаль, жаль... А я из экономии графа Ворцеля добыл пару таких бутылочек...

–Не могу–с. Долг службы...

–Мне буфетчик по знакомству продал. Он их в погребе как детей родных воспитывал... Зашли бы... А я вашему коньку овса прикажу дать.

71

—Ведь вот вы какой, право, — с упреком сказал урядник. — Разве не знаете, что служба прежде всего?... А они с чем, эти бутылки-то? Сливянка?

—Какое сливянка! — махнул я рукой. — Старка, батюшка, вот что!

—Мы, признаться, уж подзакусили, — с сожалением почесал щеку урядник, невероятно сморщив при этом лицо.

Я продолжал с прежним спокойствием:

—Не знаю, правда ли, но буфетчик божился, что ей двести лет. Запах — прямо как коньяк и самой янтарной желтизны.

—Эх! Что вы со мной делаете! — воскликнул в комическом отчаянии урядник. — Кто же у меня лошадь-то примет?

Старки у меня действительно оказалось несколько бутылок, хотя и не такой древней, как я хвастался, но я рассчитывал, что сила внушения прибавит ей несколько десятков лет... Во всяком случае, это была подлинная домашняя, ошеломляющая старка, гордость погреба разорившегося магната (Евпсихий Африканович, который происходил из духовных, немедленно выпросил у меня бутылку на случай, как он выразился, могущего произойти простудного заболевания...). И закуска у меня нашлась гастрономическая: молодая редиска со свежим, только что сбитым маслом

—Ну-с, а дельце-то ваше какого сорта? — спросил после пятой рюмки урядник, откинувшись на спинку затрещавшего под ним старого кресла.

Я принялся излагать ему положение бедной старухи, упомянул про ее беспомощность и отчаяние, вскользь прошелся насчет ненужного формализма. Урядник слушал меня с опущенной вниз головой, методически очищая от корешков красную, упругую, ядреную редиску и пережевывая ее с аппетитным хрустением. Изредка он быстро вскидывал на меня равнодушные, мутные, до смешного маленькие и голубые глаза, но на его красной огромной физиономии я не мог ничего прочесть: ни сочувствия ни сопротивления. Когда я, наконец, замолчал, он только спросил:

—Ну, так чего же вы от меня хотите?

—Как чего? — заволновался я. — Вникните же, пожалуйста, в их положение. Живут две бедные, беззащитный женщины...

—И одна, из них прямо бутон садовый! — ехидно вставил урядник.

—Ну уж там бутон или не бутон — это дело девятое. Но почему, скажите, вам и не принять в них участия? Будто бы вам уж так к спеху требуется их выселить? Ну хоть подождите немного, покамест я сам у помещика похлопочу. Чем вы рискуете, если подождете с месяц?

—Как, чем я рискую-с?! — взвился с кресла урядник. — Помилуйте, да всем рискую, и прежде всего службой-с. Бог его знает, каков этот

72

господин Ильяшевич, новый помещик. А может быть, каверзник–с… из таких, которые, чуть что, сейчас бумажку, перышко и доносик в Петербург–с? У нас ведь бывают и такие–с!

Я попробовал успокоить расходившегося урядника.

–Ну полноте, Евпсихий Африканович. Вы преувеличиваете всё это дело. Наконец, что же? Ведь риск риском, а благодарность все–таки благодарностью.

–Фью–ю–ю! — протяжно свистнул урядник и глубоко засунул руки в карманы шаровар. — Тоже благодарность называется! Что же вы думаете, я из–за каких–нибудь двадцати пяти рублей поставлю на карту свое служебное положение? Нет–с, это вы обо мне плохо понимаете.

–Да что вы горячитесь, Евпсихий Африканович. Здесь вовсе не в сумме дело, а просто так… Ну хоть по человечеству…

–По че–ло–ве–че–ству? — иронически отчеканил он каждый слог. — Извольте–с, да у меня эти человеки вот где сидят–с!

Он энергично ударил себя по могучему бронзовому затылку, который свешивался на воротник жирной безволосой складкой.

–Ну, уж это вы, кажется, слишком, Евпсихий Африканович.

–Ни капельки не слишком–с. “Это — язва здешних мест”, по выражению знаменитого баснописца, господина Крылова. Вот кто эти две дамы–с! Вы не изволили читать прекрасное сочинение его сиятельства князя Урусова под заглавием “Полицейский урядник”?

–Нет, не приходилось.

–И очень напрасно–с. Прекрасное и высоконравственное произведение. Советую на досуге ознакомиться…

–Хорошо, хорошо, я с удовольствием ознакомлюсь. Но я все–таки не понимаю, какое отношение имеет эта книжка к двум бедным женщинам?

–Какое? Очень прямое–с. Пункт первый (Евпсихий Африканович загнул толстый, волосатый указательный палец на левой руке): “Урядник имеет неослабное наблюдение, чтобы все ходили в храм божий с усердием, пребывая, однако, в оном без усилия…” Позвольте узнать, ходит ли эта… как ее… Мануйлиха, что ли?.. Ходит ли она когда–нибудь в церковь?

Я молчал, удивленный неожиданным оборотом речи. Он поглядел на меня с торжеством и загнул второй палец.

–Пункт второй: “Запрещаются повсеместно лжепредсказания и лжепредзнаменования…” Чувствуете–с? Затем пункт третий–с: “Запрещается выдавать себя за колдуна или чародея и употреблять подобные обманы–с”. Что вы на это скажете? А вдруг всё это обнаружится или стороной дойдет до начальства? Кто в ответе? Я. Кого из службы по шапке? Меня. Видите, какая штукенция.

73

Он опять уселся в кресло. Глаза его, поднятые кверху, рассеянно бродили по стенам комнаты, а пальцы громко барабанили по столу.

–Ну, а если я вас попрошу, Евпсихий Африканович, — начал я опять умильным тоном. — Конечно, ваши обязанности сложные и хлопотливые, но ведь сердце у вас, я знаю, предоброе, золотое сердце. Что вам стоит пообещать мне не трогать этих женщин?

Глаза урядника вдруг остановились поверх моей головы.

–Хорошенькое у вас ружьишко, — небрежно уронил он, не переставая барабанить. — Славное ружьишко. Прошлый раз, когда я к вам заезжал и не застал дома, я всё на него любовался… Чудное ружьецо!

Я тоже повернул голову назад и поглядел на ружье.

–Да, ружье недурное, — похвалил я. — Ведь оно старинное, фабрики Гастин-Реннет, я его только в прошлом году на центральное переделал. Вы обратите внимание на стволы.

–Как же–с, как же–с… я на стволы–то главным образом и любовался. Великолепная вещь… Просто, можно сказать, сокровище.

Наши глаза встретились, и я увидел, как в углах губ урядника дрогнула легкая, но многозначительная улыбка. Я поднялся с места, снял со стены ружье и подошел с ним к Евпсихию Африкановичу.

–У черкесов есть очень милый обычай дарить гостю всё, что он похвалит, — сказал я любезно. — Мы с вами хотя и не черкесы, Евпсихий Африканович, но я прошу вас принять от меня эту вещь на память.

Урядник для виду застыдился.

–Помилуйте, такую прелесть! Нет, нет, это уже чересчур щедрый обычай!

Однако мне не пришлось долго его уговаривать. Урядник принял ружье, бережно поставил его между своих колен и любовно отер чистым носовым платком пыль, осевшую на спусковой скобе. Я немного успокоился, увидев, что ружье по крайней мере перешло в руки любителя и знатока. Почти тотчас Евпсихий Африканович встал и заторопился ехать.

–Дело не ждет, а я тут с вами забалакался, — говорил он, громко стуча о пол неналезавшими калошами. — Когда будете в наших краях, милости просим ко мне.

–Ну, а как же насчет Мануйлихи, господин начальство? — деликатно напомнил я.

–Посмотрим, увидим… — неопределенно буркнул Евпсихий Африканович. — Я вот вас еще о чем хотел попросить… Редис у вас замечательный…

–Сам вырастил.

–Уд–дивительный редис! А у меня, знаете ли, моя благоверная

страшная обожательница всякой овощи. Так если бы, знаете, того… пучочек один.

–С наслаждением, Евпсихий Африканович. Сочту долгом… Сегодня же с нарочным отправлю корзиночку. И маслица уж позвольте заодно… Масло у меня на редкость.

–Ну, и маслица… — милостиво разрешил урядник. — А этим бабам вы дайте уж знак, что я их пока что не трону. Только пусть они ведают, — вдруг возвысил он голос, — что одним спасибо от меня не отделаются. А засим желаю здравствовать. Еще раз мерси вам за подарочек и за угощение.

Он по–военному пристукнул каблуками и грузной походкой сытого, важного человека пошел к своему экипажу, около которого в почтительных позах, без шапок, уже стояли сотский, сельский староста и Ярмола.

IX

Евпсихий Африканович сдержал свое обещание и оставил на неопределенное время в покое обитательниц лесной хатки. Но мои отношения с Олесей резко и странно изменились. В ее обращении со мной не осталось и следа прежней доверчивой и наивной ласки, прежнего оживления, в котором так мило смешивалось кокетство красивой девушки с резвой ребяческой шаловливостью. В нашем разговоре появилась какая–то непреодолимая неловкая принужденность… С поспешной боязливостью Олеся избегала живых тем, дававших раньше такой безбрежный простор нашему любопытству.

В моем присутствии она отдавалась работе с напряженной, суровой деловитостью, но часто я наблюдал, как среди этой работы ее руки вдруг опускались бессильно вдоль колен, а глаза неподвижно и неопределенно устремлялись вниз, на пол. Если в такую минуту я называл Олесю по имени или предлагал ей какой–нибудь вопрос, она вздрагивала и медленно обращала ко мне свое лицо, в котором отражались испуг и усилие понять смысл моих слов. Иногда мне казалось, что ее тяготит и стесняет мое общество, но это предположение плохо вязалось с громадным интересом, возбуждаемым в ней всего лишь несколько дней тому назад каждым моим замечанием, каждой фразой… Оставалось думать только, что Олеся не хочет мне простить моего, так возмутившего ее независимую натуру, покровительства в деле с урядником. Но и эта догадка не удовлетворяла меня: откуда в самом деле могла явиться у простой, выросшей среди леса девушки такая чрезмерно щепетильная гордость?

75

Всё это требовало разъяснений, а Олеся упорно избегала всякого благоприятного случая для откровенного разговора. Наши вечерние прогулки прекратились. Напрасно каждый день, собираясь уходить, я бросал на Олесю красноречивые, умоляющие взгляды, — она делала вид, что не понимает их значения. Присутствие же старухи, несмотря на ее глухоту, беспокоило меня.

Иногда я возмущался против собственного бессилия и против привычки, тянувшей меня каждый день к Олесе. Я и сам не подозревал, какими тонкими, крепкими, незримыми нитями было привязано мое сердце к этой очаровательной, непонятной для меня девушке. Я еще не думал о любви, но я уже переживал тревожный, предшествующий любви период, полный смутных, томительно грустных ощущений. Где бы я ни был, чем бы ни старался развлечься, — все мои мысли были заняты образом Олеси, всё мое существо стремилось к ней, каждое воспоминание об ее иной раз самых ничтожных словах, об ее жестах и улыбках сжимало с тихой и сладкой болью мое сердце. Но наступал вечер, и я подолгу сидел возле нее на низкой шаткой скамеечке, с досадой чувствуя себя всё более робким, неловким и ненаходчивым.

Однажды я провел таким образом около Олеси целый день. Уже с утра я себя чувствовал нехорошо, хотя еще не мог ясно определить, в чем заключалось мое нездоровье. К вечеру мне стало хуже. Голова сделалась тяжелой, в ушах шумело, в темени я ощущал тупую беспрестанную боль, — точно кто-то давил на него мягкой, но сильной рукой. Во рту у меня пересохло, и по всему телу постоянно разливалась какая-то ленивая, томная слабость, от которой каждую минуту хотелось зевать и тянуться. В глазах чувствовалась такая боль, как будто бы я только что пристально и близко глядел на блестящую точку.

Когда же поздним вечером я возвращался домой, то как раз на середине пути меня вдруг схватил и затряс бурный приступ озноба. Я шел, почти не видя дороги, почти не сознавая, куда иду, и шатаясь, как пьяный, между тем как мои челюсти выбивали одна о другую частую и громкую дробь.

Я до сих пор не знаю, кто довез меня до дому… Ровно шесть дней била меня неотступная, ужасная полесская лихорадка. Днем недуг как будто бы затихал, и ко мне возвращалось сознание. Тогда, совершенно изнуренный болезнью, я еле-еле бродил по комнате с болью и слабостью в коленях; при каждом более сильном движении кровь приливала горячей волной к голове и застилала мраком все предметы перед моими глазами. Вечером же, обыкновенно часов около семи, как буря, налетал на меня приступ болезни, и я проводил на постели ужасную, длинную, как столетие, ночь, то трясясь под одеялом от холода, то пылая невыносимым жаром. Едва только дремота слегка касалась меня, как странные, нелепые, мучительно–пестрые сновидения начинали играть моим разгоряченным мозгом. Все мои грезы были полны мелочных, микроскопических деталей, громоздившихся и цеплявшихся одна за другую в безобразной сутолоке. То мне казалось, что я разбираю какие–то разноцветные, причудливых форм ящики, вынимая маленькие из больших, а из маленьких еще меньшие, и никак не могу прекратить этой бесконечной работы, которая мне давно уже кажется отвратительной. То мелькали перед моими глазами с одуряющей быстротой длинные яркие полосы обоев, и на них вместо узоров я с изумительной отчетливостью видел целые гирлянды из человеческих физиономий — порою красивых, добрых и улыбающихся, порою делающих страшные гримасы, высовывающих языки, скалящих зубы и вращающих огромными белками. Затем я вступал с Ярмолой в запутанный, необычайно сложный отвлеченный спор. С каждой минутой доводы, которые мы приводили друг другу, становились всё более тонкими и глубокими; отдельные слова и даже буквы слов принимали вдруг таинственное, неизмеримое значение, и вместе с тем меня всё сильнее охватывал брезгливый ужас перед неведомой, противоестественной силой, что выматывает из моей головы один за другим уродливые софизмы и не позволяет мне прервать давно уже опротивевшего спора…

Это был какой–то кипящий вихрь человеческих и звериных фигур, ландшафтов, предметов самых удивительных форм и цветов, слов и фраз, значение которых воспринималось всеми чувствами… Но — странное дело — в то же время я не переставал видеть на потолке светлый ровный круг, отбрасываемый лампой с зеленым обгоревшим абажуром. И я знал почему–то, что в этом спокойном круге с нечеткими краями притаилась безмолвная, однообразная, таинственная и грозная жизнь, еще более жуткая и угнетающая, чем бешеный хаос моих сновидений.

Потом я просыпался, или, вернее, не просыпался, а внезапно заставал себя бодрствующим. Сознание почти возвращалось ко мне. Я понимал, что лежу в постели, что я болен, что я только что бредил, но светлый круг на темном потолке все–таки пугал меня затаенной зловещей угрозой. Слабою рукой дотягивался я до часов, смотрел на них и с тоскливым недоумением убеждался, что вся бесконечная вереница моих уродливых снов заняла не более двух–трех минут. "Господи! Да когда же настанет рассвет!" — с отчаянием думал я, мечась головой по горячим подушкам и чувствуя, как опаляет мне губы мое собственное тяжелое и короткое дыхание… Но вот опять овладевала мною тонкая дремота, и опять мозг мой делался игралищем пестрого кошмара, и опять через две минуты я просыпался, охваченный смертельной тоской…

Через шесть дней моя крепкая натура, вместе с помощью хинина и настоя подорожника, победила болезнь. Я встал с постели весь разбитый, едва держась на ногах. Выздоровление совершалось с жадной быстротой. В голове, утомленной шестидневным лихорадочным бредом, чувствовалось теперь ленивое и приятное отсутствие мыслей. Аппетит явился в удвоенном размере, и тело мое крепло по часам, впивая каждой своей частицей здоровье и радость жизни. Вместе с тем с новой силой потянуло меня в лес, в одинокую покривившуюся хату. Нервы мои еще не оправились, и каждый раз, вызывая в памяти лицо и голос Олеси, я чувствовал такое нежное умиление, что мне хотелось плакать.

X

Прошло еще пять дней, и я настолько окреп, что пешком, без малейшей усталости, дошел до избушки на курьих ножках. Когда я ступил на ее порог, то сердце забилось с тревожным страхом у меня в груди. Почти две недели не видал я Олеси и теперь особенно ясно понял, как была она мне близка и мила. Держась за скобку двери, я несколько секунд медлил и едва переводил дыхание. В нерешимости я даже закрыл глаза на некоторое время, прежде чем толкнуть дверь...

В впечатлениях, подобных тем, которые последовали за моим входом, никогда невозможно разобраться... Разве можно запомнить слова, произносимые в первые моменты встречи матерью и сыном, мужем и женой или двумя влюбленными? Говорятся самые простые, самые обиходные фразы, смешные даже, если их записывать с точностью на бумаге. Но здесь каждое слово уместно и бесконечно мило уже потому, что говорится оно самым дорогим на свете голосом.

Я помню, очень ясно помню только то, что ко мне быстро обернулось бледное лицо Олеси и что на этом прелестном, новом для меня лице в одно мгновение отразились, сменяя друг друга, недоумение, испуг, тревога и нежная, сияющая улыбка любви... Старуха что-то шамкала, топчась возле меня, но я не слышал ее приветствий. Голос Олеси донесся до меня, как сладкая музыка:

—Что с вами случилось? Вы были больны? Ох, как же вы исхудали, бедный мой.

Я долго не мог ей ничего ответить, и мы молча стояли друг против друга, держась за руки, прямо, глубоко и радостно смотря друг другу в глаза. Эти несколько молчаливых секунд я всегда считаю самыми счастливыми в моей жизни, — никогда, никогда, ни раньше, ни позднее, я не испытывал такого чистого, полного, всепоглощающего восторга. И как много я читал в больших темных глазах Олеси: и волнение встречи, и упрек за мое долгое отсутствие, и горячее признание в любви... Я почувствовал, что вместе с этим взглядом Олеся отдает мне радостно, без всяких условий и колебаний, всё свое существо.

Она первая нарушила это очарование, указав мне медленным движением век на Мануйлиху. Мы уселись рядом, и Олеся принялась подробно и заботливо расспрашивать меня о ходе моей болезни, о лекарствах, которые я принимал, о словах и мнениях доктора (два раза приезжавшего ко мне из местечка). Про доктора она заставила меня рассказать несколько раз подряд, и я порою замечал на ее губах беглую насмешливую улыбку.

—Ах, зачем я не знала, что вы захворали! — воскликнула она с нетерпеливым сожалением. — Я бы в один день вас на ноги поставила... Ну, как же им можно довериться, когда они ничего, ни—че—го не понимают? Почему вы за мной не послали?

Я замялся.

—Видишь ли, Олеся... это и случилось так внезапно... и, кроме того, я боялся тебя беспокоить. Ты в последнее время стала со мной какая—то странная, точно всё сердилась на меня или надоел я тебе... Послушай, Олеся, — прибавил я, понижая голос, — нам с тобой много, много нужно поговорить... только одним... понимаешь?

Она тихо опустила веки в знак согласия, потом боязливо оглянулась на бабушку и быстро шепнула:

—Да... я и сама хотела... потом... подождите...

Едва только закатилось солнце, как Олеся стала меня торопить идти домой.

—Собирайтесь, собирайтесь скорее, — говорила она, увлекая меня за руку со скамейки. — Если вас теперь сыростью охватит, — болезнь сейчас же назад вернется.

—А ты куда же, Олеся? — спросила вдруг Мануйлиха, видя, что ее внучка поспешно набросила на голову большой серый шерстяной платок.

—Пойду... провожу немножко, — ответила Олеся.

Она произнесла это равнодушно, глядя не на бабушку, а в окно, но в ее голосе я уловил чуть заметный оттенок раздражения.

—Пойдешь—таки? — с ударением переспросила старуха.

Глаза Олеси сверкнули и в упор остановились на лице Мануйлихи.

—Да, и пойду! — возразила она надменно. — Уж давно об этом говорено, и переговорено... Мое дело, мой и ответ.

—Эх, ты!.. — с досадой и укоризной воскликнула старуха.

Она хотела еще что—то прибавить, но только махнула рукой, поплелась своей дрожащей походкой в угол и, кряхтя, закопошилась там над какой—то корзиной.

Я понял, что этот быстрый недовольный разговор, которому я только что был свидетелем, служит продолжением длинного ряда взаимных ссор и вспышек. Спускаясь рядом с Олесей к бору, я спросил ее:

—Бабушка не хочет, чтобы ты ходила со мной гулять? Да?

Олеся с досадой пожала плечами.

—Пожалуйста, не обращайте на это внимания. Ну да, не хочет… Что ж!.. Разве я не вольна делать, что мне нравится?

Во мне вдруг поднялось неудержимое желание упрекнуть Олесю за ее прежнюю суровость.

—Значит, и раньше, еще до моей болезни, ты тоже могла, но только не хотела оставаться со мною один на один… Ах, Олеся, если бы ты знала, какую ты причиняла мне боль… Я так ждал, так ждал каждый вечер, что ты опять пойдешь со мной… А ты, бывало, всегда такая невнимательная, скучная, сердитая… О, как ты меня мучила, Олеся!..

—Ну, перестаньте, голубчик… Забудьте это, — с мягким извинением в голосе попросила Олеся.

—Нет, я ведь не в укор тебе говорю, — так, к слову пришлось… Теперь я понимаю, почему это было… А ведь сначала — право, даже смешно и вспомнить — я подумал, что ты обиделась на меня из-за урядника. И эта мысль меня сильно огорчала. Мне казалось, что ты меня таким далеким, чужим человеком считаешь, что даже простую дружескую услугу тебе от меня трудно принять… Очень мне это было горько… Я ведь и не подозревал Олеся, что всё это от бабушки идет…

Лицо Олеси вдруг вспыхнуло ярким румянцем.

—И вовсе не от бабушки!.. Сама я этого не хотела! — горячо, с задором воскликнула она.

Я поглядел на нее сбоку, так что мне стал виден чистый, нежный профиль ее слегка наклоненной головы. Только теперь я заметил, что и сама Олеся похудела за это время и вокруг ее глаз легли голубоватые тени. Почувствовав мой взгляд, Олеся вскинула на меня глаза, но тотчас же опустила их и отвернулась с застенчивой улыбкой.

—Почему ты не хотела, Олеся? Почему? — спросил я обрывающимся от волнения голосом и, схватив Олесю за руку, заставил ее остановиться.

Мы в это время находились как раз на середине длинной, узкой и прямой, как стрела, лесной просеки. Высокие, стройные сосны обступали нас с обеих сторон, образуя гигантский, уходящий вдаль коридор со сводом из душистых сплетшихся ветвей. Голые, облупившиеся стволы были окрашены багровым отблеском догорающей зари…

—Почему? Почему, Олеся? — твердил я шепотом и всё сильнее сжимал ее руку.

—Я не могла… Я боялась, — еле слышно произнесла Олеся. — Я думала, что можно уйти от судьбы… А теперь… теперь…

Она задохнулась, точно ей не хватало воздуху, и вдруг ее руки быстро и крепко обвились вокруг моей шеи, и мои губы сладко обжег торопливый, дрожащий шепот Олеси:

—Теперь мне всё равно, всё равно!.. Потому что я люблю тебя, мой дорогой, мое счастье, мой ненаглядный!..

Она прижималась ко мне всё сильнее, и я чувствовал, как трепетало под моими руками ее сильное, крепкое, горячее тело, как часто билось около моей груди ее сердце. Ее страстные поцелуи вливались в мою еще не окрепшую от болезни голову, как пьяное вино, и я начал терять самообладание.

—Олеся, ради бога, не надо... оставь меня, — говорил я, стараясь разжать ее руки. — Теперь и я боюсь... боюсь самого себя... Пусти меня, Олеся.

Она подняла кверху свое лицо, и всё оно осветилось томной, медленной улыбкой.

—Не бойся, мой миленький, — сказала она с непередаваемым выражением нежной ласки и трогательной смелости. — Я никогда не попрекну тебя, ни к кому ревновать не стану... Скажи только: любишь ли?

—Люблю, Олеся. Давно люблю и крепко люблю. Но... не целуй меня больше... Я слабею, у меня голова кружится, я не ручаюсь за себя...

Ее губы опять долго и мучительно-сладко прильнули к моим, и я не услышал, а скорее угадал ее слова:

—Ну, так и не бойся и не думай ни о чем больше... Сегодня наш день, и никто у нас его не отнимет...

И вся эта ночь слилась в какую-то волшебную, чарующую сказку. Взошел месяц, и его сияние причудливо, пестро и таинственно расцветило лес, легло среди мрака нервными, иссиня-бледными пятнами на корявые стволы, на изогнутые сучья, на мягкий, как плюшевый ковер, мох. Тонкие стволы берез белели резко и отчетливо, а на их редкую листву, казалось, были наброшены серебристые, прозрачные, газовые покровы. Местами свет вовсе не проникал под густой навес сосновых ветвей. Там стоял полный, непроницаемый мрак, и только в самой середине его скользнувший неведомо откуда луч вдруг ярко озарял длинный ряд деревьев и бросал на землю узкую правильную дорожку, — такую светлую, нарядную и прелестную, точно аллея, убранная эльфами для торжественного шествия Оберона и Титании. И мы шли, обнявшись, среди этой улыбающейся живой легенды, без единого слова, подавленные своим счастьем и жутким безмолвием леса.

—Дорогой мой, а я ведь и забыла совсем, что тебе домой надо спешить, — спохватилась вдруг Олеся. — Вот какая гадкая! Ты только что выздоровел, а я тебя до сих пор в лесу держу.

Я обнял ее и откинул платок с ее густых темных волос и, наклонясь к ее уху, спросил чуть слышно:

–Ты не жалеешь, Олеся? Не раскаиваешься?

Она медленно покачала головой.

–Нет, нет… Что бы потом ни случилось, я не пожалею. Мне так хорошо…

–А разве непременно должно что–нибудь случиться?

В ее глазах мелькнуло отражение знакомого мне мистического ужаса.

–О, да, непременно… Помнишь, я тебе говорила про трефовую даму? Ведь эта трефовая дама — я, это со мной будет несчастье, про что сказали карты… Ты знаешь, я ведь хотела тебя попросить, чтобы ты и вовсе у нас перестал бывать. А тут как раз ты заболел, и я тебя чуть пе полмесяца не видала… И такая меня по тебе тоска обуяла, такая грусть, что, кажется, всё бы на свете отдала, лишь бы с тобой хоть минуточку еще побыть… Вот тогда–то я и решилась. Пусть, думаю, что будет, то и будет, а я своей радости никому не отдам…

–Это правда, Олеся. Это и со мной так было, — сказал я, прикасаясь губами к ее виску. — Я до тех пор не знал, что люблю тебя, покамест не расстался с тобой. Недаром, видно, кто–то сказал, что разлука для любви то же, что ветер для огня: маленькую любовь она тушит, а большую раздувает еще сильней.

–Как ты сказал? Повтори, повтори, пожалуйста, — заинтересовалась Олеся.

Я повторил еще раз это не знаю кому принадлежащее изречение. Олеся задумалась, и я увидел по движению ее губ, что она повторяет мои слова.

Я близко вглядывался в ее бледное, закинутое назад лицо, в ее большие черные глаза с блестевшими в них яркими лунными бликами, — и смутное предчувствие близкой беды вдруг внезапным холодом заползло в мою душу.

XI

Почти целый месяц продолжалась наивная, очаровательная сказка нашей любви, и до сих пор вместе с прекрасным обликом Олеси живут с неувядающей силой в моей душе эти пылающие вечерние зори, эти росистые, благоухающие ландышами и медом утра, полные бодрой свежести и звонкого птичьего гама, эти жаркие, томные, ленивые июньские дни… Ни разу ни скука, ни утомление, ни вечная страсть к бродячей жизни не шевельнулись за это время в моей душе. Я, как языческий бог или как молодое, сильное животное, наслаждался светом, теплом, сознательной радостью жизни и спокойной, здоровой, чувственной любовью.

Старая Мануйлиха стала после моего выздоровления так несносно брюзглива, встречала меня с такой откровенной злобой и, покамест я сидел в хате, с таким шумным ожесточением двигала горшками в печке, что мы с Олесей предпочли сходиться каждый вечер в лесу… И величественная зеленая прелесть бора, как драгоценная оправа, украшала нашу безмятежную любовь.

Каждый день я всё с бо́льшим удивлением находил, что Олеся — эта выросшая среди леса, не умеющая даже читать девушка — во многих случаях жизни проявляет чуткую деликатность и особенный, врожденный такт. В любви — в прямом, грубом ее смысле — всегда есть ужасные стороны, составляющие мученье и стыд для нервных художественных натур. Но Олеся умела избегать их с такой наивной целомудренностью, что ни разу ни одно дурное сравнение, ни один циничный момент не оскорбили нашей связи.

Между тем приближалось время моего отъезда. Собственно говоря, все мои служебный обязанности в Переброде были уже покончены, и я умышленно оттягивал срок моего возвращения в город. Я еще ни слова не говорил об этом Олесе, боясь даже представить себе, как она примет мое извещение о необходимости уехать. Вообще я находился в затруднительном положении. Привычка пустила во мне слишком глубокие корни. Видеть ежедневно Олесю, слышать ее милый голос и звонкий смех, ощущать нежную прелесть ее ласки — стало для меня больше, чем необходимостью. В редкие дни, когда ненастье мешало нам встречаться, я чувствовал себя точно потерянным, точно лишенным чего-то самого главного, самого важного в моей жизни. Всякое занятие казалось мне скучным, лишним, и всё мое существо стремилось в лес, к теплу, к свету, к милому привычному лицу Олеси.

Мысль жениться на Олесе всё чаще и чаще приходила мне в голову. Сначала она лишь изредка представлялась мне как возможный, на крайний случай, честный исход из наших отношений. Одно лишь обстоятельство пугало и останавливало меня: я не смел даже воображать себе, какова будет Олеся, одетая в модное платье, разговаривающая в гостиной с женами моих сослуживцев, исторгнутая из этой очаровательной рамки старого леса, полного легенд и таинственных сил.

Но чем ближе подходило время моего отъезда, тем больший ужас одиночества и бо́льшая тоска овладевали мною. Решение жениться с каждым днем крепло в моей душе, и под конец я уже перестал видеть в нем дерзкий вызов обществу. "Женятся же хорошие и ученые люди на швейках, на горничных, — утешал я себя, — и живут прекрасно и до конца дней своих благословляют судьбу, толкнувшую их на это решение. Не буду же я несчастнее других, в самом деле?"

Однажды в середине июня, под вечер, я, по обыкновению, ожидал

Олесю на повороте узкой лесной тропинки между кустами цветущего боярышника. Я еще издали узнал легкий, быстрый шум ее шагов.

–Здравствуй, мой родненький, — сказала Олеся, обнимая меня и тяжело дыша. — Заждался, небось? А я насилу–насилу вырвалась... Всё с бабушкой воевала.

–До сих пор не утихла?

–Куда там! "Ты, говорит, пропадешь из–за него... Натешится он тобою вволю, да и бросит. Не любит он тебя вовсе..."

–Это она про меня так?

–Про тебя, милый... Ведь я всё равно ни одному ее словечку не верю.

–А она всё знает?

–Не скажу наверно... кажется, знает. Я с ней, впрочем, об этом ничего не говорю — сама догадывается. Ну, да что об этом думать... Пойдем.

Она сорвала ветку боярышника с пышным гнездом белых цветов и воткнула себе в волосы. Мы медленно пошли по тропинке, чуть розовевшей на вечернем солнце.

Я еще прошлой ночью решил во что бы то ни стало высказаться в этот вечер. Но странная робость отяжеляла мой язык. Я думал: если я скажу Олесе о моем отъезде и об женитьбе, то поверит ли она мне? Не покажется ли ей, что я своим предложением только уменьшаю, смягчаю первую боль наносимой раны? "Вот как дойдем до того клена с ободранным стволом, так сейчас же и начну", — назначил я себе мысленно. Мы равнялись с кленом, и я, бледнея от волнения, уже переводил дыхание, чтобы начать говорить, но внезапно моя смелость ослабевала, разрешаясь нервным, болезненным биением сердца и холодом во рту. "Двадцать семь — мое феральное число, — думал я несколько минут спустя, — досчитаю до двадцати семи, и тогда!.." И я принимался считать в уме, но когда доходил до двадцати семи, то чувствовал, что решимость еще не созрела во мне. "Нет, — говорил я себе, — лучше уж буду продолжать считать до шестидесяти, — это составит как раз целую минуту, — и тогда непременно, непременно..."

–Что такое сегодня с тобой? — спросила вдруг Олеся. — Ты думаешь о чем–то неприятном. Что с тобой случилось?

Тогда я заговорил, но заговорил каким–то самому мне противным тоном, с напускной неестественной небрежностью, точно дело шло о самом пустячном предмете.

–Действительно, есть маленькая неприятность... ты угадала, Олеся... Видишь ли, моя служба здесь окончена, и меня начальство вызывает в город.

Мельком, сбоку я взглянул на Олесю и увидел, как сбежала краска с ее лица и как задрожали ее губы. Но она не ответила мне ни слова. Несколько минут я молча шел с ней рядом. В траве громко кричали кузнечики, и откуда-то издалека доносился однообразный, напряженный скрип коростеля.

–Ты, конечно, и сама понимаешь, Олеся, — опять начал я, — что мне здесь оставаться неудобно и негде, да, наконец, и службой пренебрегать нельзя...

–Нет... что же... тут и говорить нечего, — отозвалась Олеся, как будто бы спокойно, но таким глухим, безжизненным голосом, что мне стало жутко. — Если служба, то, конечно... надо ехать...

Она остановилась около дерева и оперлась спиною о его ствол, вся бледная, с бессильно упавшими вдоль тела руками, с жалкой, мучительной улыбкой на губах. Ее бледность испугала меня. Я кинулся к ней и крепко сжал ее руки.

–Олеся... что с тобой? Олеся... милая!..

–Ничего... извините меня... это пройдет. Так... голова закружилась...

Она сделала над собой усилие и прошла вперед, не отнимая у меня своей руки.

–Олеся, ты теперь обо мне дурно подумала, — сказал я с упреком. — Стыдно тебе! Неужели и ты думаешь, что я могу уехать, бросив тебя? Нет, моя дорогая. Я потому и начал этот разговор, что хочу сегодня же пойти к твоей бабушке и сказать ей, что ты будешь моей женой.

Совсем неожиданно для меня, Олесю почти не удивили мои слова.

–Твоей женой? — Она медленно и печально покачала головой. — Нет, Ванечка, милый, это невозможно!

–Почему же, Олеся? Почему?

–Нет, нет... Ты и сам понимаешь, что об этом смешно и думать. Ну какая я тебе жена на самом деле? Ты — барин, ты умный, образованный, а я? Я и читать не умею и куда ступить не знаю... Ты одного стыда из-за меня не оберешься...

–Это всё глупости, Олеся! — возразил я горячо. — Ты через полгода сама себя не узнаешь. Ты не подозреваешь даже, сколько в тебе врожденного ума и наблюдательности. Мы с тобой вместе прочитаем много хороших книжек, познакомимся с добрыми, умными людьми, мы с тобой весь широкий свет увидим, Олеся... Мы до старости, до самой смерти будем идти рука об руку, вот как теперь идем, и не стыдиться, а гордиться тобой я буду и благодарить тебя!..

На мою пылкую речь Олеся ответила мне признательным пожатием руки, но продолжала стоять на своем.

–Да разве это одно?.. Может быть, ты еще не знаешь?.. Я никогда не говорила тебе... Ведь у меня отца нет... Я незаконная...

–Перестань, Олеся... Это меньше всего меня останавливает. Что мне за дело до твоей родни, если ты сама для меня дороже отца и матери, дороже целого мира? Нет, всё это мелочи, всё это пустые отговорки!..

85

Олеся с тихой, покорной лаской прижалась плечом к моему плечу.

—Голубчик… Лучше бы ты вовсе об этом не начинал разговора… Ты молодой, свободный… Неужели у меня хватило бы духу связать тебя по рукам и по ногам на всю жизнь… Ну, а если тебе потом другая понравится? Ведь ты меня тогда возненавидишь, проклянешь тот день и час, когда я согласилась пойти за тебя. Не сердись, мой дорогой! — с мольбой воскликнула она, видя по моему лицу, что мне неприятны эти слова. — Я не хочу тебя обидеть. Я ведь только о твоем счастье думаю. Наконец, ты позабыл про бабушку. Ну, посуди сам, разве хорошо будет с моей стороны ее одну оставить?

—Что ж… и бабушке у нас место найдется. (Признаться, мысль о бабушке меня сильно покоробила). А не захочет она у нас жить, так во всяком городе есть такие дома… они называются богадельнями… где таким старушкам дают и покой и уход внимательный…

—Нет, что ты! Она из леса никуда не пойдет. Она людей боится.

—Ну, так ты уж сама придумывай, Олеся, как лучше. Тебе придется выбирать между мной и бабушкой. Но только знай одно — что без тебя мне и жизнь будет противна.

—Солнышко мое! — с глубокой нежностью произнесла Олеся. — Уж за одни твои слова спасибо тебе… Отогрел ты мое сердце… Но все-таки замуж я за тебя не пойду… Лучше уж я так пойду с тобой, если не прогонишь… Только не спеши, пожалуйста, не торопи меня. Дай мне денька два, я всё это хорошенько обдумаю… И с бабушкой тоже нужно поговорить.

—Послушай, Олеся, — спросил я, осененный новой догадкой. — А может быть, ты опять… церкви боишься?

Пожалуй, что с этого вопроса и надо было начать. Почти ежедневно спорил я с Олесей, стараясь разубедить ее в мнимом проклятии, тяготеющем над ее родом, вместе с обладанием чародейными силами. В сущности, в каждом русском интеллигенте сидит немножко развивателя. Это у нас в крови, это внедрено нам всей русской беллетристикой последних десятилетий. Почем знать? — если бы Олеся глубоко веровала, строго блюла посты и не пропускала ни одного церковного служения, — весьма возможно, что тогда я стал бы иронизировать (но только слегка, ибо я всегда был верующим человеком) над ее религиозностью и развивать в ней критическую пытливость ума. Но она с твердой и наивной убежденностью исповедовала свое общение с темными силами и свое отчуждение от бога, о котором она даже боялась говорить.

Напрасно я покушался поколебать суеверие Олеси. Все мои логические выводы, все мои иной раз грубые и злые насмешки разбивались об ее покорную уверенность в свое таинственное роковое призвание.

–Ты боишься церкви, Олеся? — повторил я.

Она молча наклонила голову.

–Ты думаешь, что бог не примет тебя? — продолжал я с возрастающей горячностью. — Что у него не хватит для тебя милосердия? У того, который, повелевая миллионами ангелов, сошел, однако, на землю и принял ужасную, позорную смерть для избавления всех людей? У Того, кто не погнушался раскаянием самой последней женщины и обещал разбойнику-убийце, что он сегодня же будет с ним в раю?..

Всё это было уже не ново Олесе в моем толковании, но на этот раз она даже и слушать меня не стала. Она быстрым движением сбросила с себя платок и, скомкав его, бросила мне в лицо. Началась возня. Я старался отнять у нее цветок боярышника. Сопротивляясь, она упала на землю и увлекла меня за собою, радостно смеясь и протягивая мне свои раскрытые частым дыханием, влажные, милые губы…

Поздно ночью, когда мы простились и уже разошлись на довольно большое расстояние, я вдруг услышал за собою голос Олеси:

–Ванечка! Подожди минутку… Я тебе что-то скажу!

Я повернулся и пошел к ней навстречу. Олеся поспешно подбежала ко мне. На небе уже стоял тонкий серебряный зазубренный серп молодого месяца, и при его бледном свете я увидел, что глаза Олеси полны крупных невылившихся слез.

–Олеся, о чем ты? — спросил я тревожно.

Она схватила мои руки и стала их целовать поочередно.

–Милый… какой ты хороший! Какой ты добрый! — говорила она дрожащим голосом. — Я сейчас шла и подумала: как ты меня любишь!.. И знаешь, мне ужасно хочется сделать тебе что-нибудь очень, очень приятное.

–Олеся… Девочка моя славная, успокойся…

–Послушай, скажи мне, — продолжала она, — ты бы очень был доволен, если бы я когда-нибудь пошла в церковь? Только правду, истинную правду скажи.

Я задумался. У меня вдруг мелькнула в голове суеверная мысль: а не случится ли от этого какого-нибудь несчастья?

–Что же ты молчишь? Ну, говори скорее, был бы ты этому рад или тебе всё равно?

–Как тебе сказать, Олеся? — начал я с запинкой. — Ну да, пожалуй, мне это было бы приятно. Я ведь много раз говорил тебе, что мужчина может не верить, сомневаться, даже смеяться наконец. Но женщина… женщина должна быть набожна без рассуждений. В той простой и нежной доверчивости, с которой она отдает себя под защиту бога, я всегда чувствую что-то трогательное, женственное и прекрасное.

Я замолчал. Олеся тоже не отзывалась, притаившись головой около моей груди.

–А зачем ты меня об этом спросила? — полюбопытствовал я.

Она вдруг встрепенулась.

–Так себе… Просто спросила… Ты не обращай внимания. Ну, до свидания, милый. Приходи же завтра.

Она скрылась. Я еще долго глядел в темноту, прислушиваясь к частым, удалявшимся от меня шагам. Вдруг внезапный ужас предчувствия охватил меня. Мне неудержимо захотелось побежать вслед за Олесей, догнать ее и просить, умолять, даже требовать, если нужно, чтобы она не шла в церковь. Но я сдержал свой неожиданный порыв и даже — помню, — пускаясь в дорогу, проговорил вслух:

–Кажется, вы сами, дорогой мой Ванечка, заразились суеверием.

О, боже мой! Зачем я не послушался тогда смутного влечения сердца, которое — я теперь безусловно верю в это! — никогда не ошибается в своих быстрых тайных предчувствиях.

XII

На другой день после этого свидания пришелся как раз праздник св. троицы, выпавший в этом году на день великомученика Тимофея, когда, по народным сказаниям, бывают знамения перед неурожаем. Село Переброд в церковном отношении считалось приписным, то есть в нем хотя и была своя церковь, но отдельного священника при ней не полагалось, а наезжал изредка, постом и по большим праздникам, священник села Волчьего.

Мне в этот день необходимо было съездить по служебным делам в соседнее местечко, и я отправился туда часов в восемь утра, еще по холодку, верхом. Для разъездов я давно уже купил себе небольшого жеребчика лет шести–семи, происходившего из местной неказистой породы, но очень любовно и тщательно выхоленного прежним владельцем, уездным землемером. Лошадь звали Таранчиком. Я сильно привязался к этому милому животному с крепкими, тоненькими, точеными ножками, с косматой челкой, из–под которой сердито и недоверчиво выглядывали огненные глазки, с крепкими, энергично сжатыми губами. Масти он был довольно редкой и смешной: весь серый, мышастый, и только по крупу у него шли пестрые, белые и черные пятна.

Мне пришлось проезжать через всё село. Большая зеленая площадь, идущая от церкви до кабака, была сплошь занята длинными рядами телег, в которых с женами и детьми приехали на праздник крестьяне окрестных деревень: Волоши, Зульни и Печаловки. Между телегами сновали люди. Несмотря на ранний час и строгие постановления, между ними уже замечались пьяные (водкой по праздникам и в ночное время торговал потихоньку бывший шинкарь Сруль). Утро было безветренное, душное. В воздухе парило, и день обещал быть нестерпимо жарким. На раскаленном и точно подернутом серебристой пылью небе не показывалось ни одного облачка.

Справив всё, что мне нужно было в местечке, я перекусил на скорую руку в заезжем доме фаршированной еврейской щукой, запил ее прескверным, мутным пивом и отправился домой. Но, проезжая мимо кузницы, я вспомнил, что у Таранчика давно уже хлябает подкова на левой передней, и остановился, чтобы перековать лошадь. Это заняло у меня еще часа полтора времени, так что, когда я подъезжал к перебродской околице, было уже между четырьмя и пятью часами пополудни.

Вся площадь кишмя кишела пьяным, галдящим народом. Ограду и крыльцо кабака буквально запрудили толкая и давя друг друга, покупатели; переброские крестьяне перемешались с приезжими, рассевшись на траве, в тени повозок. Повсюду виднелись запрокинутые назад головы и поднятые вверх бутылки. Трезвых уже не было ни одного человека. Общее опьянение дошло до того предела, когда мужик начинает бурно и хвастливо преувеличивать свой хмель, когда все движения его приобретают расслабленную и грузную размашистость, когда вместо того, например, чтобы утвердительно кивнуть головой, он оседает вниз всем туловищем, сгибает колени и, вдруг потеряв устойчивость, беспомощно пятится назад. Ребятишки возились и визжали тут же, под ногами лошадей, равнодушно жевавших сено. В ином месте баба, сама еле держась на ногах, с плачем и руганью тащила домой за рукав упиравшегося, безобразно пьяного мужа... В тени забора густая кучка, человек в двадцать мужиков и баб, тесно обсела слепого лирника, и его дрожащий, гнусавый тенор, сопровождаемый звенящим монотонным жужжанием инструмента, резко выделялся из сплошного гула толпы. Еще издали услышал я знакомые слова "думки":

Ой зийшла зоря, тай вечирняя
Над Почаевым стала.
Ой вышло вийско турецкое,
Як та черная хмара...

Дальше в этой думке рассказывается о том, как турки, не осилив Почаевской лавры приступом, порешили взять ее хитростью. С этой целью они послали, как будто бы в дар монастырю, огромную свечу,

89

начиненную порохом. Привезли эту свечу на двенадцати нарах волов, и обрадованные монахи уже хотели возжечь ее перед иконой Почаевской божией матери, но бог не допустил совершиться злодейскому замыслу.

А приснилося старшему чтецу:
Той свичи не брати,
Вывезти еи в чистое поле,
Сокирами зрубати.

И вот иноки

Вывезлы еи в чистое поле,
Сталы еи рубати,
Кули и патроны на вси стороны
Сталы — геть! — роскидати…

Невыносимо жаркий воздух, казалось, весь был насыщен отвратительным смешанным запахом перегоревшей водки, лука, овчинных тулупов, крепкой махорки–бакуна и испарений грязных человеческих тел. Пробираясь осторожно между людьми и с трудом удерживая мотавшего головой Таранчика, я не мог не заметить, что со всех сторон меня провожали бесцеремонные, любопытные и враждебные взгляды. Против обыкновения, ни один человек не снял шапки, но шум как будто бы утих при моем появлении. Вдруг где–то в самой середине толпы раздался пьяный, хриплый выкрик, который я, однако, ясно не расслышал, но в ответ на него раздался сдержанный хохот. Какой–то женский голос стал испуганно урезонивать горлана:

–Тише ты, дурень… Чего орешь! Услышит…

–А что мне, что услышит? — продолжал задорно мужик. — Что же он мне, начальство, что ли? Он только в лесу у своей…

Омерзительная, длинная, ужасная фраза повисла в воздухе вместе со взрывом неистового хохота. Я быстро повернул назад лошадь и судорожно сжал рукоятку нагайки, охваченный той безумной яростью, которая ничего не видит, ни о чем не думает и ничего не боится. И вдруг странная, болезненная, тоскливая мысль промелькнула у меня в голове: "Всё это уже происходило когда–то, много, много лет тому назад в моей жизни… Так же горячо палило солнце… Так же была залита шумящим, возбужденным народом огромная площадь… Так же обернулся я назад в припадке бешеного гнева… Но где это было? Когда? Когда?.." Я опустил нагайку и галопом поскакал к дому.

Ярмола, медленно вышедший из кухни, принял у меня лошадь и сказал грубо:

—Там, паныч, у вас в комнате сидит из Мариновской экономии приказчик.

Мне почудилось, что он хочет еще что-то прибавить, очень важное для меня и неприятное, мне показалось даже, что по лицу его скользнуло беглое выражение злой насмешки. Я нарочно задержался в дверях и с вызовом оглянулся на Ярмолу. Но он уже, не глядя на меня, тащил за узду лошадь, которая вытягивала вперед шею и осторожно переступала ногами.

В моей комнате я застал конторщика соседнего имения — Никиту Назарыча Мищенку. Он был в сером пиджачке с огромными рыжими клетками, в узких брючках василькового цвета и в огненно-красном галстуке, с припомаженным пробором посередине головы, весь благоухающий персидской сиренью. Увидев меня, он вскочил со стула и принялся расшаркиваться, не кланяясь, а как-то ломаясь в пояснице, с улыбкой, обнажавшей бледные десны обеих челюстей.

—Имею честь кланяться, — любезно тараторил Никита Назарыч. — Очень приятно увидеться... А я уж тут жду вас с самой обедни. Давно я вас видел, даже соскучился за вами. Что это вы к нам никогда не заглянете? Наши степаньские барышни даже смеются с вас.

И вдруг, подхваченный внезапным воспоминанием, он разразился неудержимым хохотом.

—Вот, я вам скажу, потеха-то была сегодня! — воскликнул он, давясь и прыская. — Ха-ха-ха-ха... Я даже боки рвал со-смеху!..

—Что такое? Что за потеха? — грубо спросил я, не скрывая своего неудовольствия.

—После обедни скандал здесь произошел, — продолжал Никита Назарыч, прерывая свою речь залпами хохота. — Перебродские дивчата... Нет, ей-богу, не выдержу... Переброские дивчата поймали здесь на площади ведьму... То есть, конечно, они ее ведьмой считают по своей мужицкой необразованности... Ну, и задали же они ей встряску!.. Хотели дегтем вымазать, да она вывернулась как-то, утекла...

Страшная догадка блеснула у меня в уме. Я бросился к конторщику и, не помня себя от волнения, крепко вцепился рукой в его плечо.

—Что вы говорите! — закричал я неистовым голосом. — Да перестаньте же ржать, черт вас подери! Про какую ведьму вы говорите?

Он вдруг сразу перестал смеяться и выпучил на меня круглые, испуганные глаза.

—Я... я... право, не знаю-с, — растерянно залепетал он. — Кажется, какая-то Самуйлиха... Мануйлиха... или... Позвольте... Дочка какой-то Мануйлихи?.. Тут что-то такое болтали мужики, но я, признаться, запомнил.

Я заставил его рассказать мне по порядку всё, что он видел и слышал. Он говорил нелепо, несвязно, путаясь в подробностях, и я каждую минуту перебивал его нетерпеливыми расспросами и восклицаниями, почти бранью. Из его рассказа я понял очень мало и только месяца два спустя восстановил всю последовательность этого проклятого события со слов его очевидицы, жены казенного лесничего, которая в тот день также была у обедни.

Мое предчувствие не обмануло меня. Олеся переломила свою боязнь и пришла в церковь; хотя она поспела только к середине службы и стала в церковных сенях, но ее приход был тотчас же замечен всеми находившимися в церкви крестьянами. Всю службу женщины перешептывались и оглядывались назад.

Однако Олеся нашла в себе достаточно силы, чтобы достоять до конца обедню. Может-быть, она не поняла настоящего значения этих враждебных взглядов, может быть, из гордости пренебрегла ими. Но когда она вышла из церкви, то у самой ограды ее со всех сторон обступила кучка баб, становившаяся с каждой минутой всё больше и больше и всё теснее сдвигавшаяся вокруг Олеси. Сначала они только молча и бесцеремонно разглядывали беспомощную, пугливо озиравшуюся по сторонам девушку. Потом посыпались грубые насмешки, крепкие слова, ругательства, сопровождаемые хохотом, потом отдельные восклицания слились в общий пронзительный бабий гвалт, в котором ничего нельзя было разобрать и который еще больше взвинчивал нервы расходившейся толпы. Несколько раз Олеся пыталась пройти сквозь это живое ужасное кольцо, но ее постоянно отталкивали опять на середину. Вдруг визгливый старушечий голос заорал откуда-то позади толпы: "Дегтем ее вымазать, стерву!" (Известно, что в Малороссии мазанье дегтем даже ворот того дома, где живет девушка, сопряжено для нее с величайшим, несмываемым позором). Почти в ту же минуту над головами беснующихся баб появилась мазница с дегтем и кистью, передаваемая из рук в руки.

Тогда Олеся, в припадке злобы, ужаса и отчаяния, бросилась на первую попавшуюся из своих мучительниц так стремительно, что сбила ее с ног. Тотчас же на земле закипела свалка, и десятки тел смешались в одну общую кричащую массу. Но Олесе прямо каким-то чудом удалось выскользнуть из этого клубка, и она опрометью побежала по дороге — без платка, с растерзанной в лохмотья одеждой, из-под которой во многих местах было видно голое тело. Вслед ей, вместе с бранью, хохотом и улюлюканьем, полетели камни. Однако погнались за ней только немногие, да и те сейчас же отстали... Отбежав шагов на пятьдесят, Олеся остановилась, повернула к озверевшей толпе свое бледное, исцарапанное, окровавленное лицо и крикнула так громко, что каждое ее слово было слышно на площади:

–Хорошо же!.. Вы еще у меня вспомните это! Вы еще все наплачетесь досыта!

Эта угроза, как мне потом передавала та же очевидица события, была произнесена с такой страстной ненавистью, таким решительным, пророческим тоном, что на мгновение вся толпа как будто бы оцепенела, но только на мгновение, потому что тотчас же раздался новый взрыв брани.

Повторяю, что многие подробности этого происшествия я узнал гораздо позднее. У меня не хватило сил и терпения дослушать до конца рассказ Мищенки. Я вдруг вспомнил, что Ярмола, наверно, не успел еще расседлать лошадь, и, не сказав изумленному конторщику ни слова, поспешно вышел на двор. Ярмола действительно еще водил Таранчика вдоль забора. Я быстро взнуздал лошадь, затянул подпруги и объездом, чтобы опять не пробираться сквозь пьяную толпу, поскакал в лес.

XIII

Невозможно описать того состояния, в котором я находился в продолжение моей бешеной скачки. Минутами я совсем забывал, куда и зачем еду; оставалось только смутное сознание, что совершилось что-то непоправимое, нелепое и ужасное, — сознание, похожее на тяжелую беспричинную тревогу, овладевающую иногда в лихорадочном кошмаре человеком. И в то же время — как это странно! — у меня в голове не переставал дрожать, в такт с лошадиным топотом, гнусавый, разбитый голос слепого лирника:

Ой вышло вийско турецкое,
Як та черная хмара…

Добравшись до узкой тропинки, ведшей прямо к хате Мануйлихи, я слез с Таранчика, на котором по краям потника и в тех местах, где его кожа соприкасалась со сбруей, белыми комьями выступила густая пена, и повел его в поводу. От сильного дневного жара и от быстрой езды кровь шумела у меня в голове, точно нагнетаемая каким-то огромным, безостановочным насосом.

Привязав лошадь к плетню, я вошел в хату. Сначала мне показалось, что Олеси нет дома, и у меня даже в груди и во рту похолодело от страха, но спустя минуту я ее увидел, лежащую на постели, лицом к стене, с головой, спрятанной в подушки. Она даже не обернулась на шум отворяемой двери.

Мануйлиха, сидевшая тут же рядом, на земле, с трудом поднялась на ноги и замахала на меня руками.

–Тише! Не шуми ты, окаянный, — с угрозой зашептала она, подходя ко мне вплотную. И, взглянув мне прямо в глаза своими выцветшими, холодными глазами, она прошипела злобно:

–Что? Доигрался, голубчик?

–Послушай, бабка, — возразил я сурово, — теперь не время считаться и выговаривать. Что с Олесей?

–Тсс... тише! Без памяти лежит Олеся, вот что с Олесей... Кабы ты не лез, куда тебе не следует, да не болтал бы чепухи девчонке, ничего бы худого не случилось. И я-то, дура петая, смотрела, потворствовала... А ведь чуяло мое сердце беду... Чуяло оно недоброе с того самого дня, когда ты чуть не силою к нам в хату ворвался. Что? Скажешь, это не ты ее подбил в церковь потаскаться? — вдруг с искривленным от ненависти лицом накинулась на меня старуха. — Не ты, барчук проклятый? Да не лги — и не верти лисьим хвостом-то, срамник! Зачем тебе понадобилось ее в церковь манить?

–Не манил я ее, бабка... Даю тебе слово в этом. Сама она захотела.

–Ах, ты, горе, горе мое! — всплеснула руками Мануйлиха. — Прибежала оттуда — лица на ней нет, вся рубаха в шматки растерзана... Простоволосая... Рассказывает, как что было, а сама — то хохочет, то плачет... Ну, прямо вот как кликуша какая... Легла в постель... всё плакала, а потом, гляжу, как будто бы и задремала. Я-то, дура старая, обрадовалась было: вот, думаю, всё сном пройдет, перекинется. Гляжу, рука у нее вниз свесилась, думаю: надо поправить, затекет рука-то... Тронула я ее, голубушку, за руку, а она вся так жаром и пышет... Значит, огневица с ней началась... С час без умолку говорила, быстро да жалостно так... Вот только-только замолчала на минуточку. Что ты наделал? Что ты наделал с ней? — с новым наплывом отчаяния воскликнула старуха.

И вдруг ее коричневое лицо собралось в чудовищную, отвратительную гримасу плача: губы растянулись и опустились по углам вниз, все личные мускулы напряглись и задрожали, брови поднялись кверху, наморщив лоб глубокими складками, а из глаз необычайно часто посыпались крупные, как горошины, слезы. Обхватив руками голову и положив локти на стол, она принялась качаться взад и вперед всем телом и завыла нараспев вполголоса:

–Дочечка моя–а–а! Внучечка миленькая–а–а!.. Ох, г–о–о–орько мне, то–о–ошно!..

–Да не реви ты, старая, — грубо прервал я Мануйлиху. — Разбудишь!

Старуха замолчала, но всё с той же страшной гримасой на лице продолжала качаться взад и вперед, между тем как крупные слезы падали на стол... Так прошло минуть с десять. Я сидел рядом с Мануйлихой и с тоской слушал, как, однообразно и прерывисто жужжа, бьется об оконное стекло муха.

—Бабушка! — раздался вдруг слабый, чуть слышный голос Олеси. — Бабушка, кто у нас?

Мануйлиха поспешно заковыляла к кровати и тотчас же опять завыла:

—Ох, внучечка моя, ро—одная—а—а! Ох, горько мне ста—а—арой, тошно мне—е—е—е...

—Ах, бабушка, да перестань ты! — с жалобной мольбой и страданием в голосе сказала Олеся. — Кто у нас в хате сидит?

Я осторожно, на цыпочках, подошел к кровати с тем неловким, виноватым сознанием своего здоровья и своей грубости, какое всегда ощущаешь около больного.

—Это я, Олеся, — сказал я, понижая голос. — Я только что приехал верхом из деревни... А всё утро я в городе был... Тебе нехорошо, Олеся?

Она, не отнимая лица от подушек, протянула назад обнаженную руку, точно ища чего—то в воздухе. Я понял это движение и взял ее горячую руку в свои руки. Два огромных синих пятна — одно над кистью, а другое повыше локтя — резко выделялись на белой, нежной коже.

—Голубчик мой, — заговорила Олеся, медленно, с трудом отделяя одно слово от другого. — Хочется мне... на тебя посмотреть... да не могу я... Всю меня... изуродовали... Помнишь... тебе... мое лицо так нравилось?.. Правда, ведь нравилось, родной?.. И я так этому всегда радовалась... А теперь тебе противно, будет... смотреть на меня... Ну, вот... я... и не хочу...

—Олеся, прости меня, — шепнул я, наклоняясь к самому ее уху.

Ее пылающая рука крепко и долго сжимала мою.

—Да что ты!.. Что ты, милый?.. Как тебе не стыдно и думать об этом? Чем же ты виноват здесь? Всё я одна, глупая... Ну, чего я полезла... в самом деле? Нет, солнышко, ты себя не виновать...

—Олеся, позволь мне... Только обещай сначала, что позволишь...

—Обещаю, голубчик... всё, что ты хочешь...

—Позволь мне, пожалуйста, послать за доктором... Прошу тебя! Ну, если хочешь, ты можешь ничего не исполнять из того, что он прикажет. Но ты хоть для меня согласись, Олеся.

—Ох, милый... В какую ты меня ловушку поймал! Нет, уж лучше ты позволь мне своего обещания не держать. Я, если бы и в самом деле была больна, при смерти бы лежала, так и то к себе доктора не подпустила бы. А теперь я разве больна? Это просто у меня от испугу так сделалось, это пройдет к вечеру. А нет — так бабушка мне ландышевой настойки даст или малины в чайнике заварит. Зачем же тут доктор? Ты — мой доктор самый лучший. Вот ты пришел, и мне сразу легче сделалось... Ах, одно мне только нехорошо: хочу поглядеть на тебя хоть одним глазком, да боюсь...

Я с нежным усилием отнял ее голову от подушки. Лицо Олеси пылало лихорадочным румянцем, темные глаза блестели неестественно ярко, сухие губы нервно вздрагивали. Длинные красные ссадины избороздили ее лоб, щеки и шею. Темные синяки были на лбу и под глазами.

—Не смотри на меня... Прошу тебя... Гадкая я теперь, — умоляюще шептала Олеся, стараясь своею ладонью закрыть мне глаза.

Сердце мое переполнилось жалостью. Я приник губами к Олесиной руке, неподвижно лежавшей на одеяле, и стал покрывать ее долгими, тихими поцелуями. Я и раньше целовал иногда ее руки, но она всегда отнимала их у меня с торопливым, застенчивым испугом. Теперь же она не противилась этой ласке и другой, свободной рукой тихо гладила меня по волосам.

—Ты всё знаешь? — шепотом спросила она.

Я молча наклонил голову. Правда, я не всё понял из рассказа Никиты Назарыча. Мне не хотелось только, чтобы Олеся волновалась, вспоминая об утреннем происшествии. Но вдруг при мысли об оскорблении, которому она подверглась, на меня сразу нахлынула волна неудержимой ярости.

—О! Зачем меня там не было в это время! — вскричал я, выпрямившись и сжимая кулаки. — Я бы... я бы...

—Ну, полно... полно... Не сердись, голубчик, — кротко прервала меня Олеся.

Я не мог более удерживать слез, давно давивших мне горло и жегших глаза. Припав лицом к плечу Олеси, я беззвучно и горько зарыдал, сотрясаясь всем телом.

—Ты плачешь? Ты плачешь? — В голосе ее зазвучали удивление, нежность и сострадание. — Милый мой... Да перестань же, перестань... Не мучь себя, голубчик... Ведь мне так хорошо возле тебя. Не будем же плакать, пока мы вместе. Давай хоть последние дни проведем весело, чтобы нам не так тяжело было расставаться.

Я с изумлением поднял голову. Неясное предчувствие вдруг медленно сжало мое сердце.

—Последние дни, Олеся? Почему — последние? Зачем же нам расставаться?

Олеся закрыла глаза и несколько секунд молчала.

—Надо нам проститься с тобой, Ванечка, — заговорила она решительно. — Вот как только чуть-чуть поправлюсь, сейчас же мы с бабушкой и уедем отсюда. Нельзя нам здесь оставаться больше...

—Ты боишься чего-нибудь?

—Нет, мой дорогой, ничего я не боюсь, если понадобится. Только зачем же людей в грех вводить? Ты, может быть, не знаешь... Ведь я там... в

Переброде… погрозилась со зла да со стыда… А теперь, чуть что случится, сейчас на нас скажут: скот ли начнет падать, или хата у кого загорится, — всё мы будем виноваты. Бабушка, — обратилась она к Мануйлихе, возвышая голос, — правду ведь я говорю?

—Чего ты говорила-то, внучечка? Не расслышала я, признаться! — прошамкала старуха, подходя поближе и приставляя к уху ладонь.

—Я говорю, что теперь, какая бы беда в Переброде ни случилась, всё на нас с тобой свалят.

—Ох, правда, правда, Олеся, — всё на нас, горемычных, свалят… Не жить нам на белом свете, изведут нас с тобой, совсем изведут, проклятики… А тогда, как меня из села выгнали… Что ж?.. Разве не так же было? Погрозилась я… тоже вот с досады… одной дурище полосатой, а у нее — хвать — ребенок помер. То есть ни сном ни духом тут моей вины не было, а ведь меня чуть не убили, окаянные… Камнями стали шибать… Я бегу от них, да только тебя, малолетку, всё оберегаю… Ну, думаю, пусть уж мне попадет, а за что же дитю-то неповинную обижать?.. Одно слово — варвары, висельники поганые!

—Да куда же вы поедете? У вас ведь нигде ни родных, ни знакомых нет… Наконец, и деньги нужны, чтобы на новом месте устроиться.

—Обойдемся как-нибудь, — небрежно проговорила Олеся. — И деньги у бабушки найдутся, припасла она кое-что.

—Ну уж и деньги тоже! — с неудовольствием возразила старуха, отходя от кровати. — Копеечки сиротские, слезами облитые…

—Олеся… А я как же? Обо мне ты и думать даже не хочешь! — воскликнул я, чувствуя, как во мне подымается горький, больной, недобрый упрек против Олеси.

Она привстала и, не стесняясь присутствием бабки, взяла руками мою голову и несколько раз подряд поцеловала меня в лоб и щеки.

—Об тебе я больше всего думаю, мой родной. Только… видишь ли… не судьба нам вместе быть… вот что!.. Помнишь, я на тебя карты бросала? Ведь всё так и вышло, как они сказали тогда. Значит, не хочет судьба нашего с тобой счастья… А если бы не это, разве, ты думаешь, я чего-нибудь испугалась бы?

—Олеся, опять ты про свою судьбу? — воскликнул я нетерпеливо. — Не хочу я в нее верить… и не буду никогда верить!..

—Ох, нет, нет… не говори этого, — испуганно зашептала Олеся. — Я не за себя, за тебя боюсь, голубчик. Нет, лучше ты уж об этом и разговора не начинай совсем.

Напрасно я старался разубедить Олесю, напрасно рисовал перед ней картины безмятежного счастья, которому не помешают ни завистливая судьба, ни грубые, злые люди. Олеся только целовала мои руки и отрицательно качала головой.

—Нет... нет... нет... я знаю, я вижу, — твердила она настойчиво. — Ничего нам, кроме горя, не будет... ничего... ничего...

Растерянный, сбитый с толку этим суеверным упорством, я наконец спросил:

—Но ведь во всяком случае ты дашь мне знать о дне отъезда?

Олеся задумалась. Вдруг слабая улыбка пробежала по ее губам.

—Я тебе на это скажу маленькую сказочку... Однажды волк бежал по лесу, увидел зайчика и говорит ему: "Заяц, а заяц, ведь я тебя съем!" Заяц стал проситься: "Помилуй меня, волк, мне еще жить хочется, у меня дома детки маленькие". Волк не соглашается. Тогда заяц говорит: "Ну, дай мне хоть три дня еще на свете пожить, а потом и съешь. Всё же мне легче умирать будет". Дал ему волк эти три дня, не ест его, а только всё стережет. Прошел один день, прошел другой, наконец и третий кончается. "Ну, теперь готовься, — говорит волк, — сейчас я начну тебя есть". Тут мой заяц и заплакал горючими слезами: "Ах, зачем ты мне, волк, эти три дня подарил! Лучше бы ты сразу меня съел, как только увидел. А то я все три дня не жил, а только терзался!" Милый мой, ведь зайчик-то этот правду сказал. Как ты думаешь?

Я молчал, охваченный тоскливым предчувствием близкого одиночества. Олеся вдруг поднялась и присела на постели. Лицо ее стало сразу серьезным.

—Ваня, послушай... — произнесла она с расстановкой. — Скажи мне: покамест ты был со мною, был ли ты счастлив? Хорошо ли тебе было?

—Олеся! И ты еще спрашиваешь!

—Подожди... Жалел ли ты, что узнал меня? Думал ли ты о другой женщине, когда виделся со мною?

—Ни одного мгновения! Не только в твоем присутствии, но, даже и оставшись один, я ни о ком, кроме тебя, не думал.

—Ревновал ли ты меня? Был ли ты когда-нибудь на меня недоволен? Не скучал ли ты со мною?

—Никогда, Олеся! Никогда!

Она положила обе руки мне на плечи и с невыразимой любовью поглядела в мои глаза.

—Так и знай же, мой дорогой, что никогда ты обо мне не вспомнишь дурно или со злом, — сказала ока так убедительно, точно читала у меня в глазах будущее. — Как расстанемся мы с тобой, тяжело тебе в первое время будет, ох, как тяжело... Плакать будешь, места себе не найдешь нигде. А потом всё пройдет, всё изгладится. И уж без горя ты будешь обо мне думать, а легко и радостно.

Она опять откинулась головой на подушки и прошептала ослабевшим голосом:

—А теперь поезжай, мой дорогой… Поезжай домой, голубчик… Устала я немножко. Подожди… поцелуй меня… Ты бабушки не бойся… она позволит. Позволишь ведь, бабушка?

—Да уж простись, простись, как следует, — недовольно проворчала старуха. — Чего же передо мной таиться–то?.. Давно знаю…

—Поцелуй меня сюда и сюда еще… и сюда, — говорила Олеся, притрагиваясь пальцем к своим глазам, щекам и рту.

—Олеся! Ты прощаешься со мною так, как будто бы мы уже не увидимся больше! — воскликнул я с испугом.

—Не знаю, не знаю, мой милый. Ничего не знаю. Ну, поезжай с богом. Нет, постой… еще минуточку… Наклони ко мне ухо… Знаешь, о чем я жалею? — зашептала она, прикасаясь губами к моей щеке. — О том, что у меня нет от тебя ребеночка. Ах, как я была бы рада этому!

Я вышел на крыльцо в сопровождении Мануйлихи. Полнеба закрыла черная туча с резкими курчавыми краями, но солнце еще светило, склоняясь к западу, и в этом смешении света и надвигающейся тьмы было что–то зловещее. Старуха посмотрела вверх, прикрыв глаза, как зонтиком, ладонью, и значительно покачала головой.

—Быть сегодня над Перебродом грозе, — сказала она, убедительным тоном. — А чего доброго, даже и с градом.

XIV

Я подъезжал уже к Переброду, когда внезапный вихрь закрутил и погнал по дороге столбы пыли. Упали первые — редкие и тяжелые — капли дождя.

Мануйлиха не ошиблась. Гроза, медленно накоплявшаяся за весь этот жаркий, нестерпимо душный день, разразилась с необыкновенной силой над Перебродом. Молния блистала почти беспрерывно, и от раскатов грома дрожали и звенели стекла в окнах моей комнаты. Часов около восьми вечера гроза утихла на несколько минут, но только для того, чтобы потом начаться с новым ожесточением. Вдруг что–то с оглушительным треском посыпалось на крышу и на стены старого дома. Я бросился к окну. Огромный град, с грецкий орех величиной, стремительно падал на землю, высоко подпрыгивая потом кверху. Я взглянул на тутовое дерево, росшее около самого дома, — оно стояло совершенно голое: все листья были сбиты с него страшными ударами града… Под окном показалась еле заметная в темноте фигура Ярмолы, который, накрывшись с головой свиткой, выбежал из кухни, чтобы притворить ставни. Но он опоздал. В одно из стекол вдруг с такой силой ударил громадный кусок льда, что оно разбилось, и осколки его со звоном разлетелись по полу комнаты.

Я почувствовал себя утомленным и прилег, не раздеваясь, на кровать. Я думал, что мне вовсе не удастся заснуть в эту ночь и что я до утра буду в бессильной тоске ворочаться с боку на бок, поэтому я решил лучше не снимать платья, чтобы потом хоть немного утомить себя однообразной ходьбой по комнате. Но со мной случилась очень странная вещь: мне показалось, что я только на минутку закрыл глаза; когда же я раскрыл их, то сквозь щели ставен уже тянулись длинные яркие лучи солнца, в которых кружились бесчисленные золотые пылинки.

Над моей кроватью стоял Ярмола. Его лицо выражало суровую тревогу и нетерпеливое ожидание: должно быть, он уже давно дожидался здесь моего пробуждения.

–Паныч, — сказал он своим глухим голосом, в котором слышалось беспокойство. — Паныч, треба вам отсюда уезжать…

Я свесил ноги с кровати и с изумлением поглядел на Ярмолу.

–Уезжать? Куда уезжать? Зачем? Ты, верно, с ума сошел?

–Ничего я с ума не сходил, — огрызнулся Ярмола. Вы не чули, что вчерашний град наробил? У половины села жито как ногами потоптано. У кривого Максима, у Козла, у Мута, у Прокопчуков, у Гордия Олефира… Наслала–таки шкоду ведьмака чертова… чтоб ей сгинуть!

Мне вдруг, в одно мгновение, вспомнился весь вчерашний день, угроза, произнесенная около церкви Олесей, и ее опасения.

–Теперь вся громада бунтуется, — продолжал Ярмола. — С утра все опять перепились и орут… И про вас, паничу, кричат недоброе… А вы знаете, яка у нас громада?.. Если они ведьмакам що зробят, то так и треба, то справедливое дело, а вам, паничу, я скажу одно — утекайте скорейше.

Итак, опасения Олеси оправдались. Нужно было немедленно предупредить ее о грозившей ей и Мануйлихе беде. Я торопливо оделся, на ходу сполоснул водою лицо и через полчаса уже ехал крупной рысью по направлению Бисова Кута.

Чем ближе подвигался я к избушке на курьих ножках, тем сильнее возрастало во мне неопределенное, тоскливое беспокойство. Я с уверенностью говорил самому себе, что сейчас меня постигнет какое–то новое, неожиданное горе.

Почти бегом пробежал я узкую тропинку, вившуюся по песчаному пригорку. Окна хаты были открыты, дверь растворена настежь.

–Господи! Что же такое случилось? — прошептал я, входя с замиранием сердца в сени.

Хата была пуста. В ней господствовал тот печальный, грязный беспорядок, который всегда остается после поспешного выезда. Кучи сора и тряпок лежали на полу, да в углу стоял деревянный остов кровати…

С стесненным, переполненным слезами сердцем я хотел уже выйти из хаты, как вдруг мое внимание привлек яркий предмет, очевидно нарочно повешенный на угол оконной рамы. Это была нитка дешевых красных бус, известных в Полесье под названием "кораллов", — единственная вещь, которая осталась мне на память об Олесе и об ее нежной, великодушной любви.

СУЛАМИФЬ

Положи мя, яко печать, на сердце твоем,
яко печать, на мышце твоей: зане крепка,
яко смерть, любовь, жестока, яко смерть,
ревность: стрелы ее – стрелы огненные.
Песнь Песней

I

Царь Соломон не достиг еще среднего возраста – сорока пяти лет, – а слава о его мудрости и красоте, о великолепии его жизни и пышности его двора распространилась далеко за пределами Палестины. В Ассирии и Финикии, в Верхнем и Нижнем Египте, от древней Тавризы до Иемена и от Исмара до Персеполя, на побережье Черного моря и на островах Средиземного – с удивлением произносили его имя, потому что не было подобного ему между царями во все дни его.

В 480 году по исшествии Израиля, в четвертый год своего царствования, в месяце Зифе, предпринял царь сооружение великого храма Господня на горе Мориа и постройку дворца в Иерусалиме. Восемьдесят тысяч каменотесов и семьдесят тысяч носильщиков беспрерывно работали в горах и в предместьях города, а десять тысяч дровосеков из числа тридцати восьми тысяч отправлялись посменно на Ливан, где проводили целый месяц в столь тяжкой работе, что после нее отдыхали два месяца. Тысячи людей вязали срубленные деревья в плоты, и сотни моряков сплавляли их морем в Иаффу, где их обделывали тиряне, искусные в токарной и столярной работе. Только лишь при возведении пирамид Хефрена, Хуфу и Микерина в Гизехе употреблено было такое несметное количество рабочих.

Три тысячи шестьсот приставников надзирали за работами, а над приставниками начальствовал Азария, сын Нафанов, человек жестокий и деятельный, про которого сложился слух, что он никогда не спит, пожираемый огнем внутренней неизлечимой болезни. Все же планы дворца и храма, рисунки колонн, давира и медного моря, чертежи окон, украшения стен и тронов созданы были зодчим Хирамом–Авием из Сидона, сыном медника из рода Нафалимова.

Через семь лет, в месяце Буле, был завершен храм Господень и через тринадцать лет – царский дворец. За кедровые бревна с Ливана, за кипарисные и оливковые доски, за дерево певговое, ситтим и фарсис, за обтесанные и отполированные громадные дорогие камни, за пурпур, багряницу и виссон, шитый золотом, за голубые шерстяные материи, за слоновую кость и красные бараньи кожи, за железо, оникс и множество мрамора, за драгоценные камни, за золотые цепи, венцы, шнурки, щипцы, сетки, лотки, лампады, цветы и светильники, золотые петли к дверям и золотые гвозди, весом в шестьдесят сиклей каждый, за златокованые чаши и блюда, за резные и мозаичные орнаменты, залитые и иссеченные в камне изображения львов, херувимов, волов, пальм и ананасов – подарил Соломон Тирскому царю Хираму, соименнику зодчего, двадцать городов и селений в земле Галилейской, и Хирам нашел этот подарок ничтожным, – с такой неслыханной роскошью были выстроены храм Господень и дворец Соломонов и малый дворец в Милло для жены царя, красавицы Астис, дочери египетского фараона Суссакима. Красное же дерево, которое позднее пошло на перила и лестницы галерей, на музыкальные инструменты и на переплеты для священных книг, было принесено в дар Соломону царицей Савской, мудрой и прекрасной Балкис, вместе с таким количеством ароматных курений, благовонных масл и драгоценных духов, какого до сих пор еще не видали в Израиле.

С каждым годом росли богатства царя. Три раза в год возвращались в гавани его корабли: "Фарсис", ходивший по Средиземному морю, и "Хирам", ходивший по Черному морю. Они привозили из Африки слоновую кость, обезьян, павлинов и антилоп; богато украшенные колесницы из Египта, живых тигров и львов, а также звериные шкуры и меха из Месопотамии, белоснежных коней из Кувы, парваимский золотой песок на шестьсот шестьдесят талантов в год, красное, черное и сандаловое дерево из страны Офир, пестрые ассурские и калахские ковры с удивительными рисунками – дружественные дары царя Тиглат-Пилеазара, художественную мозаику из Ниневии, Нимруда и Саргона; чудные узорчатые ткани из Хатуара; златокованые кубки из Тира; из

102

Сидона – цветные стекла, а из Пунта, близ Баб–эль–Мандеба, те редкие благовония – нард, алоэ, трость, киннамон, шафран, амбру, мускус, стакти, халван, смирну и ладан, из–за обладания которыми египетские фараоны предпринимали не раз кровавые войны.

Серебро же во дни Соломоновы стало ценою, как простой камень, и красное дерево не дороже простых сикимор, растущих на низинах.

Каменные бани, обложенные порфиром, мраморные водоемы и прохладные фонтаны устроил царь, повелев провести воду из горных источников, низвергавшихся в Кедронский поток, а вокруг дворца насадил сады и рощи и развел виноградник в Ваал–Гамоне.

Было у Соломона сорок тысяч стойл для мулов и коней колесничных и двенадцать тысяч для конницы; ежедневно привозили для лошадей ячмень и солому из провинций. Десять волов откормленных и двадцать волов с пастбища, тридцать куров пшеничной муки и шестьдесят прочей, сто батов вина разного, триста овец, не считая птицы откормленной, оленей, серн и сайгаков, – все это через руки двенадцати приставников шло ежедневно к столу Соломона, а также к столу его двора, свиты и гвардии. Шестьдесят воинов, из числа пятисот самых сильных и храбрых во всем войске, держали посменно караул во внутренних покоях дворца. Пятьсот щитов, покрытых золотыми пластинками, повелел Соломон сделать для своих телохранителей.

II

Чего бы глаза царя ни пожелали, он не отказывал им и не возбранял сердцу своему никакого веселия. Семьсот жен было у царя и триста наложниц, не считая рабынь и танцовщиц. И всех их очаровывал своей любовью Соломон, потому что Бог дал ему такую неиссякаемую силу страсти, какой не было у людей обыкновенных. Он любил белолицых, черноглазых, красногубых хеттеянок за их яркую, но мгновенную красоту, которая так же рано и прелестно расцветает и так же быстро вянет, как цветок нарцисса; смуглых, высоких, пламенных филистимлянок с жесткими курчавыми волосами, носивших золотые звенящие запястья на кистях рук, золотые обручи на плечах, а на обеих щиколотках широкие браслеты, соединенные тонкой цепочкой; нежных, маленьких, гибких аммореянок, сложенных без упрека, – их верность и покорность в любви вошли в пословицу; женщин из Ассирии, удлинявших красками свои глаза и вытравливавших синие звезды на лбу и на щеках; образованных, веселых и остроумных дочерей Сидона, умевших хорошо петь, танцевать, а также играть на арфах, лютнях и флейтах под аккомпанемент бубна;

желтокожих египтянок, неутомимых в любви и безумных в ревности; сладострастных вавилонянок, у которых все тело под одеждой было гладко, как мрамор, потому что они особой пастой истребляли на нем волосы; дев Бактрии, красивших волосы и ногти в огненно–красный цвет и носивших шальвары; молчаливых, застенчивых моавитянок, у которых роскошные груди были прохладны в самые жаркие летние ночи; беспечных и расточительных аммонитянок с огненными волосами и с телом такой белизны, что оно светилось во тьме; хрупких голубоглазых женщин с льняными волосами и нежным запахом кожи, которых привозили с севера, через Баальбек, и язык которых был непонятен для всех живущих в Палестине. Кроме того, любил царь многих дочерей Иудеи и Израиля.

Также разделял он ложе с Балкис–Македа, царицей Савской, превзошедшей всех женщин в мире красотой, мудростью, богатством и разнообразием искусства в страсти; и с Ависагой–сунамитянкой, согревавшей старость царя Давида, с этой ласковой, тихой красавицей, из–за которой Соломон предал своего старшего брата Адонию смерти от руки Ванеи, сына Иодаева.

И с бедной девушкой из виноградника, по имени Суламифь, которую одну из всех женщин любил царь всем своим сердцем.

Носильный одр сделал себе Соломон из лучшего кедрового дерева, с серебряными столпами, с золотыми локотниками в виде лежащих львов, с шатром из пурпуровой тирской ткани. Внутри же весь шатер был украшен золотым шитьем и драгоценными камнями – любовными дарами жен и дев иерусалимских. И когда стройные черные рабы проносили Соломона в дни великих празднеств среди народа, поистине был прекрасен царь, как лилия Саронской долины!

Бледно было его лицо, губы – точно яркая алая лента; волнистые волосы черные иссиня, и в них – украшение мудрости – блестела седина, подобно серебряным нитям горных ручьев, падающих с высоты темных скал Аэрмона; седина сверкала и в его черной бороде, завитой, по обычаю царей ассирийских, правильными мелкими рядами.

Глаза же у царя были темны, как самый темный агат, как небо в безлунную летнюю ночь, а ресницы, разверзавшиеся стрелами вверх и вниз, походили на черные лучи вокруг черных звезд. И не было человека во вселенной, который мог бы выдержать взгляд Соломона, не потупив своих глаз. И молнии гнева в очах царя повергали людей на землю.

Но бывали минуты сердечного веселия, когда царь опьянялся любовью, или вином, или сладостью власти, или радовался он мудрому и красивому слову, сказанному кстати. Тогда тихо опускались до половины его длинные ресницы, бросая синие тени на светлое лицо, и в глазах царя загорались, точно искры в черных брильянтах, теплые огни ласкового, нежного смеха; и те, кто видели эту улыбку, готовы были за нее отдать тело и душу – так она была неописуемо прекрасна. Одно имя царя Соломона, произнесенное вслух, волновало сердце женщины, как аромат пролитого мирра, напоминающий о ночах любви.

Руки царя были нежны, белы, теплы и красивы, как у женщины, но в них заключался такой избыток жизненной силы, что, налагая ладони на темя больных, царь исцелял головные боли, судороги, черную меланхолию и беснование. На указательном пальце левой руки носил Соломон гемму из кроваво-красного астерикса, извергавшего из себя шесть лучей жемчужного цвета. Много сотен лет было этому кольцу, и на оборотной стороне его камня вырезана была надпись на языке древнего, исчезнувшего народа: "Все проходит".

И так велика была власть души Соломона, что повиновались ей даже животные: львы и тигры ползали у ног царя, и терлись мордами о его колени, и лизали его руки своими жесткими языками, когда он входил в их помещения. И он, находивший веселие сердца в сверкающих переливах драгоценных камней, в аромате египетских благовонных смол, в нежном прикосновении легких тканей, в сладостной музыке, в тонком вкусе красного искристого вина, играющего в чеканном нинуанском потире, – он любил также гладить суровые гривы львов, бархатные спины черных пантер и нежные лапы молодых пятнистых леопардов, любил слушать рев диких зверей, видеть их сильные и прекрасные движения и ощущать горячий запах их хищного дыхания.

Так живописал царя Соломона Иосафат, сын Ахилуда, историк его дней.

III

"За то, что ты не просил себе долгой жизни, не просил себе богатства, не просил себе душ врагов, но просил мудрости, то вот я делаю по слову твоему. Вот я даю тебе сердце мудрое и разумное, так что подобного тебе не было прежде тебя, и после тебя не восстанет подобный тебе".

Так сказал Соломону Бог, и по слову его познал царь составление мира и действие стихий, постиг начало, конец и середину времен, проник в тайну вечного волнообразного и кругового возвращения событий; у астрономов Библоса, Акры, Саргона, Борсиппы и Ниневии научился он следить за изменением расположения звезд и за годовыми кругами. Знал он также естество всех животных и угадывал чувства зверей, понимал происхождение и направление ветров, различные свойства растений и силу целебных трав.

Помыслы в сердце человеческом – глубокая вода, но и их умел вычерпывать мудрый царь. В словах и голосе, в глазах, в движениях рук так же ясно читал он самые сокровенные тайны душ, как буквы в открытой книге. И потому со всех концов Палестины приходило к нему великое множество людей, прося суда, совета, помощи, разрешения спора, а также и за разгадкою непонятных предзнаменований и снов. И дивились люди глубине и тонкости ответов Соломоновых.

Три тысячи притчей сочинил Соломон и тысячу и пять песней. Диктовал он их двум искусным и быстрым писцам, Елихоферу и Ахии, сыновьям Сивы, и потом сличал написанное обоими. Всегда облекал он свои мысли изящными выражениями, потому что золотому яблоку в чаше из прозрачного сардоникса подобно слово, сказанное умело, и потому также, что слова мудрых остры, как иглы, крепки, как вбитые гвозди, и составители их все от единого пастыря. "Слово – искра в движении сердца", – так говорил царь. И была мудрость Соломона выше мудрости всех сынов Востока и всей мудрости египтян. Был он мудрее и Ефана Езрахитянина, и Емана, и Хилколы, и Додры, сыновей Махола. Но уже начинал он тяготиться красотою обыкновенной человеческой мудрости, и не имела она в глазах его прежней цены. Беспокойным и пытливым умом жаждал он той высшей мудрости, которую Господь имел на своем пути прежде всех созданий своих искони, от начала, прежде бытия земли, той мудрости, которая была при нем великой художницей, когда он проводил круговую черту по лицу бездны. И не находил ее Соломон.

Изучил царь учения магов халдейских и ниневийских, науку астрологов из Абидоса, Саиса и Мемфиса, тайны волхвов, мистагогов, и эпоптов ассирийских, и прорицателей из Бактры и Персеполя и убедился, что знания их были знаниями человеческими.

Также искал он мудрости в тайнодействиях древних языческих верований и потому посещал капища и приносил жертвы: могущественному Ваалу–Либанону, которого чтили под именем Мелькарта, бога созидания и разрушения, покровителя мореплавания, в Тире и Сидоне, называли Аммоном в оазисе Сивах, где идол его кивал головою, указывая пути праздничным шествиям, Бэлом у халдеев, Молохом у хананеев; поклонялся также жене его – грозной и сладострастной Астарте, имевшей в других храмах имена Иштар, Исаар, Ваальтис, Ашера, Истар–Белит и Атаргатис. Изливал он елей и возжигал курение Изиде и Озири–су египетским, брату и сестре, соединившимся браком еще во чреве матери своей и зачавшим там бога Гора, и Деркето, рыбообразной богине тирской, и Анубису с собачьей головой, богу бальзамирования, и вавилонскому Оанну, и Дагону филистимскому, и Арденаго ассирийскому, и Утсабу, идолу ниневийскому, и мрачной

Кибелле, и Бэл–Меродоху, покровителю Вавилона – богу планеты Юпитер, и халдейскому Ору – богу вечного огня, и таинственной Омороге – праматери богов, которую Бэл рассек на две части, создав из них небо и землю, а из головы – людей; и поклонялся царь еще богине Атанаис, в честь которой девушки Финикии, Лидии, Армении и Персии отдавали прохожим свое тело, как священную жертву, на пороге храмов.

Но ничего не находил царь в обрядах языческих, кроме пьянства, ночных оргий, блуда, кровосмешения и противоестественных страстей, и в догматах их видел суесловие и обман. Но никому из подданных не воспрещал приношение жертв любимому богу и даже сам построил на Масличной горе капище Хамосу, мерзости моавитской, по просьбе прекрасной, задумчивой Эллаан — моавитянки, бывшей тогда возлюбленной женою царя. Одного лишь не терпел Соломон и преследовал смертью – жертвоприношение детей.

И увидел он в своих исканиях, что участь сынов человеческих и участь животных одна: как те умирают, так умирают и эти, и одно дыхание у всех, и нет у человека преимущества перед скотом. И понял царь, что во многой мудрости много печали, и кто умножает познание-умножает скорбь. Узнал он также, что и при смехе иногда болит сердце и концом радости бывает печаль. И однажды утром впервые продиктовал он Елихоферу и Ахии:

– Все суета сует и томление духа, – так говорит Екклезиаст.

Но тогда не знал еще царь, что скоро пошлет ему Бог такую нежную и пламенную, преданную и прекрасную любовь, которая одна дороже богатства, славы и мудрости, которая дороже самой жизни, потому что даже жизнью она не дорожит и не боится смерти.

IV

Виноградник был у царя в Ваал–Гамоне, на южном склоне Ватн–эль–Хава, к западу от капища Молоха; туда любил царь уединяться в часы великих размышлений. Гранатовые деревья, оливы и дикие яблони, вперемежку с кедрами и кипарисами, окаймляли его с трех сторон по горе, с четвертой же был он огражден от дороги высокой каменной стеной. И другие виноградники, лежавшие вокруг, также принадлежали Соломону; он отдавал их внаем сторожам за тысячу сребреников каждый.

Только с рассветом окончился во дворце роскошный пир, который давал царь израильский в честь послов царя Ассирийского, славного Тиглат–Пилеазара. Несмотря на утомление, Соломон не мог заснуть этим утром. Ни вино, ни сикера не отуманили крепких ассирийских голов и не развязали их хитрых языков. Но проницательный ум мудрого царя уже опередил их планы и уже вязал, в свою очередь, тонкую политическую сеть, которою он оплетет этих важных людей с надменными глазами и с льстивой речью. Соломон сумеет сохранить необходимую приязнь с повелителем Ассирии и в то же время, ради вечной дружбы с Хирамом Тирским, спасет от разграбления его царство, которое своими неисчислимыми богатствами, скрытыми в подвалах под узкими улицами с тесными домами, давно уже привлекает жадные взоры восточных владык.

И вот на заре приказал Соломон отнести себя на гору Ватн-эль-Хав, оставил носилки далеко на дороге и теперь один сидит на простой деревянной скамье, наверху виноградника, под сенью деревьев, еще затаивших в своих ветвях росистую прохладу ночи. Простой белый плащ надет на царе, скрепленный на правом плече и на левом боку двумя египетскими аграфами из зеленого золота, в форме свернувшихся крокодилов – символ бога Себаха. Руки царя лежат неподвижно на коленях, а глаза, затененные глубокой мыслью, не мигая, устремлены на восток, в сторону Мертвого моря – туда, где из-за круглой вершины Аназе восходит в пламени зари солнце.

Утренний ветер дует с востока и разносит аромат цветущего винограда – тонкий аромат резеды и вареного вина. Темные кипарисы важно раскачивают тонкими верхушками и льют свое смолистое дыхание. Торопливо переговариваются серебряно-зеленые листы олив.

Но вот Соломон встает и прислушивается. Милый женский голос, ясный и чистый, как это росистое утро, поет где-то невдалеке, за деревьями. Простой и нежный мотив льется, льется себе, как звонкий ручей в горах, повторяя все те же пять-шесть нот. И его незатейливая изящная прелесть вызывает тихую улыбку умиления в глазах царя.

Все ближе слышится голос. Вот он уже здесь, рядом, за раскидистыми кедрами, за темной зеленью можжевельника. Тогда царь осторожно раздвигает руками ветки, тихо пробирается между колючими кустами и выходит на открытое место.

Перед ним, за низкой стеной, грубо сложенной из больших желтых камней, расстилается вверх виноградник. Девушка в легком голубом платье ходит между рядами лоз, нагибается над чем-то внизу и опять выпрямляется и поет. Рыжие волосы ее горят на солнце.

День дохнул прохладою,
Убегают ночные тени.
Возвращайся скорее, мой милый,
Будь легок, как серна,
Как молодой олень среди горных ущелий...

Так поет она, подвязывая виноградные лозы, и медленно спускается вниз, ближе и ближе к каменной стене, за которой стоит царь. Она одна – никто не видит и не слышит ее; запах цветущего винограда, радостная свежесть утра и горячая кровь в сердце опьяняют ее, и вот слова наивной песенки мгновенно рождаются у нее на устах и уносятся ветром, забытые навсегда:

Ловите нам лис и лисенят,
Они портят наши виноградники,
А виноградники наши в цвете.

Так она доходит до самой стены и, не замечая царя, поворачивает назад и идет, легко взбираясь в гору, вдоль соседнего ряда лоз. Теперь песня звучит глуше:

Беги, возлюбленный мой,
Будь подобен серне
Или молодому оленю
На горах бальзамических.

Но вдруг она замолкает и так пригибается к земле, что ее не видно за виноградником.

Тогда Соломон произносит голосом, ласкающим ухо:

– Девушка, покажи мне лицо твое, дай еще услышать твой голос.

Она быстро выпрямляется и оборачивается лицом к царю. Сильный ветер срывается в эту секунду и треплет на ней легкое платье и вдруг плотно облепляет его вокруг ее тела и между ног. И царь на мгновенье, пока она не становится спиной к ветру, видит всю ее под одеждой, как нагую, высокую и стройную, в сильном расцвете тринадцати лет; видит ее маленькие, круглые, крепкие груди и возвышения сосцов, от которых материя лучами расходится врозь, и круглый, как чаша, девический живот, и глубокую линию, которая разделяет ее ноги снизу доверху и там расходится надвое, к выпуклым бедрам.

– Потому что голос твой сладок и лицо твое приятно! – говорит Соломон.

Она подходит ближе и смотрит на царя с трепетом и с восхищением. Невыразимо прекрасно ее смуглое и яркое лицо. Тяжелые, густые темно-рыжие волосы, в которые она воткнула два цветка алого мака, упругими бесчисленными кудрями покрывают ее плечи, и разбегаются по спине, и пламенеют, пронзенные лучами солнца, как золотой пурпур. Самодельное ожерелье из каких–то красных сухих ягод трогательно и невинно обвивает в два раза ее темную, высокую, тонкую шею.

– Я не заметила тебя! – говорит она нежно, и голос ее звучит, как пение флейты. – Откуда ты пришел?

– Ты так хорошо пела, девушка!

Она стыдливо опускает глаза и сама краснеет, но под ее длинными ресницами и в углах губ дрожит тайная улыбка.

– Ты пела о своем милом. Он легок, как серна, как молодой горный олень. Ведь он очень красив, твой милый, девушка, не правда ли?

Она смеется так звонко и музыкально, точно серебряный град падает на золотое блюдо.

– У меня нет милого. Это только песня. У меня еще не было милого...

Они молчат с минуту и глубоко, без улыбки смотрят друг на друга... Птицы громко перекликаются среди деревьев. Грудь девушки часто колеблется под ветхим полотном.

– Я не верю тебе, красавица. Ты так прекрасна...

– Ты смеешься надо мною. Посмотри, какая я черная...

Она поднимает кверху маленькие темные руки, и широкие рукава легко скользят вниз, к плечам, обнажая ее локти, у которых такой тонкий и круглый девический рисунок.

И она говорит жалобно:

– Братья мои рассердились на меня и поставили меня стеречь виноградник, и вот – погляди, как опалило меня солнце!

– О нет, солнце сделало тебя еще красивее, прекраснейшая из женщин! Вот ты засмеялась, и зубы твои – как белые двойни–ягнята, вышедшие из купальни, и ни на одном из них нет порока. Щеки твои точно половинки граната под кудрями твоими. Губы твои алы – наслаждение смотреть на них. А волосы твои... Знаешь, на что похожи твои волосы? Видала ли ты, как с Галаада вечером спускается овечье стадо? Оно покрывает всю гору, с вершины до подножья, и от света зари и от пыли кажется таким же красным и таким же волнистым, как твои кудри. Глаза твои глубоки, как два озера Есевонских у ворот Батраббима. О, как ты красива! Шея твоя пряма и стройна, как башня Давидова!..

– Как башня Давидова! – повторяет она в упоении.

– Да, да, прекраснейшая из женщин. Тысяча щитов висит на башне Давида, и все это щиты побежденных военачальников. Вот и мой щит вешаю я на твою башню...

– О, говори, говори еще...

– А когда ты обернулась назад, на мой зов, и подул ветер, то я увидел под одеждой оба сосца твои и подумал: вот две маленькие серны, которые пасутся между лилиями. Стан твой был похож на пальму и груди твои на грозди виноградные.

110

Девушка слабо вскрикивает, закрывает лицо ладонями, а грудь локтями, и так краснеет, что даже уши и шея становятся у нее пурпуровыми.

— И бедра твои я увидел. Они стройны, как драгоценная ваза — изделие искусного художника. Отними же твои руки, девушка. Покажи мне лицо твое.

Она покорно опускает руки вниз. Густое золотое сияние льется из глаз Соломона, и очаровывает ее, и кружит ей голову, и сладкой, теплой дрожью струится по коже ее тела.

— Скажи мне, кто ты? — говорит она медленно, с недоумением. — Я никогда не видела подобного тебе.

— Я пастух, моя красавица. Я пасу чудесные стада белых ягнят на горах, где зеленая трава пестреет нарциссами. Не придешь ли ты ко мне, на мое пастбище?

Но она тихо качает головою:

— Неужели ты думаешь, что я поверю этому? Лицо твое не огрубело от ветра и не обожжено солнцем, и руки твои белы. На тебе дорогой хитон, и одна застежка на нем стоит годовой платы, которую братья мои вносят за наш виноградник Адонираму, царскому сборщику. Ты пришел оттуда, из-за стены... Ты, верно, один из людей, близких к царю? Мне кажется, что я видела тебя однажды в день великого празднества, мне даже помнится — я бежала за твоей колесницей.

— Ты угадала, девушка. От тебя трудно скрыться. И правда, зачем тебе быть скиталицей около стад пастушеских? Да, я один из царской свиты, я главный повар царя. И ты видела меня, когда я ехал в колеснице Аминодавовой в день праздника Пасхи. Но зачем ты стоишь далеко от меня? Подойди ближе, сестра моя! Сядь вот здесь на камне стены и расскажи мне что-нибудь о себе. Скажи мне твое имя?

— Суламифь, — говорит она.

— За что же, Суламифь, рассердились на тебя твои братья?

— Мне стыдно говорить об этом. Они выручили деньги от продажи вина и послали меня в город купить хлеба и козьего сыра. А я...

— А ты потеряла деньги?

— Нет, хуже...

Она низко склоняет голову и шепчет:

— Кроме хлеба и сыра, я купила еще немножко, совсем немножко, розового масла у египтян в старом городе.

— И ты скрыла это от братьев?

— Да...

И она произносит еле слышно:

— Розовое масло так хорошо пахнет!

Царь ласково гладит ее маленькую жесткую руку.

– Тебе, верно, скучно одной в винограднике?

– Нет. Я работаю, пою... В полдень мне приносят поесть, а вечером меня сменяет один из братьев. Иногда я рою корни мандрагоры, похожие на маленьких человечков... У нас их покупают халдейские купцы. Говорят, они делают из них сонный напиток... Скажи, правда ли, что ягоды мандрагоры помогают в любви?

– Нет, Суламифь, в любви помогает только любовь. Скажи, у тебя есть отец или мать?

– Одна мать. Отец умер два года тому назад. Братья – все старше меня – они от первого брака, а от второго только я и сестра.

– Твоя сестра так же красива, как и ты?

– Она еще мала. Ей только девять лет.

Царь смеется, тихо обнимает Суламифь, привлекает ее к себе и говорит ей на ухо:

– Девять лет... Значит, у нее еще нет такой груди, как у тебя? Такой гордой, такой горячей груди!

Она молчит, горя от стыда и счастья. Глаза ее светятся и меркнут, они туманятся блаженной улыбкой. Царь слышит в своей руке бурное биение ее сердца.

– Теплота твоей одежды благоухает лучше, чем мирра, лучше, чем нард, – говорит он, жарко касаясь губами ее уха. – И когда ты дышишь, я слышу запах от ноздрей твоих, как от яблоков. Сестра моя, возлюбленная моя, ты пленила сердце мое одним взглядом твоих очей, одним ожерельем на твоей шее.

– О, не гляди на меня! – просит Суламифь. – Глаза твои волнуют меня.

Но она сама изгибает назад спину на грудь Соломона. Губы ее рдеют над блестящими зубами, веки дрожат от мучительного желания. Соломон приникает жадно устами к ее зовущему рту. Он чувствует пламень ее губ, и скользкость ее зубов, и сладкую влажность ее языка и весь горит таким нестерпимым желанием, какого он еще никогда не знал в жизни.

Так проходит минута и две.

– Что ты делаешь со мною! – слабо говорит Суламифь, закрывая глаза. – Что ты делаешь со мной!

Но Соломон страстно шепчет около самого ее рта:

– Сотовый мед каплет из уст твоих, невеста, мед и молоко под языком твоим... О, иди скорее ко мне. Здесь за стеной темно в прохладно. Никто не увидит нас. Здесь мягкая зелень под кедрами.

– Нет, нет, оставь меня. Я не хочу, не могу.

– Суламифь... ты хочешь, ты хочешь... Сестра моя, возлюбленная моя, иди ко мне!

Чьи–то шаги раздаются внизу по дороге, у стены царского виноградника, но Соломон удерживает за руку испуганную девушку.

— Скажи мне скорее, где ты живешь? Сегодня ночью я приду к тебе, — говорит он быстро.

— Нет, нет, нет... Я не скажу тебе это. Пусти меня. Я не скажу тебе.

— Я не пущу тебя, Суламифь, пока ты не скажешь... Я хочу тебя!

— Хорошо, я скажу... Но сначала обещай мне не приходить этой ночью... Также не приходи и в следующую ночь... и в следующую за той... Царь мой! Заклинаю тебя сернами и полевыми ланями, не тревожь свою возлюбленную, пока она не захочет!

— Да, я обещаю тебе это... Где же твой дом, Суламифь?

— Если по пути в город ты перейдешь через Кедрон по мосту выше Силоама, ты увидишь наш дом около источника. Там нет других домов.

— А где же там твое окно, Суламифь?

— Зачем тебе это знать, милый? О, не гляди же на меня так. Взгляд твой околдовывает меня... Не целуй меня... Не целуй меня... Милый! Целуй меня еще...

— Где же твое окно, единственная моя?

— Окно на южной стороне. Ах, я не должна тебе этого говорить... Маленькое, высокое окно с решеткой.

— И решетка отворяется изнутри?

— Нет, это глухое окно. Но за углом есть дверь. Она прямо ведет в комнату, где я сплю с сестрою. Но ведь ты обещал мне!.. Сестра моя спит чутко. О, как ты прекрасен, мой возлюбленный. Ты ведь обещал, не правда ли?

Соломон тихо гладит ее волосы и щеки.

— Я приду к тебе этой ночью, — говорит он настойчиво. — В полночь приду. Это так будет, так будет. Я хочу этого.

— Милый!

— Нет. Ты будешь ждать меня. Только не бойся и верь мне. Я не причиню тебе горя. Я дам тебе такую радость, рядом с которой все на земле ничтожно. Теперь прощай. Я слышу, что за мной идут.

— Прощай, возлюбленный мой... О нет, не уходи еще. Скажи мне твое имя, я не знаю его.

Он на мгновение, точно нерешительно, опускает ресницы, но тотчас же поднимает их.

— У меня одно имя с царем. Меня зовут Соломон. Прощай. Я люблю тебя.

V

Светел и радостен был Соломон в этот день, когда сидел он на троне в зале дома Ливанского и творил суд над людьми, приходившими к нему.

Сорок колонн, по четыре в ряд, поддерживали потолок судилища, и все они были обложены кедром и оканчивались капителями в виде лилий; пол состоял из штучных кипарисовых досок, и на стенах нигде не было видно камня из-за кедровой отделки, украшенной золотой резьбой, представлявшей пальмы, ананасы и херувимов. В глубине трехсветной залы шесть ступеней вели к возвышению трона, и на каждой ступени стояло по два бронзовых льва, по одному с каждой стороны. Самый же трон был из слоновой кости с золотой инкрустацией и золотыми локотниками в виде лежащих львов. Высокая спинка трона завершалась диском. Завесы из фиолетовых и пурпурных тканей висели от пола до потолка при входе в залу, отделяя притвор, где между пяти колонн толпились истцы, просители и свидетели, а также обвиняемые и преступники под крепкой стражей.

На царе был надет красный хитон, а на голове простой узкий венец из шестидесяти бериллов, оправленных в золото. По правую руку стоял трон для матери его Вирсавии, но в последнее время благодаря преклонным летам она редко показывалась в городе.

Ассирийские гости, с суровыми чернобородыми лицами, сидели вдоль стен на яшмовых скамьях; на них были светлые оливковые одежды, вышитые по краям красными и белыми узорами. Они еще у себя в Ассирии слышали так много о правосудии Соломона, что старались не пропустить ни одного из его слов, чтобы потом рассказывать о суде царя израильтян. Между ними сидели военачальники Соломоновы, его министры, начальники провинций и придворные. Здесь был Ванея – некогда царский палач, убийца Иоава, Адонии и Семея, – теперь главный начальник войска, невысокий, тучный старец с длинной седой бородой; его выцветшие голубоватые глаза, окруженные красными, точно вывороченными веками, глядели по-старчески тупо; рот был открыт и мокр, а мясистая красная нижняя губа бессильно свисала вниз; голова его была всегда потуплена и слегка дрожала. Был также Азария, сын Нафанов, желчный высокий человек с сухим, болезненным лицом и темными кругами под глазами, и добродушный, рассеянный Иосафат, историограф, и Ахелар, начальник двора Соломонова, и Завуф, носивший высокий титул друга царя, и Бен-Авинодав, женатый на старшей дочери Соломона – Тафафии, и Бен-Гевер, начальник области Арговии, что в Васане; под его управлением находилось шестьдесят городов, окруженных стенами, с воротами на медных затворах; и Ваана, сын Хушая, некогда славившийся искусством метать копье на расстоянии тридцати парасангов, и многие другие. Шестьдесят воинов, блестя золочеными шлемами и щитами, стояло в ряд по левую и по правую сторону трона; старшим над ними сегодня был чернокудрый красавец Элиав, сын Ахилуда.

Первым предстал перед Соломоном со своей жалобой некто Ахиор,

114

ремеслом гранильщик. Работая в Беле Финикийском, он нашел драгоценный камень, обделал его и попросил своего друга Захарию, отправлявшегося в Иерусалим, отдать этот камень его, Ахиоровой, жене. Через некоторое время возвратился домой и Ахиор. Первое, о чем он спросил свою жену, увидевшись с нею, – это о камне. Но она очень удивилась вопросу мужа и клятвенно подтвердила, что никакого камня она не получала. Тогда Ахиор отправился за разъяснением к своему другу Захарии; но тот уверял, и тоже с клятвою, что он тотчас же по приезде передал камень по назначению. Он даже привел двух свидетелей, подтверждавших, что они видели, как Захария при них передавал камень жене Ахиора.

И вот теперь все четверо – Ахиор, Захария и двое свидетелей – стояли перед троном царя израильского.

Соломон поглядел каждому из них в глаза поочередно и сказал страже:

– Отведите их всех в отдельные покои и заприте каждого отдельно.

И когда это было исполнено, он приказал принести четыре куска сырой глины.

– Пусть каждый из них, – повелел царь, – вылепит из глины ту форму, которую имел камень.

Через некоторое время слепки были готовы. Но один из свидетелей сделал свой слепок в виде лошадиной головы, как обычно обделывались драгоценные камни; другой – в виде овечьей головы, и только у двоих – у Ахиора и Захарии слепки были одинаковы, похожие формой на женскую грудь.

И царь сказал:

– Теперь и для слепого ясно, что свидетели подкуплены Захарией. Итак, пусть Захария возвратит камень Ахиору, и вместе с ним уплатит ему тридцать гражданских сиклей судебных издержек, и отдаст десять сиклей священных на храм. Свидетели же, обличившие сами себя, пусть заплатят по пяти сиклей в казну за ложное показание.

Затем приблизились к трону Соломонову три брата, судившиеся о наследстве. Отец их перед смертью сказал им: "Чтобы вы не ссорились при дележе, я сам разделю вас по справедливости. Когда я умру, идите за холм, что в средине рощи за домом, и разройте его. Там найдете вы ящик с тремя отделениями: знайте, что верхнее – для старшего, среднее – для среднего, нижнее – для меньшего из братьев". И когда после его смерти они пошли и сделали, как он завещал, то нашли, что верхнее отделение было наполнено доверху золотыми монетами, между тем как в среднем лежали только простые кости, а в нижнем куски дерева. И вот возникла между меньшими братьями зависть к старшему и вражда, и жизнь их сделалась под конец такой невыносимой, что решили они обратиться к царю за советом и судом. Даже и здесь, стоя перед троном, не воздержались они от взаимных упреков и обид.

Царь покачал головой, выслушал их и сказал:

– Оставьте ссоры; тяжел камень, весок и песок, но гнев глупца тяжелее их обоих. Отец ваш был, очевидно, мудрый и справедливый человек, и свою волю он высказал в своем завещании так же ясно, как будто бы это совершилось при сотне свидетелей. Неужели сразу не догадались вы, несчастные крикуны, что старшему брату он оставил все деньги, среднему – весь скот и всех рабов, а младшему – дом и пашню. Идите же с миром и не враждуйте больше.

И трое братьев – недавние враги – с просиявшими лицами поклонились царю в ноги и вышли из судилища рука об руку.

И еще решил царь другое дело о наследстве, начатое три дня тому назад. Один человек, умирая, сказал, что он оставляет все свое имущество достойнейшему из двух его сыновей. Но так как ни один из них не соглашался признать себя худшим, то и обратились они к царю.

Соломон спросил их, кто они по делам своим, и, услышав ответ, что оба они охотники–лучники, сказал:

– Возвращайтесь домой. Я прикажу поставить у дерева труп вашего отца. Посмотрим сначала, кто из вас метче попадет ему стрелой в грудь, а потом решим ваше дело.

Теперь оба брата возвратились назад в сопровождении человека, посланного царем с ними для присмотра. Его и расспрашивал Соломон о состязании.

– Я исполнил все, что ты приказал, царь, – сказал этот человек. – Я поставил труп старика у дерева и дал каждому из братьев их луки и стрелы. Старший стрелял первым. На расстоянии ста двадцати локтей он попал как раз в то место, где бьется у живого человека сердце.

– Прекрасный выстрел, – сказал Соломон. – А младший?

– Младший... Прости меня, царь, я не мог настоять на том, чтобы твое повеление было исполнено в точности... Младший натянул тетиву и положил уже на нее стрелу, но вдруг опустил лук к ногам, повернулся и сказал, заплакав: "Нет, я не могу сделать этого... Не буду стрелять в труп моего отца".

– Так пусть ему и принадлежит имение его отца, – решил царь. – Он оказался достойнейшим сыном. Старший же, если хочет, может поступить в число моих телохранителей. Мне нужны такие сильные и жадные люди, с меткою рукою, верным взглядом и с сердцем, обросшим шерстью.

Затем предстали пред царем три человека. Ведя общее торговое дело, нажили они много денег. И вот, когда пришла им пора ехать в Иерусалим, то зашили они золото в кожаный пояс и пустились в путь. Дорогою заночевали они в лесу, а пояс для сохранности зарыли в землю. Когда же они проснулись наутро, то не нашли пояса в том месте, куда его положили.

Каждый из них обвинял другого в тайном похищении, и так как все трое казались людьми очень хитрыми и тонкими в речах, то сказал им царь:

– Прежде чем я решу ваше дело, выслушайте то, что я расскажу вам. Одна красивая девица обещала своему возлюбленному, отправлявшемуся в путешествие, ждать его возвращения и никому не отдавать своего девства, кроме него. Но, уехав, он в непродолжительном времени женился в другом городе на другой девушке, и она узнала об этом. Между тем к ней посватался богатый и добросердечный юноша из ее города, друг ее детства. Понуждаемая родителями, она не решилась от стыда и страха сказать ему о своем обещании и вышла за него замуж. Когда же по окончании брачного пира он повел ее в спальню и хотел лечь с нею, она стала умолять его: "Позволь мне сходить в тот город, где живет прежний мой возлюбленный. Пусть он снимет с меня клятву, тогда я возвращусь к тебе и сделаю все, что ты хочешь!" И так как юноша очень любил ее, то согласился на ее просьбу, отпустил ее, и она пошла. Дорогой напал на нее разбойник, ограбил ее и уже хотел ее изнасиловать. Но девица упала перед ним на колени и в слезах молила пощадить ее целомудрие, и рассказала она разбойнику все, что произошло с ней, и зачем идет она в чужой город. И разбойник, выслушав ее, так удивился ее верности слову и так тронулся добротой ее жениха, что не только отпустил девушку с миром, но и возвратил ей отнятые драгоценности. Теперь спрашиваю я вас, кто из всех трех поступил лучше пред лицом Бога – девица, жених или разбойник?

И один из судившихся сказал, что девица более всех достойна похвалы за свою твердость в клятве. Другой удивлялся великой любви ее жениха; третий же находил самым великодушным поступок разбойника.

И сказал царь последнему:

– Значит, ты и украл пояс с общим золотом, потому что по своей природе ты жаден и желаешь чужого.

Человек же этот, передав свой дорожный посох одному из товарищей, сказал, подняв руки кверху, как бы для клятвы:

– Свидетельствую перед Иеговой, что золото не у меня, а у него!

Царь улыбнулся и приказал одному из своих воинов:

– Возьми жезл этого человека и разломи его пополам.

И когда воин исполнил повеление Соломона, то посыпались на пол золотые монеты, потому что они были спрятаны внутри выдолбленной палки; вор же, пораженный мудростью царя, упал ниц перед его троном и признался в своем преступлении.

Также пришла в дом Ливанский женщина, бедная вдова каменщика, и сказала:

– Я прошу правосудия, царь! На последние два динария, которые у меня оставались, я купила муки, насыпала ее вот в эту большую глиняную чашу и понесла домой. Но вдруг поднялся сильный ветер и развеял мою муку. О мудрый царь, кто возвратит мне этот убыток! Мне теперь нечем накормить моих детей.

– Когда это было? – спросил царь.

– Это случилось сегодня утром, на заре.

И вот Соломон приказал позвать нескольких богатых купцов, корабли которых должны были в этот день отправляться с товарами в Финикию через Иаффу. И когда они явились, встревоженные, в залу судилища, царь спросил их:

– Молили ли вы Бога или богов о попутном ветре для ваших кораблей?

И они ответили:

– Да, царь! Это так. И Богу были угодны наши жертвы, потому что он послал нам добрый ветер.

– Я радуюсь за вас, – сказал Соломон. – Но тот же ветер развеял у бедной женщины муку, которую она несла в чаше. Не находите ли вы справедливым, что вам нужно вознаградить ее?

И они, обрадованные тем, что только за этим призывал их царь, тотчас же набросали женщине полную чашу мелкой и крупной серебряной монеты. Когда же она со слезами стала благодарить царя, он ясно улыбнулся и сказал:

– Подожди, это еще не все. Сегодняшний утренний ветер дал и мне радость, которой я не ожидал. Итак, к дарам этих купцов я прибавлю и свой царский дар.

И он повелел Адонираму, казначею, положить сверх денег купцов столько золотых монет, чтобы вовсе не было видно под ними серебра.

Никого не хотел Соломон видеть в этот день несчастным. Он роздал столько наград, пенсий и подарков, сколько не раздавал иногда в целый год, и простил он Ахимааса, правителя земли Неффалимовой, на которого прежде пылал гневом за беззаконные поборы, и сложил вины многим, преступившим закон, и не оставил он без внимания просьб своих подданных, кроме одной.

Когда выходил царь из дома Ливанского малыми южными дверями, стал на его пути некто в желтой кожаной одежде, приземистый, широкоплечий человек с темно-красным сумрачным лицом, с черною густою бородою, с воловьей шеей и с суровым взглядом из-под косматых черных бровей. Это был главный жрец капища Молоха. Он произнес только одно слово умоляющим голосом:

– Царь!..

В бронзовом чреве его бога было семь отделений: одно для муки, другое для голубей, третье для овец, четвертое для баранов, пятое для телят, шестое для быков, седьмое же, предназначенное для живых младенцев, приносимых их матерями, давно пустовало по запрещению царя.

Соломон прошел молча мимо жреца, но тот протянул вслед ему руку и воскликнул с мольбой:

– Царь! Заклинаю тебя твоей радостью!.. Царь, окажи мне эту милость, и я открою тебе, какой опасности подвергается твоя жизнь.

Соломон не ответил, и жрец, сжав кулаки сильных рук, проводил его до выхода яростным взглядом.

VI

Вечером пошла Суламифь в старый город, туда, где длинными рядами тянулись лавки менял, ростовщиков и торговцев благовонными снадобьями. Там продала она ювелиру за три драхмы и один динарий свою единственную драгоценность – праздничные серьги, серебряные, кольцами, с золотой звездочкой каждая.

Потом она зашла к продавцу благовоний. В глубокой, темной каменной нише, среди банок с серой аравийской амброй, пакетов с ливанским ладаном, пучков ароматических трав и склянок с маслами – сидел, поджав под себя ноги и щуря ленивые глаза, неподвижный, сам весь благоухающий, старый, жирный, сморщенный скопец–египтянин. Он осторожно отсчитал из финикийской склянки в маленький глиняный флакончик ровно столько капель мирры, сколько было динариев во всех деньгах Суламифи, и когда он окончил это дело, то сказал, подбирая пробкой остаток масла вокруг горлышка и лукаво смеясь:

– Смуглая девушка, прекрасная девушка! Когда сегодня твой милый поцелует тебя между грудей и скажет: "Как хорошо пахнет твое тело, о моя возлюбленная!" – ты вспомни обо мне в этот миг. Я перелил тебе три лишние капли.

И вот, когда наступила ночь и луна поднялась над Силоамом, перемешав синюю белизну его домов с черной синевой теней и с матовой зеленью деревьев, встала Суламифь с своего бедного ложа из козьей шерсти и прислушалась. Все было тихо в доме. Сестра ровно дышала у стены, на полу. Только снаружи, в придорожных кустах, сухо и страстно кричали цикады, и кровь толчками шумела в ушах. Решетка окна, вырисованная лунным светом, четко и косо лежала на полу.

Дрожа от робости, ожиданья и счастья, расстегнула Суламифь свои одежды, опустила их вниз к ногам и, перешагнув через них, осталась среди комнаты нагая, лицом к окну, освещенная луною через переплет решетки. Она налила густую благовонную мирру себе на плечи, на грудь, на живот и, боясь потерять хоть одну драгоценную каплю, стала быстро растирать масло по ногам, под мышками и вокруг шеи. И гладкое, скользящее прикосновение ее ладоней и локтей к телу заставляло ее вздрагивать от сладкого предчувствия. И, улыбаясь и дрожа, глядела она в окно, где за решеткой виднелись два тополя, темные с одной стороны, осеребренные с другой, и шептала про себя:

– Это для тебя, мой милый, это для тебя, возлюбленный мой. Милый мой лучше десяти тысяч других, голова его – чистое золото, волосы его волнистые, черные, как ворон. Уста его – сладость, и весь он – желание. Вот кто возлюбленный мой, вот кто брат мой, дочери иерусалимские!..

И вот, благоухающая миррой, легла она на свое ложе. Лицо ее обращено к окну; руки она, как дитя, зажала между коленями, сердце ее громко бьется в комнате. Проходит много времени. Почти не закрывая глаз, она погружается в дремоту, но сердце ее бодрствует. Ей грезится, что милый лежит с ней рядом. Правая рука у нее под головой, левой он обнимает ее. В радостном испуге сбрасывает она с себя дремоту, ищет возлюбленного около себя на ложе, но не находит никого. Лунный узор на полу передвинулся ближе к стене, укоротился и стал косее. Кричат цикады, монотонно лепечет Кедронский ручей, слышно, как в городе заунывно поет ночной сторож.

“Что, если он не придет сегодня? – думает Суламифь. – Я просила его, и вдруг он послушался меня?.. Заклинаю вас, дочери иерусалимские, сернами и полевыми лилиями: не будите любви, доколе она не придет... Но вот любовь посетила меня. Приди скорей, мой возлюбленный! Невеста ждет тебя. Будь быстр, как молодой олень в горах бальзамических”.

Песок захрустел на дворе под легкими шагами. И души не стало в девушке. Осторожная рука стучит в окно. Темное лицо мелькает за решеткой. Слышится тихий голос милого:

– Отвори мне, сестра моя, возлюбленная моя, голубица моя, чистая моя! Голова моя покрыта росой.

Но волшебное оцепенение овладевает вдруг телом Суламифи. Она хочет встать и не может, хочет пошевельнуть рукою и не может. И, не понимая, что с нею делается, она шепчет, глядя в окно:

– Ах, кудри его полны ночною влагой! Но я скинула мой хитон. Как же мне опять надеть его?

– Встань, возлюбленная моя. Прекрасная моя, выйди. Близится утро, раскрываются цветы, виноград льет свое благоухание, время пения настало, голос горлицы доносится с гор.

– Я вымыла ноги мои,– шепчет Суламифь, – как же мне ступить ими на пол?

Темная голова исчезает из оконного переплета, звучные шаги обходят дом, затихают у двери. Милый осторожно просовывает руку сквозь дверную скважину. Слышно, как он ищет пальцами внутреннюю задвижку.

Тогда Суламифь встает, крепко прижимает ладони к грудям и шепчет в страхе:

– Сестра моя спит, я боюсь разбудить ее.

Она нерешительно обувает сандалии, надевает на голое тело легкий хитон, накидывает сверху него покрывало и открывает дверь, оставляя на ее замке следы мирры. Но никого уже нет на дороге, которая одиноко белеет среди темных кустов в серой утренней мгле. Милый не дождался – ушел, даже шагов его не слышно. Луна уменьшилась и побледнела и стоит высоко. На востоке над волнами гор холодно розовеет небо перед зарею. Вдали белеют стены и дома иерусалимские.

– Возлюбленный мой! Царь жизни моей! – кричит Суламифь во влажную темноту. – Вот я здесь. Я жду тебя... Вернись!

Но никто не отзывается.

"Побегу же я по дороге, догоню, догоню моего милого, – говорит про себя Суламифь. – Пойду по городу, по улицам, по площадям, буду искать того, кого любит душа моя. О, если бы ты был моим братом, сосавшим грудь матери моей! Я встретила бы тебя на улице и целовала бы тебя, и никто не осудил бы меня. Я взяла бы тебя за руку и привела бы в дом матери моей. Ты учил бы меня, а я поила бы тебя соком гранатовых яблоков. Заклинаю вас, дочери иерусалимские: если встретите возлюбленного моего, скажите ему, что я уязвлена любовью".

Так говорит она самой себе и легкими, послушными шагами бежит по дороге к городу. У Навозных ворот около стены сидят и дремлют в утренней прохладе двое сторожей, обходивших ночью город. Они просыпаются и смотрят с удивлением на бегущую девушку. Младший из них встает и загораживает ей дорогу распростертыми руками.

– Подожди, подожди, красавица! – восклицает он со смехом. – Куда так скоро? Ты провела тайком ночь в постели у своего любезного и еще тепла от его объятий, а мы продрогли от ночной сырости. Будет справедливо, если ты немножко посидишь с нами.

Старший тоже поднимается и хочет обнять Суламифь. Он не смеется, он дышит тяжело, часто и со свистом, он облизывает языком синие губы. Лицо его, обезображенное большими шрамами от зажившей проказы, кажется страшным в бледной мгле. Он говорит гнусавым и хриплым голосом:

– И правда. Чем возлюбленный твой лучше других мужчин, милая девушка! Закрой глаза, и ты не отличишь меня от него. Я даже лучше, потому что, наверно, поопытнее его.

Они хватают ее за грудь, за плечи, за руки, за одежду. Но Суламифь гибка и сильна, и тело ее, умащенное маслом, скользко. Она вырывается, оставив в руках сторожей свое верхнее покрывало, и еще быстрее бежит назад прежней дорогой. Она не испытала ни обиды, ни страха – она вся поглощена мыслью о Соломоне. Проходя мимо своего дома, она видит, что дверь, из которой она только что вышла, так и осталась отворенной, зияя черным четырехугольником на белой стене. Но она только затаивает дыхание, съеживается, как молодая кошка, и на цыпочках, беззвучно пробегает мимо.

Она переходит через Кедронский мост, огибает окраину Силоамской деревни и каменистой дорогой взбирается постепенно на южный склон Ватн–эль–Хава, в свой виноградник. Брат ее спит еще между лозами, завернувшись в шерстяное одеяло, все мокрое от росы. Суламифь будит его, но он не может проснуться, окованный молодым утренним сном.

Как и вчера, заря пылает над Аназе. Подымается ветер. Струится аромат виноградного цветения.

– Пойду погляжу на то место у стены, где стоял мой возлюбленный, – говорит Суламифь. – Прикоснусь руками к камням, которые он трогал, поцелую землю под его ногами.

Легко скользит она между лозами. Роса падает с них, и холодит ей ноги, и брызжет на ее локти. И вот радостный крик Суламифи оглашает виноградник! Царь стоит за стеной. Он с сияющим лицом протягивает ей навстречу руки.

Легче птицы переносится Суламифь через ограду и без слов, со стоном счастья обвивается вокруг царя.

Так проходит несколько минут. Наконец, отрываясь губами от ее рта, Соломон говорит в упоении, и голос его дрожит:

– О, ты прекрасна, возлюбленная моя, ты прекрасна!

– О, как ты прекрасен, возлюбленный мой!

Слезы восторга и благодарности – блаженные слезы блестят на бледном и прекрасном лице Суламифи. Изнемогая от любви, она опускается на землю и едва слышно шепчет безумные слова:

– Ложе у нас – зелень. Кедры – потолок над нами... Лобзай меня лобзанием уст своих. Ласки твои лучше вина...

Спустя небольшое время Суламифь лежит головою на груди Соломона. Его левая рука обнимает ее.

Склонившись к самому ее уху, царь шепчет ей что–то, царь нежно извиняется, и Суламифь краснеет от его слов и закрывает глаза. Потом с невыразимо прелестной улыбкой смущения она говорит:

— Братья мои поставили меня стеречь виноградник... а своего виноградника я не уберегла.

Но Соломон берет ее маленькую темную руку и горячо прижимает ее к губам.

— Ты не жалеешь об этом, Суламифь?

— О нет, царь мой, возлюбленный мой, я не жалею. Если бы ты сейчас же встал и ушел от меня и если бы я осуждена была никогда потом не видеть тебя, я до конца моей жизни буду произносить с благодарностью твое имя, Соломон!

— Скажи мне еще, Суламифь... Только прошу тебя, скажи правду, чистая моя... Знала ли ты, кто я?

— Нет, я и теперь не знаю этого. Я думала... Но мне стыдно признаться... Я боюсь, ты будешь смеяться надо мной... Рассказывают, что здесь, на горе Ватн-эль-Хав, иногда бродят языческие боги... Многие из них, говорят, прекрасны... И я думала: не Гор ли ты, сын Озириса, или иной бог?

— Нет, я только царь, возлюбленная. Но вот на этом месте я целую твою милую руку, опаленную солнцем, и клянусь тебе, что еще никогда: ни в пору первых любовных томлений юности, ни в дни моей славы, не горело мое сердце таким неутолимым желанием, которое будит во мне одна твоя улыбка, одно прикосновение твоих огненных кудрей, один изгиб твоих пурпуровых губ! Ты прекрасна, как шатры Кидарские, как завесы в храме Соломоновом! Ласки твои опьяняют меня. Вот груди твои — они ароматны. Сосцы твои — как вино!

— О да, гляди, гляди на меня, возлюбленный. Глаза твои волнуют меня! О, какая радость: ведь это ко мне, ко мне обращено желание твое! Волосы твои душисты. Ты лежишь, как мирровый пучок у меня между грудей!

Время прекращает свое течение и смыкается над ними солнечным кругом. Ложе у них — зелень, кровля — кедры, стены — кипарисы. И знамя над их шатром — любовь.

VII

Бассейн был у царя во дворце, восьмиугольный, прохладный бассейн из белого мрамора. Темно-зеленые малахитовые ступени спускались к его дну. Облицовка из египетской яшмы, снежно-белой с розовыми, чуть заметными прожилками, служила ему рамою. Лучшее черное дерево пошло на отделку стен. Четыре львиные головы из розового сардоникса извергали тонкими струями воду в бассейн. Восемь серебряных отполированных зеркал отличной сидонской работы, в рост человека, были вделаны в стены между легкими белыми колоннами.

Перед тем как войти Суламифи в бассейн, молодые прислужницы влили в него ароматные составы, и вода от них побелела, поголубела и заиграла переливами молочного опала. С восхищением глядели рабыни, раздевавшие Суламифь, на ее тело и, когда раздели, подвели ее к зеркалу. Ни одного недостатка не было в ее прекрасном теле, озолоченном, как смуглый зрелый плод, золотым пухом нежных волос. Она же, глядя на себя нагую в зеркало, краснела и думала:

"Все это для тебя, мой царь!"

Она вышла из бассейна свежая, холодная и благоухающая, покрытая дрожащими каплями воды. Рабыни надели на нее короткую белую тунику из тончайшего египетского льна и хитон из драгоценного саргонского виссона, такого блестящего золотого цвета, что одежда казалась сотканной из солнечных лучей. Они обули ее ноги в красные сандалии из кожи молодого козленка, они осушили ее темно-огненные кудри, и перевили их нитями крупного черного жемчуга, и украсили ее руки звенящими запястьями.

В таком наряде предстала она пред Соломоном, и царь воскликнул радостно:

– Кто это, блистающая, как заря, прекрасная, как луна, светлая, как солнце? О Суламифь, красота твоя грознее, чем полки с распущенными знаменами! Семьсот жен я знал, и триста наложниц, и девиц без числа, но единственная – ты, прекрасная моя! Увидят тебя царицы и превознесут, и поклонятся тебе наложницы, и восхвалят тебя все женщины на земле. О Суламифь, тот день, когда ты сделаешься моей женой и царицей, будет самым счастливым для моего сердца.

Она же подошла к резной масличной двери и, прижавшись к ней щекою, сказала:

– Я хочу быть только твоею рабою, Соломон. Вот я приложила ухо мое к дверному косяку. И прошу тебя: по закону Моисееву, пригвозди мне ухо в свидетельство моего добровольного рабства пред тобою.

Тогда Соломон приказал принести из своей сокровищницы драгоценные подвески из глубоко-красных карбункулов, обделанных в виде удлиненных груш. Он сам продел их в уши Суламифи и сказал:

– Возлюбленная моя принадлежит мне, а я ей.

И, взяв Суламифь за руку, повел ее царь в залу пиршества, где уже дожидались его друзья и приближенные.

VIII

Семь дней прошло с того утра, когда вступила Суламифь в царский дворец. Семь дней она и царь наслаждались любовью и не могли насытиться ею.

Соломон любил украшать свою возлюбленную драгоценностями. "Как стройны твои маленькие ноги в сандалиях!" – восклицал он с восторгом, и становясь перед нею на колени, целовал поочередно пальцы на ее ногах, и нанизывал на них кольца с такими прекрасными и редкими камнями, каких не было даже на эфоде первосвященника. Суламифь заслушивалась его, когда он рассказывал ей о внутренней природе камней, о их волшебных свойствах и таинственных значениях.

– Вот анфракс, священный камень земли Офир, – говорил царь. – Он горяч и влажен. Погляди, он красен, как кровь, как вечерняя заря, как распустившийся цвет граната, как густое вино из виноградников энгедских, как твои губы, моя Суламифь, как твои губы утром, после ночи любви. Это камень любви, гнева и крови. На руке человека, томящегося в лихорадке или опьяненного желанием, он становится теплее и горит красным пламенем. Надень его на руки, моя возлюбленная, и ты увидишь, как он загорится. Если его растолочь в порошок и принимать с водой, он дает румянец лицу, успокаивает желудок и веселит душу. Носящий его приобретает власть над людьми. Он врачует сердце, мозг и память. Но при детях не следует его носить, потому что он будит вокруг себя любовные страсти.

Вот прозрачный камень цвета медной яри. В стране эфиопов, где он добывается, его называют Мгнадис–Фза. Мне подарил его отец моей жены, царицы Астис, египетский фараон Суссаким, которому этот камень достался от пленного царя. Ты видишь – он некрасив, но цена его неисчислима, потому что только четыре человека на земле владеют камнем Мгнадис–Фза. Он обладает необыкновенным качеством притягивать к себе серебро, точно жадный и сребролюбивый человек. Я тебе его дарю, моя возлюбленная, потому что ты бескорыстна.

Посмотри, Суламифь, на эти сапфиры. Одни из них похожи цветом на васильки в пшенице, другие на осеннее небо, иные на море в ясную погоду. Это камень девственности – холодный и чистый. Во время далеких и тяжелых путешествий его кладут в рот для утоления жажды. Он также излечивает проказу и всякие злые наросты. Он дает ясность мыслям. Жрецы Юпитера в Риме носят его на указательном пальце.

Царь всех камней – камень Шамир. Греки называют его Адамас, что значит – неодолимый. Он крепче всех веществ на свете и остается невредимым в самом сильном огне. Это свет солнца, сгустившийся в земле

125

и охлажденный временем. Полюбуйся, Суламифь, он играет всеми цветами, но сам остается прозрачным, точно капля воды. Он сияет в темноте ночи, но даже днем теряет свой свет на руке убийцы. Шамир привязывают к руке женщины, которая мучится тяжелыми родами, и его также надевают воины на левую руку, отправляясь в бой. Тот, кто носит Шамир, – угоден царям и не боится злых духов. Шамир сгоняет пестрый цвет с лица, очищает дыхание, дает спокойный сон лунатикам и отпотевает от близкого соседства с ядом. Камни Шамир бывают мужские и женские; зарытые глубоко в землю, они способны размножаться.

Лунный камень, бледный и кроткий, как сияние луны, – это камень магов халдейских и вавилонских. Перед прорицаниями они кладут его под язык, и он сообщает им дар видеть будущее. Он имеет странную связь с луною, потому что в новолуние холодеет и сияет ярче. Он благоприятен для женщины в тот год, когда она из ребенка становится девушкой.

Это кольцо с смарагдом ты носи постоянно, возлюбленная, потому что смарагд – любимый камень Соломона, царя израильского. Он зелен, чист, весел и нежен, как трава весенняя, и когда смотришь на него долго, то светлеет сердце; если поглядеть на него с утра, то весь день будет для тебя легким. У тебя над ночным ложем я повешу смарагд, прекрасная моя: пусть он отгоняет от тебя дурные сны, утешает биение сердца и отводит черные мысли. Кто носит смарагд, к тому не приближаются змеи и скорпионы; если же держать смарагд перед глазами змеи, то польется из них вода и будет литься до тех пор, пока она не ослепнет. Толченый смарагд дают отравленному ядом человеку вместе с горячим верблюжьим молоком, чтобы вышел яд испариной; смешанный с розовым маслом, смарагд врачует укусы ядовитых гадов, а растертый с шафраном и приложенный к больным глазам, исцеляет куриную слепоту. Помогает он еще от кровавого поноса и при черном кашле, который не излечим никакими средствами человеческими.

Дарил также царь своей возлюбленной ливийские аметисты, похожие цветом на ранние фиалки, распускающиеся в лесах у подножия Ливийских гор, – аметисты, обладавшие чудесной способностью обуздывать ветер, смягчать злобу, предохранять от опьянения и помогать при ловле диких зверей; персепольскую бирюзу, которая приносит счастье в любви, прекращает ссору супругов, отводит царский гнев и благоприятствует при укрощении и продаже лошадей; и кошачий глаз – оберегающий имущество, разум и здоровье своего владельца; и бледный, сине-зеленый, как морская вода у берега, вериллий – средство от бельма и проказы, добрый спутник странников; и разноцветный агат – носящий его не боится козней врагов и избегает опасности быть раздавленным во время землетрясения; и нефрит, почечный камень, отстраняющий удары молнии; и яблочно-зеленый, мутно-прозрачный онихий – сторож хозяина от огня и сумасшествия; и яснис, заставляющий дрожать зверей; и черный ласточкин камень, дающий красноречие; и уважаемый беременными женщинами орлиный камень, который орлы кладут в свои гнезда, когда приходит пора вылупляться их птенцам; и заберзат из Офира, сияющий, как маленькие солнца; и желто-золотистый хрисолит – друг торговцев и воров; и сардоникс, любимый царями и царицами; и малиновый лигирий: его находят, как известно, в желудке рыси, зрение которой так остро, что она видит сквозь стены, – поэтому и носящие лигирий отличаются зоркостью глаз, – кроме того, он останавливает кровотечение из носу и заживляет всякие раны, исключая ран, нанесенных камнем и железом.

Надевал царь на шею Суламифи многоценные ожерелья из жемчуга, который ловили его подданные в Персидском море, и жемчуг от теплоты ее тела приобретал живой блеск и нежный цвет. И кораллы становились краснее на ее смуглой груди, и оживала бирюза на ее пальцах, и издавали в ее руках трескучие искры те желтые янтарные безделушки, которые привозили в дар царю Соломону с берегов далеких северных морей отважные корабельщики царя Хирама Тирского.

Златоцветом и лилиями покрывала Суламифь свое ложе, приготовляя его к ночи, и, покоясь на ее груди, говорил царь в веселии сердца:

– Ты похожа на царскую ладью в стране Офир, о моя возлюбленная, на золотую легкую ладью, которая плывет, качаясь, по священной реке, среди белых ароматных цветов.

Так посетила царя Соломона – величайшего из царей и мудрейшего из мудрецов – его первая и последняя любовь.

Много веков прошло с той поры. Были царства и цари, и от них не осталось следа, как от ветра, пробежавшего над пустыней. Были длинные беспощадные войны, после которых имена полководцев сияли в веках, точно кровавые звезды, но время стерло даже самую память о них.

Любовь же бедной девушки из виноградника и великого царя никогда не пройдет и не забудется, потому что крепка, как смерть, любовь, потому что каждая женщина, которая любит, – царица, потому что любовь прекрасна!

IX

Семь дней прошло с той поры, когда Соломон – поэт, мудрец и царь – привел в свой дворец бедную девушку, встреченную им в винограднике на рассвете. Семь дней наслаждался царь ее любовью и не мог насытиться ею. И великая радость освещала его лицо, точно золотое солнечное сияние.

Стояли светлые, теплые, лунные ночи – сладкие ночи любви! На ложе из тигровых шкур лежала обнаженная Суламифь, и царь, сидя на полу у ее ног, наполнял свой изумрудный кубок золотистым вином из Мареотиса, и пил за здоровье своей возлюбленной, веселясь всем сердцем, и рассказывал он ей мудрые древние странные сказания. И рука Суламифи покоилась на его голове, гладила его волнистые черные волосы.

– Скажи мне, мой царь, – спросила однажды Суламифь, – не удивительно ли, что я полюбила тебя так внезапно? Я теперь припоминаю все, и мне кажется, что я стала принадлежать тебе с самого первого мгновения, когда не успела еще увидеть тебя, а только услышала твой голос. Сердце мое затрепетало и раскрылось навстречу к тебе, как раскрывается цветок во время летней ночи от южного ветра. Чем ты так пленил меня, мой возлюбленный?

И царь, тихо склоняясь головой к нежным коленям Суламифи, ласково улыбнулся и ответил:

– Тысячи женщин до тебя, о моя прекрасная, задавали своим милым этот вопрос, и сотни веков после тебя они будут спрашивать об этом своих милых. Три вещи есть в мире, непонятные для меня, и четвертую я не постигаю: путь орла в небе, змеи на скале, корабля среди моря и путь мужчины к сердцу женщины. Это не моя мудрость, Суламифь, это слова Агура, сына Иакеева, слышанные от него учениками. Но почтим и чужую мудрость.

– Да, – сказала Суламифь задумчиво, – может быть, и правда, что человек никогда не поймет этого. Сегодня во время пира на моей груди было благоухающее вязание стакти. Но ты вышел из-за стола, и цветы мои перестали пахнуть. Мне кажется, что тебя должны любить, о царь, и женщины, и мужчины, и звери, и даже цветы. Я часто думаю и не могу понять: как можно любить кого-нибудь другого, кроме тебя?

– И кроме тебя, кроме тебя, Суламифь! Каждый час я благодарю Бога, что он послал тебя на моем пути.

– Я помню, я сидела на камне стенки, и ты положил свою руку сверх моей. Огонь побежал по моим жилам, голова у меня закружилась. Я сказала себе: "Вот кто господин мой, вот кто царь мой, возлюбленный мой!"

– Я помню, Суламифь, как обернулась ты на мой зов. Под тонким платьем я увидел твое тело, твое прекрасное тело, которое я люблю как Бога. Я люблю его, покрытое золотым пухом, точно солнце оставило на нем свой поцелуй. Ты стройна, точно кобылица в колеснице фараоновой, ты прекрасна, как колесница Аминодавова. Глаза твои как два голубя, сидящих у истока вод.

– О милый, слова твои волнуют меня. Твоя рука сладко жжет меня. О мой царь, ноги твои как мраморные столбы. Живот твой точно ворох пшеницы, окруженный лилиями.

Окруженные, осиянные молчаливым светом луны, они забывали о времени, о месте, и вот проходили часы, и они с удивлением замечали, как в решетчатые окна покоя заглядывала розовая заря.

Также сказала однажды Суламифь:

— Ты знал, мой возлюбленный, жен и девиц без числа, и все они были самые красивые женщины на земле. Мне стыдно становится, когда я подумаю о себе, простой, неученой девушке, и о моем бедном теле, опаленном солнцем.

Но, касаясь губами ее губ, говорил царь с бесконечной любовью и благодарностью:

— Ты царица, Суламифь. Ты родилась настоящей царицей. Ты смела и щедра в любви. Семьсот жен у меня и триста наложниц, а девиц я знал без числа, но ты единственная моя, кроткая моя, прекраснейшая из женщин. Я нашел тебя, подобно тому как водолаз в Персидском заливе наполняет множество корзин пустыми раковинами и малоценными жемчужинами, прежде чем достанет с морского дна перл, достойный царской короны. Дитя мое, тысячи раз может любить человек, но только один раз он любит. Тьмы тем людей думают, что они любят, но только двум из них посылает Бог любовь. И когда ты отдалась мне там, между кипарисами, под кровлей из кедров, на ложе из зелени, я от души благодарил Бога, столь милостивого ко мне.

Еще однажды спросила Суламифь:

— Я знаю, что все они любили тебя, потому что тебя нельзя не любить. Царица Савская приходила к тебе из своей страны. Говорят, она была мудрее и прекраснее всех женщин, когда-либо бывших на земле. Точно во сне я вспоминаю ее караваны. Не знаю почему, но с самого раннего детства влекло меня к колесницам знатных. Мне тогда было, может быть, семь, может быть, восемь лет, я помню верблюдов в золотой сбруе, покрытых пурпурными попонами, отягощенных тяжелыми ношами, помню мулов с золотыми бубенчиками между ушами, помню смешных обезьян в серебряных клетках и чудесных павлинов. Множество слуг шло в белых и голубых одеждах; они вели ручных тигров и барсов на красных лентах. Мне было только восемь лет.

— О дитя, тебе тогда было только восемь лет, — сказал Соломон с грустью.

— Ты любил ее больше, чем меня, Соломон? Расскажи мне что-нибудь о ней.

И царь рассказал ей все об этой удивительной женщине. Наслышавшись много о мудрости и красоте израильского царя, она прибыла к нему из своей страны с богатыми дарами, желая испытать его мудрость и покорить его сердце. Это была пышная сорокалетняя женщина, которая уже начинала увядать. Но тайными, волшебными средствами она достигала того, что ее рыхлеющее тело казалось стройным и гибким, как у девушки, и лицо ее носило печать страшной, нечеловеческой красоты. Но мудрость ее была обыкновенной человеческой мудростью, и притом еще мелочной мудростью женщины.

Желая испытать царя загадками, она сначала послала к нему пятьдесят юношей в самом нежном возрасте и пятьдесят девушек. Все они так хитроумно были одеты, что самый зоркий глаз не распознал бы их пола. "Я назову тебя мудрым, царь, – сказала Балкис, – если ты скажешь мне, кто из них женщина и кто мужчина".

Но царь рассмеялся и приказал каждому и каждой из посланных подать поодиночке серебряный таз и серебряный кувшин для умывания. И в то время когда мальчики смело брызгались в воде руками и бросали себе ее горстями в лицо, крепко вытирая кожу, девочки поступали так, как всегда делают женщины при умывании. Они нежно и заботливо натирали водою каждую из своих рук, близко поднося ее к глазам.

Так просто разрешил царь первую загадку Балкис–Македы.

Затем прислала она Соломону большой алмаз величиною с лесной орех. В камне этом была тонкая, весьма извилистая трещина, которая узким сложным ходом пробуравливала насквозь все его тело. Нужно было продеть сквозь этот алмаз шелковинку. И мудрый царь впустил в отверстие шелковичного червя, который, пройдя наружу, оставил за собою следом тончайшую шелковую паутинку.

Также прислала прекрасная Балкис царю Соломону многоценный кубок из резного сардоникса великолепной художественной работы. "Этот кубок будет твоим, – повелела она сказать царю, – если ты его наполнишь влагою, взятою ни с земли, ни с неба". Соломон же, наполнив сосуд пеною, падавшей с тела утомленного коня, приказал отнести его царице.

Много подобных загадок предлагала царица Соломону, но не могла унизить его мудрость, и всеми тайными чарами ночного сладострастия не сумела она сохранить его любви. И когда наскучила она наконец царю, он жестоко, обидно насмеялся над нею.

Всем было известно, что царица Савская никому не показывала своих ног и потому носила длинное, до земли, платье. Даже в часы любовных ласк держала она ноги плотно закрытыми одеждой. Много странных и смешных легенд сложилось по этому поводу.

Одни уверяли, что у царицы козлиные ноги, обросшие шерстью; другие клялись, что у нее вместо ступней перепончатые гусиные лапы. И даже рассказывали о том, что мать царицы Балкис однажды, после купанья, села на песок, где только что оставил свое семя некий бог, временно превратившийся в гуся, и что от этой случайности понесла она прекрасную царицу Савскую.

И вот повелел однажды Соломон устроить в одном из своих покоев прозрачный хрустальный пол с пустым пространством под ним, куда налили воды и пустили живых рыб. Все это было сделано с таким необычайным искусством, что непредупрежденный человек ни за что не заметил бы стекла и стал бы давать клятву, что перед ним находится бассейн с чистой свежей водой.

И когда все было готово, то пригласил Соломон свою царственную гостью на свидание. Окруженная пышной свитой, она идет по комнатам Ливанского дома и доходит до коварного бассейна. На другом конце его сидит царь, сияющий золотом и драгоценными камнями и приветливым взглядом черных глаз. Дверь отворяется перед царицей, и она делает шаг вперед, но вскрикивает и...

Суламифь смеется радостным детским смехом и хлопает в ладоши.

— Она нагибается и приподымает платье? — спрашивает Суламифь.

— Да, моя возлюбленная, она поступила так, как поступила бы каждая из женщин. Она подняла кверху край своей одежды, и хотя это продолжалось только одно мгновение, но и я, и весь мой двор увидели, что у прекрасной Савской царицы Балкис–Македы обыкновенные человеческие ноги, но кривые и обросшие густыми волосами. На другой же день она собралась в путь, не простилась со мною и уехала с своим великолепным караваном. Я не хотел ее обидеть. Вслед ей я послал надежного гонца, которому приказал передать царице пучок редкой горной травы – лучшее средство для уничтожения волос на теле. Но она вернула мне назад голову моего посланного в мешке из дорогой багряницы.

Рассказывал также Соломон своей возлюбленной многое из своей жизни, чего не знал никто из других людей и что Суламифь унесла с собой в могилу. Он говорил ей о долгих и тяжелых годах скитаний, когда, спасаясь от гнева своих братьев, от зависти Авессалома и от ревности Адонии, он принужден был под чужим именем скрываться в чужих землях, терпя страшную бедность и лишения. Он рассказал ей о том, как в отдаленной неизвестной стране, когда он стоял на рынке в ожидании, что его наймут куда–нибудь работать, к нему подошел царский повар и сказал:

— Чужестранец, помоги мне донести эту корзину с рыбами во дворец.

Своим умом, ловкостью и умелым обхождением Соломон так понравился придворным, что в скором времени устроился во дворце, а когда старший повар умер, то он заступил его место. Дальше говорил Соломон о том, как единственная дочь царя, прекрасная пылкая девушка, влюбилась тайно в нового повара, как она открылась ему невольно в любви, как они однажды бежали вместе из дворца ночью, были настигнуты и приведены обратно, как осужден был Соломон на смерть и как чудом удалось ему бежать из темницы.

Жадно внимала ему Суламифь, и когда он замолкал, тогда среди тишины ночи смыкались их губы, сплетались руки, прикасались груди. И когда наступало утро, и тело Суламифи казалось пенно-розовым, и любовная усталость окружала голубыми тенями ее прекрасные глаза, она говорила с нежной улыбкою:

— Освежите меня яблоками, подкрепите меня вином, ибо я изнемогаю от любви.

X

В храме Изиды на горе Ватн-эль-Хав только что отошла первая часть великого тайнодействия, на которую допускались верующие малого посвящения. Очередной жрец — древний старец в белой одежде, с бритой головой, безусый и безбородый, повернулся с возвышения алтаря к народу и произнес тихим, усталым голосом:

— Пребывайте в мире, сыновья мои и дочери. Усовершенствуйтесь в подвигах. Прославляйте имя богини. Благословение ее над вами да пребудет во веки веков.

Он вознес свои руки над народом, благословляя его. И тотчас же все, посвященные в малый чин таинств, простерлись на полу и затем, встав, тихо, в молчании направились к выходу.

Сегодня был седьмой день египетского месяца Фаменота, посвященный мистериям Озириса и Изиды. С вечера торжественная процессия трижды обходила вокруг храма со светильниками, пальмовыми листами и амфорами, с таинственными символами богов и со священными изображениями Фаллуса. В середине шествия на плечах у жрецов и вторых пророков возвышался закрытый "наос" из драгоценного дерева, украшенного жемчугом, слоновой костью и золотом. Там пребывала сама богиня, Она, Невидимая, Подающая плодородие, Таинственная, Мать, Сестра и Жена богов.

Злобный Сет заманил своего брата, божественного Озириса, на пиршество, хитростью заставил его лечь в роскошный гроб и, захлопнув над ним крышку, бросил гроб вместе с телом великого бога в Нил. Изида, только что родившая Гора, в тоске и слезах разыскивает по всей земле тело своего мужа и долго не находит его. Наконец рыбы рассказывают ей, что гроб волнами отнесло в море и прибило к Библосу, где вокруг него выросло громадное дерево и скрыло в своем стволе тело бога и его плавучий дом. Царь той страны приказал сделать себе из громадного дерева мощную колонну, не зная, что в ней покоится сам бог Озирис, великий податель жизни. Изида идет в Библос, приходит туда утомленная зноем, жаждой и тяжелой каменистой дорогой. Она освобождает гроб из середины дерева, несет его с собой и прячет в землю у городской стены. Но Сет опять тайно похищает тело Озириса, разрезает его на четырнадцать частей и рассеивает их по всем городам и селениям Верхнего и Нижнего Египта.

И опять в великой скорби и рыданиях отправилась Изида в поиски за священными членами своего мужа и брата. К плачу ее присоединяет свои жалобы сестра ее, богиня Нефтис, и могущественный Тоот, и сын богини, светлый Гор, Горизит.

Таков был тайный смысл нынешней процессии в первой половине священнослужения. Теперь, по уходе простых верующих и после небольшого отдыха, надлежало совершиться второй части великого тайнодействия. В храме остались только посвященные в высшие степени – мистагоги, эпопты, пророки и жрецы.

Мальчики в белых одеждах разносили на серебряных подносах мясо, хлеб, сухие плоды и сладкое пелузское вино. Другие разливали из узкогорлых тирских сосудов сикеру, которую в те времена давали перед казнью преступникам для возбуждения в них мужества, но которая также обладала великим свойством порождать и поддерживать в людях огонь священного безумия.

По знаку очередного жреца мальчики удалились. Жрец–привратник запер все двери. Затем он внимательно обошел всех оставшихся, всматриваясь им в лица и опрашивая их таинственными словами, составлявшими пропуск нынешней ночи. Два других жреца провезли вдоль храма и вокруг каждой из его колонн серебряную кадильницу на колесах. Синим, густым, пьянящим, ароматным фимиамом наполнился храм, и сквозь слои дыма едва стали видны разноцветные огни лампад, сделанных из прозрачных камней, – лампад, оправленных в резное золото и подвешенных к потолку на длинных серебряных цепях. В давнее время этот храм Озириса и Изиды отличался небольшими размерами и беднотою и был выдолблен наподобие пещеры в глубине горы. Узкий подземный коридор вел к нему снаружи. Но во дни царствования Соломона, взявшего под свое покровительство все религии, кроме тех, которые допускали жертвоприношения детей, и благодаря усердию царицы Астис, родом египтянки, храм разросся в глубину и в высоту и украсился богатыми приношениями.

Прежний алтарь так и остался неприкосновенным в своей первоначальной суровой простоте, вместе со множеством маленьких покоев, окружавших его и служивших для сохранения сокровищ, жертвенных предметов и священных принадлежностей, а также для особых тайных целей во время самых сокровенных мистических оргий.

Зато поистине был великолепен наружный двор с пилонами в честь богини Гатор и с четырехсторонней колоннадой из двадцати четырех колонн. Еще пышнее была устроена внутренняя подземная гипостильная зала для молящихся. Ее мозаичный пол весь был украшен искусными изображениями рыб, зверей, земноводных и пресмыкающихся. Потолок же был покрыт голубой глазурью, и на нем сияло золотое солнце, светилась серебряная луна, мерцали бесчисленные звезды, и парили на распростертых крыльях птицы. Пол был землею, потолок – небом, а их соединяли, точно могучие древесные стволы, круглые и многогранные колонны. И так как все колонны завершались капителями в виде нежных цветов лотоса или тонких свертков папируса, то лежавший на них потолок действительно казался легким и воздушным, как небо.

Стены до высоты человеческого роста были обложены красными гранитными плитами, вывезенными, по желанию царицы Астис, из Фив, где местные мастера умели придавать граниту зеркальную гладкость и изумительный блеск. Выше, до самого потолка, стены так же, как и колонны, пестрели резными и раскрашенными изображениями с символами богов обоих Египтов. Здесь был Себех, чтимый в Фаюмэ под видом крокодила, и Тоот, бог луны, изображаемый как ибис, в городе Хмуну, и солнечный бог Гор, которому в Эдфу был посвящен копчик, и Баст из Бубаса, под видом кошки, Шу, бог воздуха – лев, Пта – апис, Гатор – богиня веселья – корова, Анубис, бог бальзамирования, с головою шакала, и Монту из Гормона, и коптский Мину, и богиня неба Нейт из Саиса, и, наконец, в виде овна, страшный бог, имя которого не произносилось и которого называли Хентиементу, что значит "Живущий на Западе".

Полутемный алтарь возвышался над всем храмом, и в глубине его тускло блестели золотом стены святилища, скрывавшего изображения Изиды. Трое ворот – большие, средние и двое боковых маленьких – вели в святилище. Перед средним стоял жертвенник со священным каменным ножом из эфиопского обсидиана. Ступени вели к алтарю, и на них расположились младшие жрецы и жрицы с тимпанами, систрами, флейтами и бубнами.

Царица Астис возлежала в маленьком потайном покое. Небольшое квадратное отверстие, искусно скрытое тяжелым занавесом, выходило прямо к алтарю и позволяло, не выдавая своего присутствия, следить за всеми подробностями священнодействия. Легкое узкое платье из льняного газа, затканное серебром, вплотную облегало тело царицы, оставляя обнаженными руки до плеч и ноги до половины икр. Сквозь прозрачную материю розово светилась ее кожа и видны были все чистые линии и возвышения ее стройного тела, которое до сих пор, несмотря на тридцатилетний возраст царицы, не утеряло своей гибкости, красоты и свежести. Волосы ее, выкрашенные в синий цвет, были распущены по плечам и по спине, и концы их убраны бесчисленными ароматическими шариками. Лицо было сильно нарумянено и набелено, а тонко обведенные тушью глаза казались громадными и горели в темноте, как у сильного зверя кошачьей породы. Золотой священный уреус спускался у нее от шеи вниз, разделяя полуобнаженные груди.

С тех пор как Соломон охладел к царице Астис, утомленный ее необузданной чувственностью, она со всем пылом южного сладострастия и со всей яростью оскорбленной женской ревности предалась тем тайным оргиям извращенной похоти, которые входили в высший культ скопческого служения Изиде. Она всегда показывалась окруженная жрецами–кастратами, и даже теперь, когда один из них мерно обвевал ее голову опахалом из павлиньих перьев, другие сидели на полу, впиваясь в царицу безумно–блаженными глазами. Ноздри их расширялись и трепетали от веявшего на них аромата ее тела, и дрожащими пальцами они старались незаметно прикоснуться к краю ее чуть колебавшейся легкой одежды. Их чрезмерная, никогда не удовлетворяющаяся страстность изощряла их воображение до крайних пределов. Их изобретательность в наслаждениях Кибеллы и Ашеры переступала все человеческие возможности. И, ревнуя царицу друг к другу, ко всем женщинам, мужчинам и детям, ревнуя даже к ней самой, они поклонялись ей больше, чем Изиде, и, любя, ненавидели ее, как бесконечный огненный источник сладостных и жестоких страданий.

Темные, злые, страшные и пленительные слухи ходили о царице Астис в Иерусалиме. Родители красивых мальчиков и девушек прятали детей от ее взгляда; ее имя боялись произносить на супружеском ложе, как знак осквернения и напасти. Но волнующее, опьяняющее любопытство влекло к ней души и отдавало во власть ей тела. Те, кто испытал хоть однажды ее свирепые кровавые ласки, те уже не могли ее забыть никогда и делались навеки ее жалкими, отвергнутыми рабами. Готовые ради нового обладания ею на всякий грех, на всякое унижение и преступление, они становились похожими на тех несчастных, которые, попробовав однажды горькое маковое питье из страны Офир, дающее сладкие грезы, уже никогда не отстанут от него и только ему одному поклоняются и одно его чтут, пока истощение и безумие не прервут их жизни.

Медленно колыхалось в жарком воздухе опахало. В безмолвном восторге созерцали жрецы свою ужасную повелительницу. Но она точно забыла об их присутствии. Слегка отодвинув занавеску, она неотступно глядела напротив, по ту сторону алтаря, где когда–то из-за темных изломов старинных златокованых занавесок показывалось прекрасное, светлое лицо израильского царя. Его одного любила всем своим пламенным и порочным сердцем отвергнутая царица, жестокая и сладострастная Астис. Его мимолетного взгляда, ласкового слова, прикосновения его руки искала она повсюду и не находила. На торжественных выходах, на дворцовых обедах и в дни суда оказывал Соломон ей почтительность, как царице и дочери царя, но душа его была мертва для нее. И часто гордая царица приказывала в урочные часы проносить себя мимо дома Ливанского, чтобы хоть издали, незаметно, сквозь тяжелые ткани носилок, увидеть среди придворной толпы гордое, незабвенно прекрасное лицо Соломона. И давно уже ее пламенная любовь к царю так тесно срослась с жгучей ненавистью, что сама Астис не умела отличить их.

Прежде и Соломон посещал храм Изиды в дни великих празднеств и приносил жертвы богине и даже принял титул ее верховного жреца, второго после египетского фараона. Но страшные таинства "Кровавой жертвы Оплодотворения" отвратили его ум и сердце от служения Матери богов.

– Оскопленный по неведению, или насилием, или случайно, или по болезни – не унижен перед Богом, – сказал царь. – Но горе тому, кто сам изуродует себя.

И вот уже целый год ложе его в храме оставалось пустым. И напрасно пламенные глаза царицы жадно глядели теперь на неподвижные занавески.

Между тем вино, сикера и одуряющие курения уже оказывали заметное действие на собравшихся в храме. Чаще слышались крик, и смех, и звон падающих на каменный пол серебряных сосудов. Приближалась великая, таинственная минута кровавой жертвы. Экстаз овладевал верующими.

Рассеянным взором оглядела царица храм и верующих. Много здесь было почтенных и знаменитых людей из свиты Соломоновой и из его военачальников: Бен–Гевер, властитель области Аргонии, и Ахимаас, женатый на дочери царя Васемафи, и остроумный Бен–Декер, и Зовуф, носивший, по восточным обычаям, высокий титул "друга царя", и брат Соломона от первого брака Давидова – Далуиа, расслабленный, полумертвый человек, преждевременно впавший в идиотизм от излишеств и пьянства. Все они были – иные по вере, иные по корыстным расчетам, иные из подражания, а иные из сластолюбивых целей – поклонниками Изиды.

И вот глаза царицы остановились долго и внимательно, с напряженной мыслью, на красивом юношеском лице Элиава, одного из начальников царских телохранителей.

Царица знала, отчего горит такой яркой краской его смуглое лицо, отчего с такою страстной тоской устремлены его горячие глаза сюда, на занавески, которые едва движутся от прикосновения прекрасных белых рук царицы. Однажды, почти шутя, повинуясь минутному капризу, она заставила Элиава провести у нее целую длинную блаженную ночь. Утром она отпустила его, но с тех пор уже много дней подряд видела она повсюду во дворце, в храме, на улицах – два влюбленных, покорных, тоскующих глаза, которые покорно провожали ее.

Темные брови царицы сдвинулись, и ее зеленые длинные глаза вдруг потемнели от страшной мысли. Едва заметным движением руки она приказала кастрату опустить вниз опахало и сказала тихо:

– Выйдите все. Хушай, ты пойдешь и позовешь ко мне Элиава, начальника царской стражи. Пусть он придет один.

XI

Десять жрецов в белых одеждах, испещренных красными пятнами, вышли на середину алтаря. Следом за ними шли еще двое жрецов, одетых в женские одежды. Они должны были изображать сегодня Нефтис и Изиду, оплакивающих Озириса. Потом из глубины алтаря вышел некто в белом хитоне без единого украшения, и глаза всех женщин и мужчин с жадностью приковались к нему. Это был тот самый пустынник, который провел десять лет в тяжелом подвижническом искусе на горах Ливана и нынче должен был принести великую добровольную кровавую жертву Изиде. Лицо его, изнуренное голодом, обветренное и обожженное, было строго и бледно, глаза сурово опущены вниз, и сверхъестественным ужасом повеяло от него на толпу.

Наконец вышел и главный жрец храма, столетний старец с тиарой на голове, с тигровой шкурой на плечах, в парчовом переднике, украшенном хвостами шакалов.

Повернувшись к молящимся, он старческим голосом, кротким и дрожащим, произнес:

– Сутон-ди-готпу. (Царь приносит жертву.)

И затем, обернувшись к жертвеннику, он принял из рук помощника белого голубя с красными лапками, отрезал птице голову, вынул у нее из груди сердце и кровью ее окропил жертвенник и священный нож.

После небольшого молчания он возгласил:

– Оплачемте Озириса, бога Атуму, великого Ун-Нофер-Онуфрия, бога Она!

Два кастрата в женских одеждах – Изида и Нефтис – тотчас же начали плач гармоничными тонкими голосами:

"Возвратись в свое жилище, о прекрасный юноша. Видеть тебя – блаженство.

Изида заклинает тебя, Изида, которая была зачата с тобою в одном чреве, жена твоя и сестра.

Покажи нам снова лицо твое, светлый бог. Вот Нефтис, сестра твоя. Она обливается слезами и в горести рвет свои волосы.

В смертельной тоске разыскиваем мы прекрасное тело твое. Озирис, возвратись в дом свой!"

Двое других жрецов присоединили к первым свои голоса. Это Гор и Анубис оплакивали Озириса, и каждый раз, когда они оканчивали стих, хор, расположившийся на ступенях лестницы, повторял его торжественным и печальным мотивом.

Потом, с тем же пением, старшие жрецы вынесли из святилища статую богини, теперь уже не закрытую наосом. Но черная мантия, усыпанная золотыми звездами, окутывала богиню с ног до головы, оставляя видимыми только ее серебряные ноги, обвитые змеей, а над головою серебряный диск, включенный в коровьи рога. И медленно, под звон кадильниц и систр, со скорбным плачем двинулась процессия богини Изиды со ступенек алтаря, вниз, в храм, вдоль его стен, между колоннами.

Так собирала богиня разбросанные члены своего супруга, чтобы оживить его при помощи Тоота и Анубиса:

"Слава городу Абидосу, сохранившему прекрасную голову твою, Озирис.

Слава тебе, город Мемфис, где нашли мы правую руку великого бога, руку войны и защиты.

И тебе, о город Саис, скрывший левую руку светлого бога, руку правосудия.

И ты будь благословен, город Фивы, где покоилось сердце Ун–Нофер–Онуфрия".

Так обошла богиня весь храм, возвращаясь назад к алтарю, и все страстнее и громче становилось пение хора. Священное воодушевление овладевало жрецами и молящимися. Все части тела Озириса нашла Изида, кроме одной, священного Фаллуса, оплодотворяющего материнское чрево, созидающего новую вечную жизнь. Теперь приближался самый великий акт в мистерии Озириса и Изиды...

– Это ты, Элиав? – спросила царица юношу, который тихо вошел в дверь.

В темноте ложи он беззвучно опустился к ее ногам и прижал к губам край ее платья. И царица почувствовала, что он плачет от восторга, стыда и желания. Опустив руку на его курчавую жесткую голову, царица произнесла:

— Расскажи мне, Элиав, все, что ты знаешь о царе и об этой девочке из виноградника.

— О, как ты его любишь, царица! — сказал Элиав с горьким стоном.

— Говори... — приказала Астис.

— Что я могу тебе сказать, царица? Сердце мое разрывается от ревности.

— Говори!

— Никого еще не любил царь, как ее. Он не расстается с ней ни на миг. Глаза его сияют счастьем. Он расточает вокруг себя милости и дары. Он, авимелех и мудрец, он, как раб, лежит около ее ног и, как собака, не спускает с нее глаз своих.

— Говори!

— О, как ты терзаешь меня, царица! И она... она — вся любовь, вся нежность и ласка! Она кротка и стыдлива, она ничего не видит и не знает, кроме своей любви. Она не возбуждает ни в ком ни злобы, ни ревности, ни зависти...

— Говори! — яростно простонала царица, и, вцепившись своими гибкими пальцами в черные кудри Элиава, она притиснула его голову к своему телу, царапая его лицо серебряным шитьем своего прозрачного хитона.

А в это время в алтаре вокруг изображения богини, покрытой черным покрывалом, носились жрецы и жрицы в священном исступлении, с криками, похожими на лай, под звон тимпанов и дребезжание систр.

Некоторые из них стегали себя многохвостыми плетками из кожи носорога, другие наносили себе короткими ножами в грудь и в плечи длинные кровавые раны, третьи пальцами разрывали себе рты, надрывали себе уши и царапали лица ногтями. В середине этого бешеного хоровода у самых ног богини кружился на одном месте с непостижимой быстротой отшельник с гор Ливана в белоснежной развевающейся одежде. Один верховный жрец оставался неподвижным. В руке он держал священный жертвенный нож из эфиопского обсидиана, готовый передать его в последний страшный момент.

— Фаллус! Фаллус! Фаллус! — кричали в экстазе обезумевшие жрецы. — Где твой Фаллус, о светлый бог! Приди, оплодотвори богиню. Грудь ее томится от желания! Чрево ее как пустыня в жаркие летние месяцы!

И вот страшный, безумный, пронзительный крик на мгновение заглушил весь хор. Жрецы быстро расступились, и все бывшие в храме увидели ливанского отшельника, совершенно обнаженного, ужасного своим высоким, костлявым, желтым телом. Верховный жрец протянул ему нож. Стало невыносимо тихо в храме. И он, быстро нагнувшись, сделал какое-то движение, выпрямился и с воплем боли и восторга вдруг бросил к ногам богини бесформенный кровавый кусок мяса.

Он шатался. Верховный жрец осторожно поддержал его, обвив рукой за спину, подвел его к изображению Изиды и бережно накрыл его черным покрывалом и оставил так на несколько мгновений, чтобы он втайне, невидимо для других, мог запечатлеть на устах оплодотворенной богини свой поцелуй.

Тотчас же вслед за этим его положили на носилки и унесли из алтаря. Жрец-привратник вышел из храма. Он ударил деревянным молотком в громадный медный круг, возвещая всему миру о том, что свершилась великая тайна оплодотворения богини. И высокий поющий звук меди понесся над Иерусалимом.

Царица Астис, еще продолжая содрогаться всем телом, откинула назад голову Элиава. Глаза ее горели напряженным красным огнем. И она сказала медленно, слово за словом:

– Элиав, хочешь, я сделаю тебя царем Иудеи и Израиля? Хочешь быть властителем над всей Сирией и Месопотамией, над Финикией и Вавилоном?

– Нет, царица, я хочу только тебя...

– Да, ты будешь моим властелином. Все мои ночи будут принадлежать тебе. Каждое мое слово, каждый мой взгляд, каждое дыхание будут твоими. Ты знаешь пропуск. Ты пойдешь сегодня во дворец и убьешь их. Ты убьешь их обоих! Ты убьешь их обоих!

Элиав хотел что-то сказать. Но царица притянула его к себе и прильнула к его рту своими жаркими губами и языком. Это продолжалось мучительно долго. Потом, внезапно оторвав юношу от себя, она сказала коротко и повелительно:

– Иди!

– Я иду, – ответил покорно Элиав.

XII

И была седьмая ночь великой любви Соломона.

Странно тихи и глубоко нежны были в эту ночь ласки царя и Суламифи. Точно какая-то задумчивая печаль, осторожная стыдливость, отдаленное предчувствие окутывали легкою тенью их слова, поцелуи и объятия.

Глядя в окно на небо, где ночь уже побеждала догорающий вечер, Суламифь остановила свои глаза на яркой голубоватой звезде, которая трепетала кротко и нежно.

– Как называется эта звезда, мой возлюбленный? – спросила она.

– Это звезда Сопдит, – ответил царь. – Это священная звезда. Ассирийские маги говорят нам, что души всех людей живут на ней после смерти тела.

– Ты верить этому, царь?

Соломон не ответил. Правая рука его была под головою Суламифи, а левою он обнимал ее, и она чувствовала его ароматное дыхание на себе, на волосах, на виске.

– Может быть, мы увидимся там с тобою, царь, после того как умрем? – спросила тревожно Суламифь.

Царь опять промолчал.

– Ответь мне что–нибудь, возлюбленный, – робко попросила Суламифь.

Тогда царь сказал:

– Жизнь человеческая коротка, но время бесконечно, и вещество бессмертно. Человек умирает и утучняет гниением своего тела землю, земля вскармливает колос, колос приносит зерно, человек поглощает хлеб и питает им свое тело. Проходят тьмы и тьмы тем веков, все в мире повторяется, – повторяются люди, звери, камни, растения. Во многообразном круговороте времени и вещества повторяемся и мы с тобою, моя возлюбленная. Это так же верно, как и то, что если мы с тобою наполним большой мешок доверху морским гравием и бросим в него всего лишь один драгоценный сапфир, то, вытаскивая много раз из мешка, ты все–таки рано или поздно извлечешь и драгоценность. Мы с тобою встретимся, Суламифь, и мы не узнаем друг друга, но с тоской и восторгом будут стремиться наши сердца навстречу, потому что мы уже встречались с тобою, моя кроткая, моя прекрасная Суламифь, но мы не помним этого.

– Нет, царь, нет! Я помню. Когда ты стоял под окном моего дома и звал меня: "Прекрасная моя, выйди, волосы мои полны ночной росою!" – я узнала тебя, я вспомнила тебя, и радость и страх овладели моим сердцем. Скажи мне, мой царь, скажи, Соломон: вот, если завтра я умру, будешь ли ты вспоминать свою смуглую девушку из виноградника, свою Суламифь?

И, прижимая ее к своей груди, царь прошептал, взволнованный:

– Не говори так никогда... Не говори так, о Суламифь! Ты избранная Богом, ты настоящая, ты царица души моей... Смерть не коснется тебя...

Резкий медный звук вдруг пронесся над Иерусалимом. Он долго заунывно дрожал и колебался в воздухе, и когда замолк, то долго еще плыли его трепещущие отзвуки.

– Это в храме Изиды окончилась таинство, – сказал царь.

– Мне страшно, прекрасный мой! – прошептала Суламифь. – Темный ужас проник в мою душу... Я не хочу смерти... Я еще не успела насладиться твоими объятиями... Обойми меня... Прижми меня к себе крепче... Положи меня, как печать, на сердце твоем, как печать, на мышце твоей!..

– Не бойся смерти, Суламифь! Так же сильна, как и смерть, любовь... Отгони грустные мысли... Хочешь, я расскажу тебе о войнах Давида, о пирах и охотах фараона Суссакима? Хочешь ты услышать одну из тех сказок, которые складываются в стране Офир?.. Хочешь, я расскажу тебе о чудесах Вакрамадитья?

– Да, мой царь. Ты сам знаешь, что, когда я слушаю тебя, сердце мое растет от радости! Но я хочу тебя попросить о чем–то...

– О Суламифь, – все, что хочешь! Попроси у меня мою жизнь – я с восторгом отдам ее тебе. Я буду только жалеть, что слишком малой ценой заплатил за твою любовь.

Тогда Суламифь улыбнулась в темноте от счастья и, обвив царя руками, прошептала ему на ухо:

– Прошу тебя, когда наступит утро, пойдем вместе туда... на виноградник... Туда, где зелень, и кипарисы, и кедры, где около каменной стенки ты взял руками мою душу... Прошу тебя об этом, возлюбленный... Там снова окажу я тебе ласки мои...

В упоении поцеловал царь губы своей милой.

Но Суламифь вдруг встала на своем ложе и прислушалась.

– Что с тобою, дитя мое?.. Что испугало тебя? – спросил Соломон.

– Подожди, мой милый... сюда идут... Да... Я слышу шаги...

Она замолчала. И было так тихо, что они различали биение своих сердец.

Легкий шорох послышался за дверью, и вдруг она распахнулась быстро и беззвучно.

– Кто там? – воскликнул Соломон.

Но Суламифь уже спрыгнула с ложа, одним движением метнулась навстречу темной фигуре человека с блестящим мечом в руке. И тотчас же, пораженная насквозь коротким, быстрым ударом, она со слабым, точно удивленным криком упала на пол.

Соломон разбил рукой сердоликовый экран, закрывавший свет ночной лампады. Он увидал Элиава, который стоял у двери, слегка наклонившись над телом девушки, шатаясь, точно пьяный. Молодой воин под взглядом Соломона поднял голову и, встретившись глазами с гневными, страшными глазами царя, побледнел и застонал. Выражение отчаяния и ужаса исказило его черты. И вдруг, согнувшись, спрятав в плащ голову, он робко, точно испуганный шакал, стал выползать из комнаты. Но царь остановил его, сказав только три слова:

– Кто принудил тебя?

Весь трепеща и щелкая зубами, с глазами, побелевшими от страха, молодой воин уронил глухо:

– Царица Астис...

– Выйди, – приказал Соломон. – Скажи очередной страже, чтобы она стерегла тебя.

Скоро по бесчисленным комнатам дворца забегали люди с огнями. Все покои осветились. Пришли врачи, собрались военачальники и друзья царя.

Старший врач сказал:

– Царь, теперь не поможет ни наука, ни Бог. Когда извлечем меч, оставленный в ее груди, она тотчас же умрет.

Но в это время Суламифь очнулась и сказала со спокойною улыбкой:

– Я хочу пить.

И когда напилась, она с нежной, прекрасной улыбкой остановила свои глаза на царе и уже больше не отводила их; а он стоял на коленях перед ее ложем, весь обнаженный, как и она, не замечая, что его колени купаются в ее крови и что руки его обагрены алою кровью.

Так, глядя на своего возлюбленного и улыбаясь кротко, говорила с трудом прекрасная Суламифь:

– Благодарю тебя, мой царь, за все: за твою любовь, за твою красоту, за твою мудрость, к которой ты позволил мне прильнуть устами, как к сладкому источнику. Дай мне поцеловать твои руки, не отнимай их от моего рта до тех пор, пока последнее дыхание не отлетит от меня. Никогда не было и не будет женщины счастливее меня. Благодарю тебя, мой царь, мой возлюбленный, мой прекрасный. Вспоминай изредка о твоей рабе, о твоей обожженной солнцем Суламифи.

И царь ответил ей глубоким, медленным голосом:

– До тех пор, пока люди будут любить друг друга, пока красота души и тела будет самой лучшей и самой сладкой мечтой в мире, до тех пор, клянусь тебе, Суламифь, имя твое во многие века будет произноситься с умилением и благодарностью.

К утру Суламифи не стало.

Тогда царь встал, велел дать себе умыться и надел самый роскошный пурпуровый хитон, вышитый золотыми скарабеями, и возложил на свою голову венец из кроваво-красных рубинов. После этого он подозвал к себе Ванею и сказал спокойно:

– Ванея, ты пойдешь и умертвишь Элиава.

Но старик закрыл лицо руками и упал ниц перед царем.

– Царь, Элиав – мой внук!

– Ты слышал меня, Ванея?

– Царь, прости меня, не угрожай мне своим гневом, прикажи это

143

сделать кому–нибудь другому. Элиав, выйдя из дворца, побежал в храм и схватился за рога жертвенника. Я стар, смерть моя близка, я не смею взять на свою душу этого двойного преступления.

Но царь возразил:

– Однако, когда я поручил тебе умертвить моего брата Адонию, также схватившегося за священные рога жертвенника, разве ты ослушался меня, Ванея?

– Прости меня! Пощади меня, царь!

– Подними лицо твое, – приказал Соломон.

И когда Ванея поднял голову и увидел глаза царя, он быстро встал с пола и послушно направился к выходу.

Затем, обратившись к Ахиссару, начальнику и смотрителю дворца, он приказал:

– Царицу я не хочу предавать смерти, пусть она живет, как хочет, и умирает, где хочет. Но никогда она не увидит более моего лица. Сегодня, Ахиссар, ты снарядишь караван и проводишь царицу до гавани в Иаффе, а оттуда в Египет, к фараону Суссакиму. Теперь пусть все выйдут.

И, оставшись один лицом к лицу с телом Суламифи, он долго глядел на ее прекрасные черты. Лицо ее было бело, и никогда оно не было так красиво при ее жизни. Полуоткрытые губы, которые всего час тому назад целовал Соломон, улыбались загадочно и блаженно, и зубы, еще влажные, чуть–чуть поблескивали из–под них.

Долго глядел царь на свою мертвую возлюбленную, потом тихо прикоснулся пальцем к ее лбу, уже начавшему терять теплоту жизни, и медленными шагами вышел из покоя.

За дверями его дожидался первосвященник Азария, сын Садокии. Приблизившись к царю, он спросил:

– Что нам делать с телом этой женщины? Теперь суббота.

И вспомнил царь, как много лет тому назад скончался его отец, и лежал на песке, и уже начал быстро разлагаться. Собаки, привлеченные запахом падали, уже бродили вокруг него с горящими от голода и жадности глазами. И, как и теперь, спросил его первосвященник, отец Азарии, дряхлый старик:

– Вот лежит твой отец, собаки могут растерзать его труп... Что нам делать? Почтить ли память царя и осквернить субботу или соблюсти субботу, но оставить труп твоего отца на съедение собакам?

Тогда ответил Соломон:

– Оставить. Живая собака лучше мертвого льва. И когда теперь, после слов первосвященника, вспомнил он это, то сердце его сжалось от печали и страха.

Ничего не ответив первосвященнику, он пошел дальше, в залу судилища.

Как и всегда по утрам, двое его писцов, Елихофер и Ахия, уже лежали на циновках, по обе стороны трона, держа наготове свертки папируса, тростник и чернила. При входе царя они встали и поклонились ему до земли. Царь же сел на свой трон из слоновой кости с золотыми украшениями, оперся локтем на спину золотого льва и, склонив голову на ладонь, приказал:

– Пишите!

"Положи меня, как печать, на сердце твоем, как перстень, на руке твоей, потому что крепка, как смерть, любовь и жестока, как ад, ревность: стрелы ее – стрелы огненные".

И, помолчав так долго, что писцы в тревоге затаили дыхание, он сказал:

– Оставьте меня одного.

И весь день, до первых вечерних теней, оставался царь один на один со своими мыслями, и никто не осмелился войти в громадную, пустую залу судилища.

ЖАНЕТА

I

В юго–западном углу Парижа, в зеленом нарядном Passy, в двух шагах от Булонского леса (стоит только перейти по воздушному мостику над полотном окружной железной дороги), на самом верху шестиэтажного дома живет старый русский профессор. Чердачная мансарда его длинна и узка; к дверям – немного пошире; потолком ей служит покатая крыша дома; в общем, она, по мнению ее обитателя, похожа видом и размером на гроб Святогора, старшего богатыря. Единственное ее окно сидит глубоко в железном козырьке.

Профессор Симонов живет с простотою инока. Вся его мебель: раскладная парусиновая кровать военного образца, деревянный некрашеный стол, две такие же табуретки, умывальник с кувшином и ведром и старозаветный чемодан, весь испещренный разноцветными путевыми ярлыками. Стены оклеены отвратительнейшими обоями в синие и желтые полосы; когда на них глядишь, то скашиваются глаза и кружится голова.

145

Профессор сам готовит для себя на спиртовке спартанские кушанья и кипятит чай, сам прибирает комнату, сам чистит платье и сапоги.

Но человек не может жить без роскоши (кроме изуверов и идиотов), и в этом, по мнению профессора, одно из важных отличий его от всех животных, за исключением некоторых диких птиц, чудесно украшающих свои гнезда. На подоконнике, в больших деревянных ящиках, всегда растут редкие яркие цветы. Он за ними внимательно ухаживает. Иногда можно застать его в те минуты, когда он тонкой кисточкой, бережно, как художник–миниатюрист, переносит желтую цветочную пыльцу из чашечки одного цветка в чашечку другого. Вид у него при этом сосредоточенный, губы вытянуты в трубочку, глаза сощурены в щелочки под косматыми рыжими бровями.

Он давно примелькался и хорошо известен в своем небольшом районе, ограниченном лавками: мясной, молочной, бакалейной, табачной, булочной и тем угловым бистро мадам Бюссак, куда он изредка заходит выпить у блестящего жестяного прилавка стаканчик вермута пополам с водой. Все еще издали узнают его длинную худую фигуру, его развевающуюся на ходу серую клетчатую размахайку, носившую когда–то, в древние времена, название не то макфарлана, не то пальмерстона, его рыбачью широкую шляпу, насунутую так низко на брови, что из ее спущенных вокруг полей торчат спереди лишь конец крупного мясистого носа и огненная с сединой борода утюгом.

Прежде французские лавочники раздражались на профессора за его рассеянность, разводили руками, хлопали себя по бедрам, кричали свое нетерпеливое "alors!"[3] и вообще пылили, но теперь попривыкли и благодушно поправляют его, когда он забудет взять сдачу, заберет чужой сверток вместо своего или собирается уходить, не заплативши, – с ним такие мелкие ошибки случаются десять раз на дню. Он приятен тем, что в его обращении с людьми много независимости, легкости и доброго внимания. Совсем в нем отсутствуют те внешние черты унылости, удрученности, роковой подавленности, безысходности, непонятости миром – словом, всего того, что французы считают выражением "ам сляв"[4]) и к чему их энергичный инстинкт относится брезгливо.

Профессор входит в лавку. Левую руку протягивает через стойку хозяину для пожатия, правой издали посылает приветствие хозяйке и бодро здоровается со всеми присутствующими:

– Мсье, да–ам!..

– Мсье! – произносит несколько голосов из–за газет.

Порядок непременно требует справиться у патрона: идет ли?

---

[3] alors!- ну, что же! (фр.).

[4] ам сляв - Славянской души (от фр. L'ame slave).

Оказывается – идет. Теперь профессору нужно сделать самое неожиданное открытие:

– Но какой прекрасный день!

Или:

– Ах, какой дождь!

– О да! – убедительно подтверждает патрон и, в свою очередь, с неизменной улыбкой осведомляется у Симонова: – Тужур промнэ?[5] Вот этого–то профессорского "тужур промнэ" французы никак не могут осмыслить, несмотря на всю их любезность к Симонову. Как это он позволяет себе прогуливаться и, по–видимому, совсем праздно – в часы, вовсе не приспособленные для прогулки. Каждый порядочный француз – а они все порядочны – отлично знает, что гулять можно только по воскресеньям. Поэтому в будни они если не сидят в своих лавках и бюро, то либо бегут в них, либо возвращаются бегом домой. В семь часов утра весь работающий Париж плескает себе в нос воду из умывального таза, в десять часов вечера каждый честный буржуа уже в постели.

Профессор же снует по улицам без всяких почтенных причин и утром, и днем, и поздно ночью. Это удивительно. Все–таки – ам сляв.

Профессор и сам понимал, что это удивительно. И чувствовал какую–то неловкость перед французами, чувствовал себя трутнем среди трудолюбивых пчел. Но как же мог он объяснить и оправдать свое уличное слоняние?

Сказать, что у него три урока в трех разных домах. Но французы совсем не имеют понятия о частных уроках. Какая блажь! Чтобы учиться – на это существуют прекрасные бесплатные коммунальные школы и великолепные лицеи. Какой же дурак будет выбрасывать деньги на приватных учителей.

Объяснить им, что он пишет научные статьи и привык их обдумывать на ходу, да еще на очень резвом ходу. Между тем как на чердаке не очень–то разбегаешься?

Но они опять поднимут плечи до ушей и возразят:

– Alors!.. Наши инженеры сидят в своих ателье и думают определенное число часов в день. То же делают в своих бюро ученые, поэты, купцы, адвокаты. И все они думают обязательно сидя. Никто из них не позволит себе ради размышлений бегать по улицам, а если некоторые и допускают себя до подобного легкомыслия, то они сами виноваты, если их давят автомобили. Улица не для философов и ротозеев, а для пешеходов. Вуаля ту[6] .

"А ведь они правы", – думает с кротостью профессор. Он сам иногда

---

[5] Все прогуливаетесь? (От фр. Toujours promenez?)

[6] Вот и все (от фр. Voila tout).

переходит через улицу, позабыв обо всем на свете, кроме течения своих мыслей, и, когда над его ухом рявкнет оглушительно автомобиль, он так и затрепыхается от испуга и обольется холодным потом. Шофер, объезжая, поливает его черной руганью, а сердце потом колотится долго–долго.

II

Уроки и статьи в обрез обеспечивают его аскетическое существование, но для кафедры Симонов уже пропал. Он не потерял своего славного имени, но как бы растратил, расточил, размотал его. Пять–шесть старых коллег еще помнят его блестящие лекции в Москве на естественном факультете и в Петровско–Разумовской академии, по физике, органической химии и дендрологии.

У него были все возможности для того, чтобы стать звездою в ученом мире, но он не успел ни создать своей школы, ни написать хоть одной строго научной книги. Карьера его сникла и оборвалась по четырем причинам или, вернее, по четырем отрицательным свойствам ума и характера. Он не обладал настойчивостью в обработке мелочей. Он был лишен профессионального честолюбия. Он был неуживчив вследствие своей прямолинейности и гордости. Он не мог утолить своей яростной неутомимой жажды знания одним предметом или дисциплиной, он хотел знать все, что доступно человеческим умам, и даже больше.

Быстро загораясь и так же быстро охладевая, – о чем только он не писал замечательных докладов и прекрасных популярных статей. Где только он не читал образцовых по красоте и образности лекций. Каких только служб и профессий он не переменил, исколесив всю Россию от Владивостока до Мурмана и от Архангельска до Баку. Кто–то назвал его Дон Жуаном науки. Но он был и ее Дон Кихотом.

У него можно было навести справки обо всяком предмете, явлении, имени, событии. Но ум его не был лишь механическим хранилищем, кладовой знаний. Симонов обладал большим даром синтетического прозрения. Часто он говорил или писал в случайных статьях о будущих завоеваниях науки. И когда, спустя десятки лет, его летучие догадки находили твердо обоснованное научное подтверждение, он говорил добродушно:

– Я бродяга. Я бросал своих детей голыми на больших дорогах и шел дальше. Мне приятно видеть их теперь большими мужчинами, с густыми бородами, в золотых очках. Но родительской нежности к ним я не чувствую: любовь была слишком пылка и слишком скоропреходяща.

В 1885 году, исходя от греческих философов, он носился с теорией относительности. В 1889 году он доказывал, что человеческий мозг – электрическая батарея, беспрерывно посылающая в пространство вибрирующие волны, которые, утверждал он, в недалеком грядущем будут улавливаться особо чуткими приборами. В 1893 году, будучи лесным ревизором Рязанской губернии, он вычерчивал и вычислял построение биплана со взрывным нитроглицериновым мотором. В 1901 году он разрабатывал проект аппарата, переносящего на расстояние зрительные изображения. В 1907 году он напечатал в одном английском ревю парадоксальную статью: о кажущемся беспорядке в строении видимого звездного мира, а также толкованиях апокалипсиса и тому подобное.

Профессор живет почти один. Когда–то была жена, были две дочери, был хоть и походный, как скиния, но любимый дом... И все это пошло, поехало кувырком... Не стоит о прошлом... Рана давно отболела. Остался в душе толстый, грубый рубец, который, подобно старческим ревматизмам в непогоду или пулевым ранам, дает о себе знать изредка, в бессонную ночь, когда всякие глупости лезут в голову.

Но все–таки он не так уж безнадежно одинок. Два года назад, зимою, дождливыми полусумерками, к нему в открытое окно пробрался с крыши полудикий кот – черный, длинный, худой, наглый, – настоящий парижский апаш кошачьей породы. Никогда еще в своей жизни не видал Симонов ни человека, ни животного, которые носили бы на себе такое несчетное количество следов бывших отчаянных драк.

Кот требовательно мяукал, распяливая свой рот в узкий ромб, яростно блестя пронзительными зелеными глазами, судорожно царапая когтищами край подоконника. Профессор поставил ему на стол блюдечко скисшего молока с хлебом и остатком жареной грудинки. Кот поел, муркнул что–то вроде небрежного "спасибо" и в один прыжок очутился снова на крыше.

На другой день он пришел днем. И не только погостил около часа; даже, с нескрываемой брезгливостью, позволил слегка себя погладить. Потом зачастил. По целым дням спал, как собака, на голом полу, а вечером исчезал по своим темным и опасным делам.

Порою он не показывался по неделям и тогда приходил сильно потрепанным, часто хромым, с новыми шрамами, с разорванным надвое ухом. Симонов звал его Пятницей, и часто по ночам, когда наверху грохотала железная крыша и неслись к небу раздирательные кошачьи вопли, он думал: "Это мой Вандреди[7] там воюет".

Пожалуй, их отношения можно было бы назвать дружбой. В дружбе один всегда смотрит хоть чуть–чуть сверху вниз, а другой снизу вверх.

---

[7] Пятница (от фр. vendredi).

Один покровительствует, другой предан. Один великодушно принимает, другой радостно дает. Первым был, конечно, кот. Это он нашел профессора, а не профессор его. В области перемещения в трех измерениях кот был несравненно щедрее одарен природою, чем профессор. Профессор уже устал от жизни, хотя продолжал любить и благословлять ее, – кот жил всей кипучестью одичавших страстей: любовью, драками, воровством, убийством. Кот знал и умел делать тысячу вещей, которые были совсем недоступны профессору.

Разве мог бы профессор поймать зубами хоть самого маленького мышонка. А кот однажды утром притащил в мансарду пойманную и задавленную им на улице огромную рыжую крысу, из тех злобных чудовищ, что живут в водосточных каналах и никого не боятся. Когда профессор отворил ему окно, он со стола бросил прямо на пол, к ногам слабого человека, труп побежденного врага. И столько было силы в черной окровавленной морде, столько гордости в глазах, то расширявшихся, то сжимавшихся от волнения, что Симонов совершенно серьезно шаркнул ножкой и сказал:

– Очень вам благодарен.

По происхождению своему кот был гораздо древнее профессора, чему есть неопровержимое доказательство в первой главе Библии. Кроме того, род кота был еще и знатнее: в те седые времена, когда предки его почитались, как священные животные, великим и мудрым народом, – прапращур профессора дрожал, голый, в пещере, слышал гром с неба и впервые, в потугах корявой фантазии, придумывал себе бога.

Иногда человек и зверь подолгу глядели в глаза друг другу: человек первый уступал перед суровым, пристальным, как будто бы видящим сквозь материю и время взором. Тогда и кот лениво сощуривал зеленые глаза и сокращал круглые черные зрачки в узенькие щелочки. Разве он унизился бы до борьбы с профессором взглядами. Он просто показал зазнавшемуся человеку его место во вселенной и сделал это со спокойным достоинством.

Но бывали изредка и минуты равенства, даже некоторого преобладания человека над зверем. Это случалось в душные вечера пред ночной грозою, когда неподвижные, набухающие облака свинцовеют и чернеют и воздух сухо пахнет, как при ударе кремня о кремень.

В такие дни кот приходил рано, возбужденный, тревожный, пересыщенный накопившимся в нем электричеством. Он то ложился, то вставал и бродил по темным углам, выпускал и прятал когти, кончик его облезлого хвоста коротко и нервно вздрагивал. А если профессор слегка проводил рукою по его спине, то вздыбленный мех трещал и сыпал голубые искры, пахнувшие морским ветром. Тогда жалостно тыкался кот носом в профессоровы колени и беззвучно мяукал, широко и умильно раскрывая рот. Здесь человек пересиливал зверя.

Иногда, во время прогулок по Булонскому лесу, Симонов замечал Пятницу где-нибудь в траве, за деревом, между кустами: вероятно, здесь были места его охоты за лесными мышками, птенцами и, ночью, за спящими птицами. Конечно, кот успевал увидеть профессора еще раньше, но, должно быть, под открытым небом он стыдился признаваться в своем знакомстве с ним.

Был у Симонова еще один приятель – пожилой художник, бывший когда-то его слушателем в Петровской академии. С ним вместе они, случалось, ходили по воскресеньям в обжорку на Ваграме, а иногда, утром или вечером, бродили по "Буа-де-Булонскому лесу", как называл его художник. Бродили и разговаривали. Профессор описывал вслух красоту природы, – художник помалкивал и посвистывал. Но когда живописец яро пускался в философию и политику – профессор молча отмахивался рукой.

III

Вчера, возвращаясь домой, профессор Симонов видел, как далеко за черными деревьями и кустами Булонского леса пламенели и тлели красные угли вечерней зари, а над лесом, по правую руку от Симонова, стоял серебряный обрезок молодого месяца.

"Месяц ясный, небо чистое, заря рдяная – значит, завтра будет ветер", – подумал профессор и, вынув из жилетного кармана франк, показал его заново отчищенному, блестящему серпику... Новая луна приходилась справа: к прибыли.

У него вовсе не было предрассудков, но он любил всякие старинные обычаи и привычки – пусть даже и вздорные, – как крепкое утверждение простого и полного быта. Он говорил иногда, что приметы идут впереди точного знания, а наука о душе – позади суеверия.

И правда, сегодня дует сильный северо-западный ветер. Отворив рано утром окно, чтобы выпустить черного кота, случайного ночлежника, на волю, Симонов увидел, как широко раскачиваются на той стороне улицы вершины диких платанов, и ясно почуял отдаленный, еле уловимый, кисловатый, волшебный запах океана. Жаль, что нельзя выходить из дома так рано, как хочешь. Это запрещено по неписаному договору с консьержкой, которая, кстати сказать, всегда услужлива и любезна с русским чердачным жильцом. Но однажды в разговоре с ним она как-то вскользь сказала:

— О мсье, мы не жалуемся на то, что нам, консьержкам, приходится отворять на звонки до глубокой ночи. Alors! Это маленькое неудобство нашей профессии. Но в утренние часы, так от трех до семи, – мой самый сладкий сон, и я очень огорчаюсь, если меня в это время беспокоят по пустякам.

Часов у профессора не было, то есть была старинная золотая луковица, но она временно гостила в другом месте и, несомненно, в дурном обществе. Профессор хорошо обходился и без часов, своими собственными отметами времени. Он знал, что в три часа хриплыми, мокрыми со сна голосами перекликнутся петухи, которых очень много водится во дворах просторного, провинциального Passy. Позднее, перед рассветом, начнут около домов чокать и посвистывать черные дрозды; с восходом солнца они улетят в лес и в скверы. В шесть – опять закричат, навстречу солнцу, уже совсем проснувшиеся, свежие, бодрые петухи. В шесть с четвертью пронесется, потрясая почву, первый поезд окружной дороги. В половине седьмого приедут мусорщики на длинном грузовике с железной полуцилиндрической крышкой. Забирая из выставленных на улицу ящиков и ведер всякую грязную дрянь, накопившуюся за сутки, они будут сипло и непонятно ругаться по-овернски и по-итальянски. В семь без четверти донесется издалека низкий, протяжный, трубный звук, и его тотчас же подхватит многое множество разноголосых гудков и свистков. Это фабрики и заводы кричат рабочим: "Скорее! Скорее! Через контрольную будку! А то пропадет полдня и половина заработка". Они повоют с полминуты и умолкнут. Наступит последний промежуток легкой и короткой тишины.

Профессор поднялся, всунул руки в крылья своей серой разлетайки, надел шляпу со свисающими, как у рыболовов, полями и стал ждать того странного момента, который на него всегда производил впечатление жестокого и могучего чуда и который можно наблюдать ежедневно только из немногих окраин Парижа.

Сейчас ему казалось, что Париж набирает в грудь воздух, собирает мускулы, как гонец перед дальним бегом...

И вот вдруг огромный город, точно двинутый электрическим толчком, вышел мгновенно из утреннего оцепенения, раздохнулся и сразу весь вылился из домов на улицы, наполнив их тем сплошным, ни на секунду не прекращающимся гулом, который, привычно неслышимый для ушей, целый день висит над Парижем, так же как целую ночь стоит над ним в небе красно-желтое зарево от электрических огней; смешанным гулом, слитым из рева вздохов, стонов и трескотни автомобилей, грохота телег и грузовиков, стука лошадиных подков, шарканья ног, звонков и завываний трамваев, множества человеческих голосов...

– Заворчал апокалипсический зверь, – сказал вслух профессор и стал спускаться по винтовой лестнице "для прислуги".

IV

По бульварам и улицам уже бежали девушки из молочных в белых передниках с раздутыми пышными рукавами, прихваченными в запястье кожаными браслетами. На каждой руке, на каждом пальце у них были нанизаны металлические дужки молочных бутылок; жидкое мелодичное позвякивание наполняло весь квартал. Ветер трепал и путал волосы над свежими, только что вымытыми розовыми личиками молочниц, и, глядя на них, профессор с удовольствием думал: "Как милы, как четки, как хороши люди в ясное утро, на воздухе... Это, вероятно, потому, что они еще не начали лгать, обманывать, притворяться и злобствовать. Они еще покамест немного сродни детям, зверям и растениям. Да, это славная истина: не потеряет тот, кто рано и в должный час выйдет из дома. И какой сладкой прохладой тянет из Булонского леса".

Симонов делал свои ежедневные скромные покупки. Купил хлеба в булочной на площади Ля–Мюетт (бонжур, мсье, да–ам), пшена, муки и соли в бакалейной (За va? – За va!⁸), четверть кило свиной грудины ("Какой прекрасный день!" – "Но ветер". – "Вы, французы, всегда недовольны погодой. Ветер очищает воздух!"), зашел в мясную купить для Пятницы на пятьдесят сантимов бараньей печенки (Тужур промнэ, мсье?) и тотчас же, глядя на патрона, толстого, крепкого, полнокровного брюнета с малиновыми щеками, подумал: "А ведь это замечательно, что во всем мире самый цветущий вид у мясников, у колбасниц и у служащих на бойнях. Должно быть, это от постоянного вдыхания испарений здорового мяса, сала и крови. Будь я доктором, я вместо всяких вонючих пилюль и модных курортов посылал бы малокровных пациентов, этак на год, на службу в колбасную лавку".

Теперь фуражировка окончена; кот и человек обеспечены едою на сутки; расход не превысил четырех франков; следует идти домой, заваривать чай.

Но, не доходя четырех домов до конца улицы Renelagh, профессор вдруг останавливается, уткнувшись носом и рыжим клином бороды в железную решетку, ограждающую от улицы чей–то палисадник, прилипает к одному месту и так стоит неподвижно целых десять минут, с длинным хлебом под мышкой. Он немного затрудняет деловое,

---

⁸Идет? – Идет! (фр.).

торопливое движение пешеходов на узком тротуаре, но к его странностям давно уже привыкли в этом квартале: кое-кто, проходя, пожмет плечами, растопыривши локти, другой, весело прищурив один глаз, кивнет головою, женщина пройдет и раза два неодобрительно обернется назад.

Между черным кружком решетки и столбом газового фонаря, всего на пространстве трех-четырех квадратных вершков, паук сплел свою воздушную западню, и от нее-то не может оторваться профессор, забывший в эти минуты о времени, о месте, о чае, который надо кипятить, и о коте, которого надо кормить.

Это плетение из тончайших в мире нитей представляет собою прелестную спираль, перетянутую расходящимися от центра радиусами, прочно укрепленными в местах соединений. Радужным бисерным сиянием отсвечивают на солнце почти невидимые нити. Наклонишь голову налево – радуги побегут вправо; наклонишь направо – они закружатся влево, блестя и ломаясь углами на перехватах.

По улице носится порывистый шальной ветер. Под его капризными ударами вся нежная паутинная постройка, сверкая радугой, вздрагивает, трепещет и вдруг упруго надувается, как переполненный ветром парус.

Весь захваченный почтительным восхищением перед этой великолепной живой постройкой, профессор комкает в кулаке рыжий утюг своей бороды.

Самого архитектора не видно. Он, должно быть, очень мал или искусно спрятался. Какую громадную массу строительного материала вымотал он из своего почти невесомого тела.

Сколько бессознательной мудрости, расчета, находчивости и вкуса вложено сюда. И все это ради одного дня, может быть, одной минуты, ради ничтожной случайной цели.

"Как богата природа, – размышлял почтенный профессор, – с какой щедростью, с каким колоссальным запасом она одаряет все ею созданное средствами к жизни и размножению. На старом сибирском кедре до тысячи шишек, в каждой до сотни орешков, а конечная цель – всего лишь одно зернышко, случайно попавшее в земную колыбель, лишь один росток слабой жизни, которой грозят тысячи гибелей. Но зато и кедров не один, а миллионы, и живут они, ежегодно оплодотворяясь, многие сотни лет, и все кедры – порука за род.

В хорошем осетре – пуд икры, миллионы икринок, но конечная цель природы будет блестяще достигнута, если из этого количества зародышей вырастает хотя бы десяток рыб. Пара мух, если бы яички самки оставались неприкосновенными, расплодили бы за одно лето такое потомство, которое покрыло бы всю землю сплошь, как теперь ее покрывает человечество, разросшееся не в меру".

"Да, – думает профессор, – жизнь есть благо. Благо, и размножение, и еда. Но и смерть так же благо, как все необходимое. Мечта о человеке, который победит наукою смерть, – трусливая глупость. Микробам так же надо есть и размножаться и умирать, как и всему живущему.

И как разнообразно вооружила природа все существа для борьбы за жизнь. Панцири, клыки, жала, пилы, иглы, насосы, яды, запахи, самосвечение, ум, зрение, мускулы. Кто видел блоху под микроскопом, тот знает, какое это страшное, могущественное, неимоверно сильное и кровожадное создание... Будь она ростом с человека, она перепрыгнула бы через Монблан и уничтожила бы в несколько секунд слона.

Или вот этот паучишко... Какой сильный ураган выдерживает теперь его прекрасная воздушная сеть. Ну разве можно хоть в малейшей степени сравнить это божественное сооружение с таким жалким и грубым делом рук человеческих, как Эйфелева башня, столь похожая в туманный день на бутылку от нежинской рябиновой? Во сколько раз Эйфелева башня тяжелее, прочнее и долговечнее легкой паутины? Это немыслимо высчитать, – получится число со столькими знаками, что их не упишешь в одну строку самым мелким почерком. Возьмем, однако, для простоты, скромный, ничтожный миллиард.

Положим, я обозначу то давление ветра, которое испытывает теперь паутина, четырьмя баллами, по метеорологическому исчислению. Тогда для того, чтобы Эйфелева башня испытывала то же самое давление ветра, как паутина, надо это давление увеличить пропорционально силе сопротивляемости башни, то есть до четырех миллиардов баллов. Это великолепно! Ветра силою в сорок баллов не может себе представить воображение человека. Ураган в четыреста только баллов в одно мгновение свалил бы Эйфелеву башню, как картонный домик, как здание из соломинок, и сбросил бы этот мусор в Сену. Нет! Он сдунул бы весь Париж и помчал бы его камни, его развалины на юго-восток. Он выплеснул бы всю воду из рек и разбрызгал бы моря по материкам. Да, уж конечно, не паук строит лучше инженера, но природа строит крепче и мудрее всех инженеров мира, взятых вместе, – природа – одна из эманаций Великого, единого начала, которому слава, поклонение и благодарность, кто бы оно ни было".

V

На этом месте своих отвлеченных размышлений профессор вдруг перестал комкать рыжую бороду. Уже давно, в то время как его сознательное "я" занималось построением пропорций, – его "я" подсознательное ощущало какое-то смутное беспокойство в правой руке.

Профессор склоняет голову направо и вниз. Действительно, в его сжатой ладони спокойно лежала маленькая шершавая ручонка, а рядом с ним стояла девочка лет пяти—шести, ростом немного повыше его бедра. Как он мог не почувствовать этой детской лапки, прокравшейся в его руку? Впрочем, с ним бывали случаи еще более странные. В Гельсингфорсе он зашел однажды в парикмахерскую, где, обыкновенно через день, очень ловкая женщина—парикмахер обравнивала его бороду и подстригала волосы на щеках машинкой ОО.

Он ни разу в жизни не брился.

В этот день, садясь в кресло, он молча показал рукой на обе щеки и даже не заметил, что вместо знакомой парикмахерши над ним хлопочет какой—то новый мастер. Он и до сих пор помнит, какой предмет захватил тогда его внимание. Еще по дороге в парикмахерскую ему пришло в голову, что почти все человеческие лица, – особенно мужские, – можно при всем их кажущемся бесконечном разнообразии разделить по внешнему сходству на несколько сотен, а может быть, даже и десятков определенных типичных групп. И вот, сидя в кресле, повязанный по горло белым полотенцем, глядя прямо на свое отражение в зеркале и не видя его, он так увлекся вызыванием в зрительной памяти всех знакомых ему мужских физиономий, что совсем не замечал, как парикмахер опенивал мылом обе его щеки. Он опомнился только тогда, когда перед его глазами блеснуло губительное лезвие бритвы.

В тот самый миг, когда профессор увидел девочку, она тоже очнулась, отвела свой взгляд от паутины и устремила его вверх, в глаза странного, большого старого человека. Указательный палец правой руки еще оставался у нее во рту, прикушенный острыми беличьими зубками, – известный знак напряженного внимания и удивления.

У нее был смуглый кирпично—бронзовый цвет лица; по его крепкому румянцу и золотому загару пестрели грязные следы размазанных слез и липкие, блестящие пятна от конфет. На ней был затрепанный балахончик ярко—канареечного цвета, что—то вроде мешка с пятью отверстиями для головы, голых рук и ног, очень тонких и светло—шоколадного цвета, в соломенном пуху. Прямые, жесткие, черные – в синеву – волосы падали ей на лоб и на виски, как у японской куклы. Впрочем, было нечто если и не японское, то все—таки восточное в ее черных сладких глазах, нешироких и прорезанных чуточку вверх от переносья. У нее был длинный, но красивый рот, всегда сложенный как бы в полукруглую улыбку, немного козьего рисунка, с очень сложным выражением доброты и лукавства, застенчивости и упорства, ласки и недоверия.

Тут только девочка и сама заметила, что ее рука нечаянно попала в плен. Ни дети, ни молодые домашние животные не переносят, когда их члены лишены свободы. Миленькие обезьяньи пальчики вдруг все пришли в движение. Они стали точно крабом или большим жуком со множеством лапок, и эти лапки начали упираться, отталкиваться, изворачиваться, пока, наконец, не вывинтились на свободу из кулака.

– Как ваше имя, прекрасное дитя? – спросил Симонов.

– Жанет, – ответила девочка и, показав головой на паутину, сказала: – Это очень красиво! Не правда ли?

– Очень красиво.

– Кто это сделал?

– Паук. Такое насекомое.

– Зачем сделал?

– Чтобы ловить мух. Летит маленькая мушка и не замечает этих ниточек. Запуталась в них, не может никак выбраться. Паук видит. Пришел и съел мушку.

– А зачем?

– Потому что он голодный. Хочет есть.

– А он большой? Где он?

– Подожди, я попробую его позвать.

Профессор роется в карманах разлетайки, наполненных тем мусором, которым всегда полны карманы рассеянных мужчин, лишенных зоркого женского досмотра, достает измятый обрывок бумажки и, выждав короткую передышку ветра, начинает нежно щелкать ее уголком нити паутины. Из-за черного железного прута медленно высовываются две тонкие ножки, коленчатые ножки паутинного цвета, за ними виднеется что-то бурое, мохнатенькое, величиною чуть побольше булавочной головки. Профессор и Жанета переглянулись. Лица у них сосредоточены, как у двух соучастников важного дела, требующего особой осторожности. Но паук, тоже не торопясь, складывает свои ножные суставы и втягивает их назад.

– Ушел, – шепчет профессор.

– Да-а. Он – хитрый. Он увидел, что это мы, а не муха.

– Где же ты живешь, Жанета?

– Здесь и там.

Она указывает пальцем сначала на соседний дом, потом вдоль улицы на газетный киоск и поясняет:

– Здесь мы спим, а там продаем газеты.

– Почему же я тебя раньше не видел?

– Я была в деревне. Только вчера приехала. Но вас я давно знаю, еще до деревни. Вы очень смешной.

– Много благодарен. Пойдем, дитя мое, со мной, я куплю газету.

Он берет ее за руку. Теперь ручка девочки доверчива, но живые пальцы не могут не шевелиться и не подрагивать: так много в них электрического чувства свободы.

157

Газетный киоск втиснулся между забором железной дороги и перекинутым через нее воздушным мостиком. Это – деревянная будочка с квадратным оконцем и наружным прилавком, на котором газеты лежат стопками, прихваченные сверху, чтобы не развеял ветер, свинцовыми полосами. Коричневых стен киоска почти незаметно из-за множества покрывающих их иллюстрированных журналов, сцепленных между собой деревянными прачечными защипками. По обе стороны прилавка – два ящика с покатыми стеклянными крышками. В них различный мелкий товар для подсобной грошовой торговли: иголки, булавки, катушки, мотки шерсти, наперстки, шпильки, кружки ленточек и тесьмы, карандаши, вязальные крючки, блокноты, пуговицы роговые, деревянные, костяные, наконец, конфеты в фольге, в бумажках и простой леденец. Внутри домика есть переносная железная печь с плитою. Над крышей высится коленом черная жестяная труба. Когда из этой трубы валит дым, Симонову кажется, что вот-вот киоск-вагончик засвистит и вдруг поедет.

К киоску прислонена, загромождая тротуар, детская клеенчатая, сильно подержанная коляска с откинутым верхом, в каких возят годовалых детей. Вся она полна разной игрушечной, отслужившей свой век инвалидной рухлядью. Тут и плюшевые мишки, и коричневые суконные обезьянки с глазками из черных бисеринок, и рыжие курчавые пудели, и головастые разноглазые бульдожки, и дырявые слоны из папье-маше, и множество полуодетых и вовсе голых кукол, иные без волос и без носов, иные с вылезшими наружу паклевыми и стружковыми внутренностями.

– Очень хорошо, не правда ли? – шепнула ему Жанета.

– Великолепно!

– Это все мое.

– О!

Надо было что-нибудь купить. Заманчиво кинулся в глаза иллюстрированный сельскохозяйственный журнал большого формата, довольно толстый, с двумя серыми гривастыми мохноногими орденами на голубоватой обложке. Но устрашала цена в два франка пятьдесят сантимов. Газет он не читал, ни русских, ни иностранных. Газеты, говорил он, это не духовная пища, а так, грязная накипь на жизни-бульоне, которую снимают и выбрасывают. По ней, правда, можно судить о качестве супа, но я не повар и не гастроном. А если произойдет нечто исключительно важное, то все равно кого-нибудь встретишь – и расскажет. Газеты тем и сильны, что дают людям праздным, скучным и без воображения на целый день материал для пересказа "своими словами". Пришлось взять листок с первой попавшейся стопки – оказался "Journal des DИbats". Когда он расплачивался, маленькая жесткая ручка убежала и больше не вернулась.

Профессор начал было рассказывать о пауке, но у него не вышло... Газетчицу интересовали не пауки, а сантимы, и она не слушала. Это была небольшая, полная, еще цветущая женщина, с значительной долей еврейской или цыганской крови в жилах, далеко не такая смуглая и черноволосая, как Жанета, и совсем на нее не похожая. Общее у них было только в рисунке рта, но не в выражении. Глядя на беззастенчивый рот матери, казалось, что она недавно крепко поцеловалась с мужчиной, и опухшие губы по забывчивости еще сохранили форму поцелуя.

Кроме того, что она, как и все французы, была очень нетерпелива, – она бывала еще груба со своими клиентами и нередко покрикивала на них. Особенно доставалось от нее ее ami [Дружку (фр.)], – должно быть, слесарю, механику или водопроводчику, судя по лицу, всегда перепачканному глянцевитой гарью. Она держала его в строгости. Но в воскресенье, расфранченные, они прогуливались по лесу, присаживаясь на скамейках, несмотря на публику, обнимались с той свободной откровенностью, какая повелась в Париже со времен войны.

– До свиданья, мадам, – сказал профессор. – Ваша Жанета очаровательный ребенок.

Газетчица почти рассердилась.

– О, вовсе нет, мсье, вовсе нет. Она – дьявол.

– Мадам, разве можно так про ребенка?

– Я вам говорю, что она дьявол. Она злая, она очень злая... Она дьявол.

И вдруг без всяких переходов:

– Поди ко мне, поди скорее, моя крошка.

Когда Жанета протиснулась к ней через узенькую боковую дверцу, она посадила ее на свои колени, притиснула к своей пышной груди и стала осыпать бешеными поцелуями ее замурзанную мордочку, а в промежутках ворковала стонущим, нежным, голубиным голосом:

– О мой цыпленок, о мой кролик, о моя маленькая драгоценная курочка, о моя нежно любимая!

“А через три минуты она опять ее за что–нибудь нашлепает, – подумал, уходя, профессор. – Такие страстные, нетерпеливые матери – только француженки и еврейки”.

Черный кот встретил Симонова странно–холодным и точно недружелюбным взором. “Это оттого, – подумал профессор, – что я опоздал”. Кот съел свою порцию грудинки с необыкновенной жадностью и быстротою. Но, окончив еду, он не лег, против давнишней привычки, на полу, в золотом теплом солнечном луче. Он тяжело прыгнул на стол, выгнул спину вверх, по–верблюжьи, и проницательно, с яростной враждой уставился большущими зелеными глазищами в глаза профессора.

– Ты что, брат Пятница? – Профессор нагнулся, чтобы его погладить, и протянул руку. Но кот не позволил. Он злобно фыркнул, мгновенно повернулся к человеку задратым кверху хвостом и в два упругих прыжка очутился на карнизе и на крыше.

– Сердится, – сказал смущенный профессор и мотнул головой. – Но за что?

Проходят день и ночь. Наступает мутное и сухое утро. В полдень Симонов смотрел на флюгер чужой виллы. Стрелка его ни на мгновение не оставалась в покое. Она капризно, с разными скоростями вертелась то по солнцу, то против солнца, по всем тридцати двум румбам. В четыре пополудни стало жарко.

– Ну и здоровенная же будет нынче гроза, – сказал самому себе вслух профессор, выходя из дома. – Ого, уже начинается.

И правда: людям и животным не хватает воздуха. У них сохнут губы, языки и горла и кровью набухают затылки. Порывистый, изменчивый южный ветер сирокко не приносит облегчения, а только обдает на мгновение огненным дыханием, летящим из Сахары.

Сорванные с пешеходов соломенные шляпы, котелки и фетры катятся ребром по пыльной мостовой, а за ними козлом скачут люди с развевающимися полами пиджаков. Безобидно смеются зрители. Смеются и сами пострадавшие, крепче натягивая шляпы на затылки. Зонтики с треском выворачиваются спицами вперед. Женские юбки тюльпанами вздымаются вверх или вдруг тесными морщинами облипают груди, животы, бедра и ноги. Женщины идут против ветра, нагнувшись, низко склонив головы, прихватывая левой рукой шляпку, а правой непослушные легкие одежды.

В Булонском лесу этот взбалмошный ветер раскачивает, треплет, рвет и ерошит старые, могучие, шумящие деревья и крутит их шипящие от злобы вершины, как половые метлы. Он то заголит всю листву на светлую изнанку, то внезапно перевернет ее на темное лицо, и от этой размашистой игры весь лес то мгновенно светлеет, то сразу темнеет. И весело переплетаются в листве, на зелени газонов, на желтом песке дорожек узорчатые подвижные пятна золотого солнца, голубого неба и дрожащих теней.

Под широким шатром могучего разлатого каштана, лицом к ветру, сидит человек в сером балахоне, так низко опустивший грудь и голову, что проходящим, из-под его рыбачьей шляпы, виден только кончик его огненно-рыжей седоватой бороды. Этот кончик он иногда задумчиво пощипывает двумя пальцами, иногда рассеянно сует в рот и пожевывает. Прохожие с легкой улыбкой замечают также, что порою этот большой, живописный старик вдруг то ударяет себя кулаком по колену, то пренебрежительно пожимает плечами и резко вскидывает голову, то гневно стукнет палкой по земле: дурные привычки людей, умеющих думать не поверхностными, случайными обрывками мыслей, а глубоко и последовательно.

Но прохожим только так кажется, что здесь, на зеленой скамейке, сидит всего один человек. Им ни за что не догадаться, что близ них ведут бестолковый и неприятный семейный разговор два совершенно разные существа, неразрывно спаянные в одном человеческом образе. Первый – профессор химии, физики, ботаники, физиологии растений, ученый лесовод и лесничий, дважды доктор honoris causa [9] европейских университетов, вечный старый студент, фантазер, непоседа, святая широкая душа с неуживчивым характером, бессребреник и ротозей. Другой – просто Николай Евдокимович Симонов и больше ничего, человек, каких сотни тысяч, даже миллионы на свете. Николай Евдокимович знает очень и очень многое. Ему, например, известно, что в ожидании дождя порядочные люди берут с собою зонтики, выходя на улицу, что, возвращаясь поздно ночью домой, надо непременно без грохота затворять за собою входную дверь, что лестницы для того обнесены перилами, чтобы за них держаться, что каша, сало, чай, квартира и прачка требуют оплаты, что автомобиль на крутом повороте способен свалить с ног замечтавшегося зеваку. И еще бесконечное количество подобных умных и полезных законов. Наконец, как важнейший параграф домашнего катехизиса, он исповедует строгую истину о деньгах. Деньги чеканятся круглыми для удобного ношения в кошельках, а вовсе не для того, чтобы легче было пускать их ребром катиться по свету, и наоборот: им придана плоская форма, дабы красивее было их складывать в стопочки перед тем, как, пересчитав, отнести в солидный банк.

Профессор неохотно прислушивается к премудростям Николая Евдокимовича и свысока презирает их, как временные и скучные. Николай Евдокимович осуждает щедрость, безалаберность и глупую доброту профессора, ворчит, кряхтит, журит его и даже позволяет себе иногда осторожно поехидничать. Профессор говорит ему "ты", как раньше говорил престарелому сторожу, служившему тридцать лет при лаборатории. Здесь старая привычка, ласковая фамильярность, покровительственная интимность... Николай Евдокимович говорит "вы" и "господин профессор" с оттенком бережной заботы и почтения, но иногда и с поучительностью старой привязанной няньки.

Сидят теперь оба в Булонском лесу, на железной зеленой скамейке, и ведут беззвучный разговор, и временами профессору кажется, что беспокойные деревья с трепетом прислушиваются к этой беседе и принимают в ней тревожное участие.

---

[9] Causa-ради почета (лат. выражение, означающее получение ученой степени без защиты диссертации).

VI

Профессор вытягивает перед собой небольшую, но мясистую ладонь правой руки, всю исчерченную, изрезанную, изморщенную множеством переплетающихся линий, бугров и трещин. Такая рука, вылитая в бронзе, есть только у Бальзака, в музее его имени в Париже, на улице Raynouard, рука великого человека, все знавшая, все испытавшая, все ощупавшая, все испробовавшая, все измерившая и взвесившая и тем не менее прекрасная и живая даже в металле.

Профессор Симонов любит Бальзака больше всех иностранных авторов и нередко посещает его скромный музей. Но ему и в голову никогда не приходило сличить его руку со своей. Всего больше в этом простом и маленьком хранилище занимает профессора висящая на стене рамка, в которую вставлен четырехугольный лист ватманской белой бумаги с красивой надписью, сделанной самим Бальзаком:

Ici

Un

Rembrandt[10]

Эта наивная любовная надпись всегда умиляла профессора почти до слез, а потому он никогда не брал с собою в музей скептического и слишком земного Николая Евдокимовича.

Профессор долго и внимательно смотрит на свою бальзаковскую ладонь, слегка улыбается нежной старческой улыбкой и беззвучно говорит:

— Вот здесь, вот именно здесь, заблудилась ее крошечная, так мило жесткая и грязная ручонка. И как она потом нетерпеливо карабкалась, чтобы выбраться на свободу. Ну совсем точно маленький, вольный, подвижной зверенышек. О, чего же стоят все утехи, радости и наслаждения мира в сравнении с этим самым простым, самым чистым, божественным ощущением детского доверия.

Чтобы яснее вызвать образ маленькой чумазой Жанеты, профессор на

---

[10] Здесь Рембрандт (фр.)

минуту плотно зажмуривает глаза и вдруг слышит язвительное ворчание Николая Евдокимовича, этого вечного брюзги, нестерпимого указчика и надоевшего близнеца:

– Ах, господин профессор, господин профессор. Сколько мы с вами за нашу долгую жизнь рассыпали фантастических глупостей по всем долготам и широтам земного шара. И вот, извольте: на почтенном закате дней своих вдруг взять и ошалеть от восторга при виде какой–то грязной, замурзанной шестилетней уличной девчонки, похожей на желторотого птенца. Вот уже третий день идет, как мы крутимся около газетного киоска и без толку покупаем утренние, дневные и вечерние журналы в надежде вновь увидеть, хоть мельком, измазанную детскую мордашку и поймать ее лукавую улыбку. И на свою правую ладонь мы не устаем смотреть с блаженным умилением буддийского святого, взирающего на свой пупок.

Ну да – все это мило, хорошо и трогательно, тем более что вы человек с душою абсолютно, химически, чистой. Но согласитесь, господин профессор, с тем, что наше буколическое увлечение, пожалуй, может показаться нелепым и смешным, если на него посмотреть со стороны зорким и скептическим взглядом.

– Ну и пусть кажется. Какая мне забота до дураков и бездельников и до их свинского воображения? Мои годы, мои седины, моя безукоризненная жизнь – вот моя порука! Свиньей, вроде тебя, мрачной и гнусной свиньей, будет тот, кто усмотрит грязь в том, что меня чуть не до слез умилила эта забавная, чудесная, славная девчурочка. И все тут. Баста!

“Все тут, и баста, все тут, и баста”, – шипят качающиеся, переплетающиеся ветви.

Николай Евдокимович сдается:

– Да ведь я что же, господин профессор? Я оскорбительного для вашей чести ничего не говорю. Я только хочу сказать, что у каждого народа есть свои нравы, обычаи, навыки, суеверия и приметы, которые куда как мощнее писаных и печатных законов. И вот тут–то иностранцу, да еще бездомному эмигранту, укрывшемуся от позора и смерти под дружеским, верным и сильным крылом, должно с этими неписаными адатами обращаться как можно осторожнее и деликатнее.

– Перестань, старая шарманка, – раздраженно восклицает профессор, и трепещущие листья повторяют за ним: “Старая, старая шарманка!” Но давнишний лабораторный служитель не сдается.

– Да вы же сами помните, господин профессор, как вы выразили перед хозяйкой киоска свой милый восторг перед ее очаровательной дочкой Жанетой. И как она в ответ на это зачертыхалась? В ее чертыхании вовсе не было зла против вас или Жанеты. Нет, здесь заговорила бессознательная, инстинктивная, многовековая память о борьбе со злыми ларвами в языческие времена и с мерзкими кознями дьявола в эпоху первого, грубого христианства. Эта почтенная женщина, видите ли, услышав вашу горячую похвалу ее дочке, бессознательно испугалась, – а вдруг у вас дурной глаз. А вдруг вы Жанету сглазите. А вдруг дьявол услышит вашу искреннюю похвалу милой девчурке и от злой ревности возьмет и испортит ее: сделает ее кривобокой, или наведет на ее лицо какую–нибудь гадкую сыпь, или скосит ей глаза. А что касается дурного глаза, то разве не вы сами, господин профессор, девять лет назад поместили в одном теософском английском журнале полунаучную, полумистическую статью под псевдонимом "Немо", в которой интересно и весьма обстоятельно доказывалось, что из множества эманаций, выделяемых человеческим организмом, едва ли не самыми мощными флюидами являются флюиды, излучающиеся из человеческого зрачка, столь близко расположенного к мозгу. Через глаза передаются гипнотические волны, и не зрение ли, соединившись с воображением, ткет глубокой ночью цветистые, многообразные сны? И наконец, вовсе не выдумка безответственных романистов (как вы сами говорили) способность человеческих глаз к удивительным световым эффектам. Да, действительно, глаза человека, в зависимости от душевных эмоций, могут сиять, блестеть, вспыхивать молнией, жечь, пронизывать, наводить ужас и повергать ниц. И эту чудесную силу их открыли еще бог знает в какой глубокой древности всё видевшие, всё замечавшие и запоминавшие народы, самые наименования которых стерлись из истории, но которые оставили после себя несокрушимые устные предания. Романисты только ограбили неведомых предков без пользы для себя, между тем как у спокойного простонародья старая мудрость и великий опыт сохранились в темных приметах и суевериях. Вот и спрашивается теперь, господин профессор: правы ли вы были, рассердившись на экспансивную мамашу вашей ненаглядной Жанеты?

Профессор ударяет железным наконечником палки по дорожке, и гравий визгливо хрустит.

– Замолчи, несчастный попугай, собиратель старой рухляди, умеющий только превращать в ходячую пошлость все, до чего коснется рука твоя.

Ветер становится все более тяжелым и упругим. Дышать трудно даже в обильном зеленью лесу. Огромные, старые, вековые деревья, когда–то видевшие под своею сенью Виктора Гюго, Альфреда Мюссе, Бальзака и обоих Дюма, недоверчиво и устало поскрипывают и недовольно кряхтят. Небо потемнело, и по нему быстрыми взмахами летят группы странно больших, черных, зловещих птиц. Во всей природе какое–то мрачное ожидание. Профессора томит приближающаяся буря. А тут еще этот неугомонный филистер, скучный хранитель буржуазной морали, этот вечный суфлер и наставник, двойник, с которым никогда не расстанешься и который всегда будет тащить свободную душу профессора по истоптанным путям спасительной боязни, благоразумного умалчивания, политичного воздержания, всегдашнего согласия с большинством, повторения ветхих, заплесневелых истин, казенных улыбок и лицемерных похвал высокостоящим болванам. И профессор взрывается, подобно брошенной на землю петарде:

— Никого я не хочу ни знать, ни слушать! Что дурного или предосудительного в том, что всем моим сердцем и всеми моими мыслями завладела маленькая милая девочка, живой и нежный французский ребенок. Господи! Ведь я никогда не испытал и не перечувствовал и даже не надеялся когда-нибудь почувствовать тихой бескорыстной радости, которою так мудро и так щедро одаряет судьба дедушек и бабушек, когда все земные, пряные радости отлетают от них. Ах! Я не был дедушкой, не успел... Да, впрочем, что греха таить. Могу ли я, по чистой совести, похвастаться, что был когда-нибудь счастливым мужем или почтенным, уважаемым отцом, авторитетным главою дома, его основанием, его управителем и защитником?

Нет, вся его семейная жизнь сложилась как-то неладно, кособоко, нелепо, разрозненно и неуютно. Женился он приват-доцентом на бледной и капризной дочери видного профессора, университетского декана и академика, который сделал себе огромное имя, и независимое положение, и комфортабельную жизнь путями не особенно, по тому времени, прямыми: всегдашней готовностью идти навстречу воле и желаниям правительства, отрицательным отношением к студенческим массовкам, протестам и забастовкам, а также и суровой требовательностью на экзаменах. Он знал, конечно, что за глаза, в молодых радикальных профессорских кругах, его ядовито называли "кондитером" и "мыловаром". Но что ему было за дело до брехни неудачников, и бездарностей, и необразованных лентяев.

Он с привычным, нескрываемым удовольствием опускал в портмоне золотые, приятно тяжелые дарики, выдаваемые после каждого из торжественных заседаний Академии; со спокойным достоинством принимал казенные, весьма широко оплачиваемые научные поездки за границу и роскошные издания своих книг и без всякой тени заискивания расширял и поддерживал свои знакомства с питерской аристократией и с высочайшими особами. Студенты его ненавидели, но его лекции всегда наполняли аудиторию до самого верха, ибо он в совершенстве владел своим глубоким и гибким умом, был красноречив и обаятельно остроумен.

"Гениальная скотина", — назвал его однажды бесцеремонный и злой на язык великий циник граф Витте.

Брак Симонова с его младшей дочерью Лидией был чрезвычайно странен как по своей неожиданной быстроте, так и по полному отсутствию того томного ухаживания, которое составляет главную прелесть жениховского периода.

Поездка на Аптекарский остров профессорской компанией. Дурманящая белая ночь, легкое и веселое опьянение дешевым русским шампанским Абрау-Дюрсо, могучее дыхание полноводной Невы, смолистый ласковый запах березовых распускающихся почек, непринужденная игривость дружеского пикника. Играли в горелки. Лидия, со своим гибким и тонким станом, с матовым лицом и ярко-красными губами, летала, точно не касаясь ногами земли, похожая в загадочной полутьме на влюбленную колдунью. Никто не сумел бы понять, как это случилось. Догоняя Лидию, Симонов так разогнался, что чуть ее не опрокинул и для поддержания равновесия принужден был крепко обнять ее за талию и прижать к своей груди, так что почувствовал упругое прикосновение ее девических сосцов. И в этот же момент она поцеловала его в губы под защитою старого дерева.

Сначала молодой ученый был смущен и до румянца сконфужен ненасытной жадностью и чувственным бесстыдством этого пламенного и влажного поцелуя, но потом, со свойственным ему великодушием и уважением к женщинам, быстро решил в уме, что это просто первоначальная неумелость, неопытность, непривычность наивной и невинной девочки, вдруг вздумавшей подражать взрослым или разыгрывать сценку из только что прочтенного романа. Но, во всяком случае, этот поцелуй, огнем пробежавший по всем нервам Симонова, требовал, по его джентльменскому мнению, серьезной ответственности. Поэтому, возвращаясь с пикника на Разъезжую, Симонов, набравшись храбрости, с бьющимся сердцем, сделал Лидии форменное предложение вступить с ним в брак. Немного покоробило его спокойствие, с которым она дала свое согласие. Симонов ожидал услышать старинную, традиционную, многовековую фразу: "Поговорите об этом с папой и с мамой". Нет, она сказала просто, с вежливой приветливой улыбкой: "Я согласна. Вы мне давно нравитесь. Я не могу от вас скрыть, что приданое за мною не так уж велико, как это можно было бы предполагать, судя по нашей жизни, которая со стороны кажется очень широкой. Конечно, мои родители охотно возьмут на себя все расходы по бракосочетанию и по поездке за границу. Они же с удовольствием озаботятся тем, чтобы приискать нам на первое время уютную хорошенькую квартиру, с удобной мебелью и со всем хозяйственным обзаведением. Но я думаю, что больше пятидесяти тысяч папочка за мною не может дать. А это – немного по теперешнему времени, когда о шалаше и рае не вспоминают даже в шутку. Я свободно владею тремя иностранными языками: французским,

166

немецким и английским, – и могла бы отлично переводить с них. Но вы сами знаете, как дешево оплачиваются переводы...”

Эта хладнокровная деловитость заставила Симонова на минуту съежиться, и он сказал с невольной неловкостью:

– У меня есть небольшое имение в Новгородской губернии. Если не ошибаюсь, сотни четыре десятин с небольшим. В Устюжинском уезде. Но еще больше я надеюсь на свой труд, потому что работать я люблю и умею, и никогда работы не боялся, и никогда от нее не отлынивал. Верьте мне, Лида: с вашей любовью и дружбой я вскоре займу положение, которым вы по справедливости будете гордиться. Вот вам моя рука в залог; пожмите ее крепко, как можете.

Бледное лицо девушки порозовело, когда она исполнила просьбу жениха. А потом она сказала:

– Если бы я не поверила вам, то неизбежно должна была бы поверить папочкиному мнению о вас. Вы ведь знаете, как он скуп на комплименты и на лестные отзывы, особенно в научной сфере. О вас же он заочно говорит, как о будущем светиле науки, как об отце будущей, новой, великой школы. Это его собственные слова. А теперь, если вы не раздумали, пойдем к нему наверх и скажем о нашем решении соединиться законным браком. Только я вас об одном попрошу. Наука так и останется наукой, но в делах коммерческих и денежных обращайтесь всегда за советом к папе. Имя его известно во всем цивилизованном мире. Но мало кто знает, что папочка со своим ясным, светлым и острым умом является первоклассным дельцом и безошибочным размещателем крупных денег в такие места, откуда они вскоре возвращались обратно в удесятеренном виде. Папочке бы быть русским министром финансов! – сказала Лидия с гордой похвалой...

Таким образом женился Симонов на Лидии Кошельниковой. Брак этот вышел не по расчету, не по страстной любви, даже не по мгновенному случайному увлечению, от которого внезапно кружится голова, заволакиваются туманом глаза, а мысли и слова теряют смысл и значение.

Впоследствии Симонов много раз возвращался памятью к этому странному времени жениховства и первоначального замужества и никогда не находил в них ни логики, ни оправдания, ни надобности: было холодное наваждение, была неуклюжая актерская игра в напыщенную влюбленность. Он слишком поздно разобрался в душе своей жены и нашел для нее типичное место, в котором, однако, не было ничего сложного, загадочного или необыкновенного. Просто: она была дочерью своей эпохи, когда молодые девушки либо мечтали о политике и курсах, либо напичкивались сверх силы Оскаром Уайльдом, Фридрихом Ницше, Вейнингером и половым бесстыдством. Лидия была из последних. Еще в институте для привилегированных девиц она ела толченый мел и пила уксус, для того чтобы тело не переставало держаться в воздушных, почти невесомых формах, а лицо под гримом постоянно носило томный отпечаток бессонных, безумно проведенных ночей, оставивших черные красноречивые круги под глазами.

В институте же, под наивной и невинной игрою в "обожание" старших подруг, она узнала первоначальные соблазны уродливой однополой любви, которой в то время предавались по распущенности и из-за снобизма юноши и девушки всех благородных учебных заведений. В супружеских интимных отношениях она не проявляла здоровой чувственности, была лишь холодно-любопытна, и вскоре эти отношения между молодыми супругами стали постепенно все реже и неодухотвореннее. Однажды Лидия сказала мужу:

– Ты знаешь. В конце концов немцы были и умны и практичны, когда признавали за "цвей киндер систем" право гражданственности. Это и необходимо и достаточно.

Симонов, как всегда, ответил спокойным согласием и нисколько не удивился тому, что, родив вторую, и последнюю, девочку, Лидия совсем отказалась от супружеских обязанностей, предоставив вместо них мужу полную свободу, в которой он, впрочем, совсем не нуждался.

Однако обязанность доставать деньги осталась за ним и с каждым годом настоятельно увеличивалась. За детьми Лидия никогда не ходила. Не любила и не умела этого. Около девочек были всегда кормилицы, няньки и бонны. Сама же мать только наряжала их, как кукол, и играла с ними, как с куклами, в течение десяти минут в сутки. Переводы с иностранных языков оказались милым вздором заневестившейся барышни. Знала она, правда, – и то с грехом пополам, – слов по сто на каждом из трех главных европейских языков, но для профессии переводчицы этот багаж был и скуден и легковесен. А главное, к занятию этому у Лидии не было ни призвания, ни терпения. Занимала ее больше всего легкая, суетливая, подвижная общественная благотворительность, устройство литературных и студенческих вечеров, лотереи, и базары, и прочие веселые пустяки с приглашением знаменитостей, с продажей шампанского и цветов и с постоянными предлогами заказывать новые модные костюмы.

Больше всего имела Лидия успех в только что народившихся, бесшабашных кружках новой литературы, поэзии и живописи, – у всей этой молодежи, носившей диковинные девизы кубистов, футуристов, акмеистов и даже ничевоков. Они в ней находили порочную прелесть верленовских изломов и манящую жуть сладострастия Пикассо. Впрочем, все эти божественно дерзкие переустраиватели мирового искусства никогда не задумывались над смыслом и значением тех умопомрачительных слов, которые они походя роняли, веско, гулко, бездонно-глубоко и абсолютно непонятно для непосвященных буржуев. Ничего! Им все благоговейно сходило с рук. Такое уж сверхчеловеческое поветрие носилось тогда, незадолго до ужасной войны, по обеим столицам России, что гении, пророки, ясновидцы, тайновидцы, предсказатели, медиумы, мировые мудрецы, Наполеоны и Заратустры рождались среди интеллигенции с быстротою грибов после теплого летнего дождя. Уважающему себя культурному и передовому человеку приходилось разрываться на части, чтобы не пропустить случая сбегать на поклон к новому блистательному светилу, только что вчера открытому. Москва, древняя, кондовая, купеческая, усестая Москва, которая прежде созывала гостей на обед с юродивым Корейшей, с протодьяконом Шаховцовым, который голосом своим тушил все люстры в зале, с полицмейстером Огаревым, с Шаляпиным или с борцом Поддубным, – эта наивная, сердечная Москва вдруг, очнувшись, поняла, что ей совсем уж невозможно жить без своего декадента. Поэтому она спешно заказала для своих домов декадентскую архитектуру, завела чертовски декадентскую и безумно дорогую литературу, а московские дебелые девицы бредили во сне: тятенька с маменькой, купите мне в женихи настоящего декадентского кентавра.

И покупали.

Чинный Петербург всегда был спокойнее, умереннее и хладнокровнее пылкой Москвы, к которой он еще со времен Петра Первого привык относиться свысока. Однако яростный напор новых течений во всех отраслях искусства мощно захватил и солидный Петербург, ставший к тому времени внезапно Петроградом. Первыми провозвестниками и глашатаями этой трескучей новизны стали торопливые карьеристы, малограмотные приват-доценты, читавшие "взгляд и нечто" на многочисленных женских курсах и пописывавшие критические статейки в сотнях журналов, которые ежедневно возрождались под самыми драконистыми заглавиями, чтобы через два-три дня тихо и бесследно опочить.

Лидия, со всегдашней своей страстью к шумливым, безвкусным и дешевым безделушкам, одной из первых записалась в горячие поклонницы всех этих "истов", в их верного друга, в их деятельную помощницу и пропагандистку. Они же называли ее своей мамой, своей музой, своим икс-лучом и аккуратно, целыми стаями посещали по пятницам ее несколько скучноватый, но услужливый и гостеприимный салон, где подавались очень вкусные сандвичи и отличное кавказское красное вино "Мукузань".

Симонов вначале не без интереса и любопытства посещал декадентские вечера своей жены. Как-никак, а, по словам Лидии, на них созревало и выковывалось то новое, могучее и гордое искусство, которому надлежало, растоптав в прах все жалкие, скучные и нудные потуги предшественников, засиять над миром неугасаемой огненной звездою.

Однако вскоре он стал потихоньку думать: "Тут, по совести, одно из двух: либо я отстал от искусства и ничего не понимаю, либо все эти футуристы и кубисты – просто–напросто охальники, симулянты, мистификаторы, шарлатаны и развязные наглецы и похабники..." Правда, в некоторых поэзах этих вчерашних новаторов звучала порою странная и дикая сила; правда и то, что дерзкие консонансы, заменившие у декадентов лакированную точность строгих рифм, были ясны и понятны для Симонова, хорошо изучившего остроту крестьянских поговорок и частушек. Но отсутствие прямого смысла неприятно раздражало его, как раздражала и их манера читать свои произведения в нос, нараспев, на мотив "Чижика", похоронного ирмоса или бульварной песни, не останавливаясь перед похабными словами. Еще экстравагантнее были футуристические музыканты и кубистические художники. Этих не понимали даже близкие сотоварищи. Впрочем, в этих сверхчеловеческих, орущих шайках быть непонятым почиталось первой ступенью к гениальности.

Эта здоровенная молодежь ела и пила с аппетитом волжских грузчиков, не переставая брала взаймы деньги и часто оставалась ночевать на диванах, на сдвинутых стульях и даже просто на полу. На это молодое разгильдяйство Симонов смотрел снисходительно и даже с молчаливым сочувствием. Профессорская жизнь еще не выжгла из его памяти студенческих годов в Московском университете, когда бесцеремонная молодежь охотно делилась и ночлегом, и обедом в столовке, и последней кружкой пива, и научными знаниями. Но один дурацкий случай вывел его из себя. Какой–то здоровенный, долговязый, весь в угрях декадент, в балахоне, наполовину желтом, наполовину голубом, с пучком укропа и с морковкой в петлице, только что окончил завывать свою новую поэзу, носившую претенциозное заглавие "Паванна", и стоял, окаменев от наплыва вдохновения, а вокруг него благоговейно безмолвствовали второстепенные поэты. Встретившись глазами с Симоновым, желто-голубой верзила спросил в нос:

– Ну, что же, Амфитрион? Кого вы теперь назовете прекраснейшими из всех русских поэтов?

Смущенный Амфитрион невольно повел глазами по той стене, где у него ровной линией висели застекленные портреты всех знаменитых русских писателей и поэтов, и застенчиво пробормотал:

– Я думаю, что все–таки Пушкин...

– О, ослица Валаамова! – возопил прыщеватый декадент. – Весь ваш слащавый европеец Пушкин не стоит одного ногтя с моей ноги. – И вдруг, схвативши массивную чернильницу, декадент с быстрым размахом швырнул ее в лицо Пушкина, раздробив стекло и залив портрет чернилами. Симонов, весь побелев от негодования, схватил с необыкновенной силой поэта за шиворот и потащил к выходным дверям, беззвучно говоря дрожащими губами:

— Ах ты, сукин сын! Чтобы тут больше твоего духу не было! А то насмерть убью стервеца! Вон сию же секунду!

Претендент на высокое звание прекраснейшего из русских поэтов всех времен поспешно выскочил в переднюю, сбитый с толку и точно скомканный. За ним, с глухим ворчанием, посыпались второстепенные поэты. Но "грубая, безобразная, дикарская выходка" Симонова не обошлась ему даром. Во—первых, Лидия после громадного истерического припадка, с рыданиями и обмороками, заставила—таки мужа на другой день поехать к желто—голубому поэту и просить у него прощения. Во-вторых, ему на веки вечные запрещено было присутствовать на декадентских радениях, хотя бы даже издали через щелку. А в—третьих, с того злополучного вечера совсем прекратились всякие человеческие отношения между мужем и женой. Здесь не было ни злости, ни мести, ни взаимного отвращения. Просто оба давно уже стали понимать и чувствовать, что нет и никогда не было между ними ничего общего, сближающего, душевного и что скоропостижный брак их можно было бы объяснить только холодным, бессонным наваждением северной белой ночи и мгновенным капризом анемичной, избалованной петербургской барышни.

В начале этого расхождения Симонов даже был рад этой домашней свободе. Легче работалось, легче думалось. А главное, в эти одинокие тихие дни Симонов наконец нашел подход и дорогу к умам и характерам своих двух дочек, которые до сих пор пребывали в глупом баловстве и в капризном невежестве. Он с нежной и веселой радостью уже стал замечать, как входили в детские умы и сердца те избранные книги, которые он им читал: русские, умело подобранные сказки, сказки Андерсена, рассказы Марка Твена и чудесного Киплинга и Доде, "Хижина дяди Тома", приключения Жюля Верна, "Серебряные коньки", "Капитанская дочка" Пушкина и тому подобные вещи, легко и удобно входящие в ум и в воображение детей. Он при первой возможности водил девочек в Зоологический сад, в зверинцы, музеи и галереи. Каждый листик, каждые зверь и зверюшка, каждые жуки и мушки являлись для него и для детей предметами жадного внимания и удивительных рассказов. Эти два года мирного общения с маленькими дочерьми остались навсегда для Симонова самыми лучшими, теплыми и благородными воспоминаниями. Прежде бывало так, что, рассерженный безалаберностью жены и ее вечным мотанием по знакомым, и по лавкам, и по заседаниям, он молчаливо повторял про себя жестокое изречение из притчей Соломоновых: "Горе жена блудливая и необузданная. Ноги ея не живут в доме ея". Теперь же он все чаще ловил себя на унылой мысли брошенного человека, уже свыкшегося со своим одиночеством:

– А все–таки, куда как лучше и приятнее дома, когда в нем нету его почтенной и обворожительной хозяйки Лидии.

Но давно уже известно, что женщина, разлюбившая и злая, никогда не удовлетворится спокойным молчанием. Так и Лидия вскоре стала неутомимо пилить и заедать мужа, выбрав для этого самое уязвимое, самое чувствительное, самое больное место – деньги.

Настало время, когда в маленькой, когда–то мило уютной комнате на Песках с утра до вечера только и стало слышаться одно это желтое, ужасное, проклятое, ядовитое и такое всемогущее слово – деньги.

– Вы, как кажется, позабыли о деньгах? Где же деньги? Вы, по-видимому, все мечтаете о рае в шалаше, а не о деньгах? Вы, кажется, совсем забыли, что у нас завтра - гости и, чтобы принять их, надобны деньги? Оленьке нужны деньги на башмачки, Юленьке нужны деньги на шубку. Кухарке нужны деньги на базар, мне нужны деньги на замшевые перчатки и на билет на Вагнера. - Деньги, денег, о деньгах, деньгам, деньгами, деньгам, деньгами... Вкус ржавого железа появлялся во рту Симонова, когда звучали эти металлические слова, требующие денег. Вскоре и дочери, сначала как невинные попугайчики, а потом все сознательнее и настойчивее, научились этой минорной песне о вечных деньгах.

– Папочка! Почему ты нам купил аграфы сердоликовые, когда теперь все носят жемчужные? – Папочка! Почему ты купил места в партере, а не в бельэтаже? – Папочка! Почему у нас елка была с парафиновыми свечами, а у Х электрическая? Почему у Z свой собственный выезд, а мы должны трястись на извозчике–ваньке? – Папочка! Почему мамочка всегда плачет, что ты жадный и скупой и никогда не хочешь давать ей деньги и что ты, кроме того, страшный лентяй и не хочешь работать?

"Какая пакость со стороны тех матерей, которые ложью восстанавливают детей против отцов, – думал часто Симонов и тотчас же поправлял самого себя: - А еще хуже длительная, текущая годами семейная злобная вражда, в которой обе стороны считают себя великомучениками и только тем занимаются, что отыскивают против врага укус поядовитее".

Симонов, со свойственным ему мягким великодушием, рыцарски самоотверженно причислял себя к одной из враждующих сторон. Носить в себе вечную неугасимую злобу казалось ему тяжким и горчайшим бременем, и он как бы навьючивал на себя молчаливо половину общего проклятого груза. Нет, никогда он не был лентяем или скупцом. Как однажды, в далекую белую ночь, дал он Лидии торжественное обещание работать не покладая рук для счастия своего гнезда, так и держал это слово с непоколебимой энергией, с радостным сознанием исполняемого священного долга. Он успевал читать лекции в петербургских сельскохозяйственном и лесном институтах и на женских курсах, преподавал физику, химию, космографию и естественную историю в кадетских корпусах, в военных училищах, женских институтах. Одно время он руководил геодезическими триангуляционными съемками в Академии генерального штаба. Он написал много статей, как строго научных, так и популярных. Журналы принимали их охотно, редакторы рассыпались в похвалах и комплиментах... Однако гонорары повсюду были мизерные. И все—таки жить было можно, и даже жить с небольшим комфортом, несмотря на то, что тесть слукавил на приданом. Беда была в том, что Лидия никогда не знала цены деньгам, и они сыпались у нее сквозь пальцы, а Симонов во всю свою жизнь так и не научился ладить с нужными людьми, обходя их услужничеством, лестью и подобострастием: бывал, когда не надо, горд, независим, противоречив, самостоятелен и неуступчив. А эти свойства люди сильные не всегда любят.

Когда пришла Симонову пора защищать свою докторскую диссертацию, то профессор Кошельников однажды любезно спросил его, как бы мимоходом:

— Что ты скажешь, милый зятек, если узнаешь, что университетский совет назначит меня быть твоим оппонентом на диссертации?

По профессорской этике такой любезный вопрос всегда имеет и огромный вес, и серьезнейшее значение. В нем как будто бы уже заранее признаются и талант и заслуги молодого диссертанта, и не чем иным, как благодарной улыбкой, на него нельзя было бы ответить. Но Симонов как—то сухо, по—медвежьи коряво возразил:

— Я бы, конечно, был весьма обрадован и польщен, господин профессор, но... но согласитесь с тем, что мы с вами все—таки в свойстве... и бог знает что могут наговорить недоброжелательные языки... Кумовство, непотизм, протекции... и так далее. Обоим нам будет неловко.

Тесть поднялся с кресла и желчно сказал:

— Дело ваше. Как знаете, как знаете... — и, надевая шляпу в передней, еще раз прибавил: — Как знаете.

Кончилось тем, что диссертацию свою Симонов сдал в Москве, и сдал самым блестящим образом. Когда он приехал назад в Петербург, тесть не дал себе труда поздравить его.

Кошельников был не злопамятен; к тому же он очень любил свою анемичную дочку. Поэтому спустя некоторое время он сделал зятю у себя на дому великолепное предложение в духе той финансовой мудрости, которой когда—то так восхищалась Лидия. Дело заключалось в том, что несколько влиятельных и высокостоящих чинов генерального штаба предпринимали в военных целях гигантскую работу по осушению Полесья. В настоящее время начинают разыскивать и подбирают опытных инженеров, гидротехников, землемеров, лесников, геодезистов. Проектируется работа на многие десятки миллионов. Дело большое и верное, и на нем можно честным путем сделать хорошее, солидное состояние, опору будущему счастью. У Николая Евдокимовича остались добрые знакомства с генеральным штабом, тесть поможет своими влияниями. Надо только ковать железо, пока оно горячо.

Симонов попросил две недели отсрочки для размышлений. Аккуратно в назначенный срок он пришел к тестю и попросил у него сепаратного разговора. С первых же слов он решительно отказался от работы на Полесье, а когда профессор Кошельников спросил о причинах такого крутого отказа, зять нарисовал картину мрачную, зловещую и устрашающую.

– Во–первых, – сказал он, – осушение Полесья стоит не миллионы, а миллиарды. Во–вторых, осушение Полесья, кроме дороговизны, повлечет за собою непременно обмеление всех водных источников, речонок и рек, как малых, так и средних и больших. Это же со своей стороны грозит оскудением сельских хозяйств на громадных пространствах, остановкой водяных мельниц, прекращением путей сообщения и в особенности пароходному движению по рекам, питаемым водами Полесья. Подумайте: Днепр и теперь уже нуждается в землечерпалках, что же будет дальше, когда он высохнет. В–третьих, кто инициатор и глава этого осушительного предприятия? Полковник генерального штаба Ж. Он поляк, действительно – Ж. С идеей осушения он возится давно уже, связывая эту идею с возможностью оборонительной войны. Умный теоретик военного искусства Михаил Драгомиров сказал однажды по этому поводу: "Умный, храбрый вождь пройдет шутя через топь. Трусливый дурак разобьет голову на ровном месте".

Однако полковник Ж. теперь снова вылез наверх… И наконец – четвертое: мне удалось узнать фамилии будущих предполагаемых подрядчиков. Все это – народ жох, тертые калачи, а главное, жестокие специалисты по лесному делу.

– И что же?

– Да то, что вся суть осушения сводится к неслыханной по размерам вырубке Полесья и распродаже леса в дьявольских размерах. Военные интересы – одна только вывеска.

– Однако, – возразил тесть, – ведь там в числе пайщиков есть и высочайшие персоны.

– Тем более, – угрюмо буркнул Симонов, – мне в эту компанию не ход.

– Глупая щепетильность, – пожал плечами Кошельников, и собеседники, не говоря больше ни слова, сухо и надолго простились.

На другой день Лидия пришла к нему в кабинет и без обычной ссоры, вялым, деловым голосом предложила ему развестись с ней. Он ничего у нее не расспрашивал, сразу же согласился. По ее же просьбе он согласился и взять вину развода на себя, как на мужа, осквернившего супружеское ложе. Много этому невинному, доброму и покладистому человеку пришлось выслушать консисторских пакостей, пока развод не был зарегистрирован в порядке.

Одно условие развода огорчало и удручало Симонова: обе его дочери, по утверждению Святейшего синода, должны были остаться при матери, на которую возлагалось их духовное и моральное воспитание в началах и указаниях Святой православной кафолической церкви. "Хорошими началами она их напичкает", – сурово ворчал про себя Симонов; и, предвидя неизбежные в разводе сцены ревности из-за детей, возрастающую на этой почве неутолимую ненависть и тяжелое влияние на девочек родительской вражды, он с глухим горем оставил навсегда Петербург, чтобы занять профессуру в родной, знакомой и давно любимой Москве.

Так-то порвались навеки для него все сношения с бывшей семьей и даже самая память о ней. Но любовь ко всем детям, умиление над их беспомощностью, радость слышать их голоса и видеть их улыбки, созерцать их игры и их первые попытки к общежитию постоянно наполняли его душу целительным бальзамом. Он не ради щегольской фразы, но от глубины чистого и любящего сердца произнес свой афоризм на большом московском собрании матерей:

– Тот, кто написал хорошую книгу для детей или изобрел детские штанишки, не связывающие движений и приятные в носке, – тот гораздо более достоин благодарного бессмертия, чем все изобретатели машин и завоеватели стран.

А удушливый, горячий ветер сирокко не только не хочет уняться, но все больше и больше набирает силу, злобу и упругость. Профессор давно уже устал вести бесполезную ссору со своим тупым и мещански настроенным двойником Николаем Евдокимовичем. Приближающаяся и все не решающаяся разразиться гроза точно приплюскивает его к земле и лишает воздуха. "Что же я так сижу и изнываю?" – думает он. Ведь даже гимназистам первого класса известно, что ничего нет опаснее, чем стоять в грозу под деревом.

– Пойду-ка к себе домой. У меня над моей голубятней проведен громоотвод. Молодцы французы в этом отношении. Впрочем, и во всем они молодцы, что касается стихийных бунтов и восстаний.

Он подымается, с трудом выпрямляя члены, затекшие от долгого сидения. Бесчисленные мурашки бегут под его кожей.

"Точно электрический ток, – думает профессор. – А почему бы и в самом деле этому ощущению не быть электрическим явлением?" – и в этот момент Симонов тяжело падает на землю, оглушенный и ослепленный яростными, одновременными молнией и громом. Страшный ураган срывается, как взбесившаяся лошадь. Небо, воздух и земля заволакиваются густым зловещим мраком. Ревут деревья, трещат ломающиеся ветви, с чертовским грохотом и жалобным стоном падает столетний могучий каштан, выворачивая из земли свое огромное корневище, зарытое в землю. Деревья раскачиваются, нагибаясь до земли. Молния и гром не перестают ни на минуту. Водяные хляби разверзлись точно при потопе. Ничего не видно, кроме тяжелой, сплошной воды, закрывшей весь горизонт.

Симонов, весь промокший и потерявший дорогу, с великим трудом пробирается между деревьями, инстинктом находя дорожки и вновь теряя их. Маленькая, нежная ручонка вдруг касается его пальцев, и дрожащий, испуганный голосок говорит снизу:

– О господин. Я боюсь. Помогите мне. Я очень боюсь. Я не знаю, куда мне надо идти.

– Ах! Боже мой! Ведь это Жанета, – с радостью и с ужасом узнает профессор. – Как ты попала сюда, под мой непромокаемый плащ? Вот так, вот так, моя дорогая девочка, вот так. И теперь перестань тревожиться. Будь спокойна, я тебя сейчас донесу до вашего киоска. – И, ловко окутав Жанету своим пальмерстоном, он храбро шлепает по лужам.

Время от времени тоненький, жалобный голосишко попискивает из узла:

– О, как я боюсь, как боюсь, мой добрый господин! – И умиленный Симонов ласково и успокоительно похлопывает ладонью по разбухшей разлетайке. Так они выходят из Булонского леса, проходят по бульвару Босежур, и там, под перекидным мостом, профессор сдает свой мокрый груз в газетный киоск, наполняя его водой и крикливым изумлением хозяйки, которая уже успела до смерти измучиться, разыскивая свою быстроногую Жанету в эти страшные часы бури, молнии и зловещего мрака. Она, с той быстротой и приятной ловкостью, какие свойственны всем любящим матерям на свете, освобождая девочку от бесконечной профессорской обмотки, вытирала быстрыми движениями ее промокшее тельце, сморкала ей нос и в то же время не забывала шлепать ее по задушке и скороговоркою то браниться, то в сотый раз пересказывать Жанете, профессору и всем ближайшим соседям о тех ужасах, которые она сегодня претерпела.

– О дорогой господин, – обращалась она к Симонову. – Надеюсь, что вы извините меня за то, что я сначала подумала, будто это вы завели

176

Жанету в Булонский лес, и вот я прибежала к вашей госпоже консьержке и осведомилась у нее о вас. И я была очень рада, когда услышала самые почтенные и добрые рекомендации о вас с ее стороны. Но вы, конечно, поймете душевную тревогу бедной матери. Надеюсь, что у вас самого были сестры, дочери или внучки?

Но тут сама Жанета, решительно высвободив головку из кучи тряпья, великодушно идет профессору на помощь и защиту.

– О моя дорогая мама, – говорит она с восторгом и ужасом. – Если бы ты видела, какой это был ужас. Я пошла в Булонский лес с Жермен, с дочерью мясника, господина Колэн, и мы разошлись там, когда настала гроза. О, мой бог, как это было страшно и как я испугалась. Ветер был такой, что сломились все деревья и разрушились многие большие дома. Молнии летали по всем направлениям, толстые, как моя рука, и большие, как Эйфелева башня. А гром был такой громкий, как фейерверки на четырнадцатое июля или как пальба из пушек, и дождь был ужасно большой, ну вот совсем как потоп, о котором нам читал господин аббат и который потопил весь мир. Я так испугалась, так испугалась, что думала, что сейчас же вот–вот умру. И подумай, мама, какое это было счастье, что добрый и храбрый господин пришел мне на помощь в бурю, грозу и молнию и точно святой ангел покрыл меня своим манто, чтобы вынести меня из настоящего ада. О мама, этот отважный жантильом[11] был моим спасителем, которого мы должны благодарить во всю нашу жизнь.

Эта импровизированная болтовня умилила и рассмешила профессора до слез, а мать вставила уже спокойным голосом:

– Этим декламациям Жанету научила ее лучшая подруга Жермен, которая старше ее и, к сожалению, чрезвычайно много читает.

Профессор сказал:

– Конечно, это маленькое приключение – просто пустяки, и все обошлось благополучно. Позвольте, мадам, я в один момент схожу в бистро к мадам Бюссак за липовым цветом, он у нее превосходного качества. Ведь ваша бедная девочка все–таки сильно промочила ноги.

– О нет, мой господин. Я вас, пожалуйста, прошу не беспокоиться. Липовый цвет есть у меня на квартире, а я вам приношу миллионы благодарностей и, в свою очередь, прошу вас заняться своим здоровьем. Эти летние простуды гораздо опаснее зимних.

"Экая твердая баба! – покачал головой Симонов, уходя из киоска. – И все–таки прекрасная любящая мать".

Пройдя шагов пять, он обернулся назад. В киоске, из–за каких–то платков и тряпок, глядел на него веселый, ласковый, улыбающийся глазок Жанеты.

---

[11] Дворянин (от фр. gentilhomme).

И вот вскоре настал для профессора Симонова моральный скучный ущерб. Прежде хоть изредка удавалось ему на минутку–две увидеть живое, веселое личико Жанеты под разными приличными предлогами: то покупая газету, то просто проходя мимо киоска с нарочно сделанным серьезным, деловым лицом. Теперь он стал стыдиться своих прежних невинных хитростей и бояться, что Жанетина мать подумает, будто русский старый чудак, особенно после грозы в Булонском лесу, захочет втереться в чужую семью. И он стал наблюдать за милой девочкой с осторожной украдкой, на далеком расстоянии, стараясь не попадаться на глаза ни матери, ни дочке, благодаря Бога за свою лесную привычную дальнозоркость.

Весело, пестро, разнообразно, затейливо проводит Жанета свои дни, радостно насыщенные все новыми и новыми впечатлениями. Ноги ее не успевают бегать, легкие – дышать, глаза – все жадно видеть, уши – все слышать, ум – все воспринимать. Будь Жанета совсем свободной – для нее мало было бы всего Шестнадцатого округа, всего Парижа с окрестностями, всей необозримо большой Франции. Но, к ее досаде, строгий надзор матери и острая наблюдательность услужливых соседок замкнули ее свободу в тесное пространство, ограниченное квадратом, образуемым четырьмя улицами: улицей Ранеляг, авеню Мозар, улицей Ассомпсьон и бульваром Босежур.

Профессор уже давно это заметил и сам для себя в уме называет Жанету принцессой четырех улиц.

Правда, эта быстроногая принцесса в неудержном беге врывается и в другие близлежащие улицы: в бульвар Монморанси и в улицу Доктора Бланш. Но это только резвые наскоки принцессы–амазонки, жаждущей невинных приключений.

Самый суровый запрет положен на Булонский лес, да и сама храбрая Жанета трепещет перед его ужасами и до сих пор не может понять, какие силы занесли ее в густой парк во время бури сирокко. Там, по уверениям старинных обитательниц Пасси, прячутся в густых деревьях злые мошенники, которые нападают на гуляющих и, бросая их в автомобили, увозят бог знает куда, чтобы взять потом за них большой выкуп; там появляются беспощадные люди–сатиры, не жалеющие ни женщин, ни детей; там бродят часто кровожадные дикие звери, убегающие из соседнего зоологического сада, и, наконец, там ходят по вечерам белые привидения, духи людей, погибших давным–давно на дуэлях в Булонском лесу и лишенных церковного покаяния.

Но на всем протяжении своего маленького суверенного владения Жанета является настоящей, всеми признанной принцессой: принцессой доброй, приветливой, заботливой и любимой. Ее подданные души в ней не чают. Когда она весело, легкими быстрыми шажками проходит по улицам своего государства, то с обеих сторон слышатся ласковые приветствия:

— Добрый день, Жанета! Добрый день, маленькая Жанета!

Так встречают ее все: почтальоны, несущиеся с толстыми кожаными сумками, взрослые девушки, развозящие по домам в ручных тележках молоко и булки, девочки, спешащие говорливыми группами в школу, рабочие, только что принявшие в бистро очередную порцию аперитива или дижестива, чиновники и посыльные, старающиеся сохранить на лицах выражение деловой серьезности, между тем как свет нежной улыбки освещает их уста, пожилые женщины, идущие спешным ритмическим шагом на базар.

— Добрый день, Жанет! Добрый день, Жанет!

И Жанета разбрасывает налево и направо свои звонкие приветствия вместе с ландышами и маргаритками своих сияющих улыбок:

— Добрый день, господин Топэн! Добрый день, госпожа Тиру. Добрый день, Ирэн, Симон, Мадлэн...

И как мило заботлива она к работе и к интересам своего народа. Вот идет по тротуару молодой, весь в лохмотьях, савояр, дудя гнусаво в допотопную деревянную свирель. Рядом с ним, на мостовой, тесно сплотившись, движется густое, лохматое стадо коз. Савояр только и знает, что наигрывает тысячелетнюю печальную мелодию, а за порядком стада ревностно, строго и неутомимо следит умный, черный, большой пес, не устающий бегать вокруг бредущей отары, загоняя каждую отстающую, проказливую или упрямо-игривую козу в общее тесное, блеющее стадо. Он достигает этого лаем, ударом головою, иногда осторожным укусом, а всего больше огненным взглядом своих человеческих глаз. Прохожие, знающие злобный и решительный характер савойских овчарок, обходят их подальше, но для Жанеты не существует ни страха, ни боязни за свое тело, и руки ее никогда еще не знали трусливой дрожи. Поэтому она с беспечной старательностью помогает черному барраку загонять коз, и мохнатая, с ног до головы обросшая шерстью собака порою возьмет и лизнет Жанету длинным, красным, горячим языком, стараясь пройтись по всему лицу.

И меланхоличный савояр, не останавливая стада и оставляя его на попечение пса, останавливает одну лишь из коз, с ловкостью фокусника доит ее грушевидное вымя в небольшой стаканчик и молчаливо протягивает его Жанете. Теплое козье молоко не особенно вкусно; к тому же оно так сильно отдает терпким запахом неистового козла, что пьют его только больные и редкие любители. Но как же обидеть савояра и его прекрасного пса? Молоко мужественно проглочено одним мгновением.

— Благодарю, до свиданья, мой дорогой пес. До приятного свиданья.

Проходит, мелодично позванивая большим звонком, древний, но

крепкий, как дуб, точильщик ножей, бритв и всякого кухонного металла. Его передвижная мастерская весьма тяжела. Везут ее на колесах вдвоем: хозяин–мастер и его трудолюбивая собака–волк. Часто Жанета с умилением удивлялась той добросовестности, с какой эта рыжая, гладкошерстая собака несла свою обязанность. Она напрягала все свои силы, налегая на постромки, и как бы распластывалась по земле, стараясь облегчить груз своему божеству, хозяину.

– Добрый день, господин Перье!

– Добрый день, моя малютка!

Он останавливался и опять звонил, ощупывая глазами этажи и дома, из которых могли бы дать работу. Рыжий собака–волк в это время укладывался калачом на земле под точильным прибором. Там же оставался он и в то время, когда господин Перье визжал, верещал и яростно жужжал своими орудиями. Не подымался он и тогда, когда хозяин заходил освежиться от трудов праведных в кабачок "Au pelouse" (лужайка). Может быть, ему не нравилось, что в этом кабачке на улице Доктора Бланш обитало множество чуть–чуть синеватых сеттеров, порода которых так и зовется "голубые оверньские", а может быть, он вообще пренебрегал всяким обществом на свете. Он был молчалив, необщителен, всегда скучен. Гладить себя он никому не позволял, а хозяин, кажется, ни разу в жизни его не погладил. Жанета, конечно, могла это делать, но что же приятного гладить собаку, которая на это не обращает никакого внимания.

Странен был сумрачный характер этой собаки. (Не лежало ли на ее душе какое–нибудь тяжкое преступление?) Тем более что господин Перье был всегда весел и общителен. Жанета очень любила издали слушать, как он пел в своем любимом кабачке старые–престарые, веселые песни, с трудом понимаемые нынешними французами. Немножко странным казалось Жанете, что господин Перье некоторые слова песен заменял мычанием и многозначительным покряхтыванием.

Все были добрыми приятелями Жанеты: и необыкновенный крикун, покупавший тряпки–железо, а также торговавший разными костюмами; и садовники из роскошного цветоводства, принадлежавшего какой–то таинственной, никем никогда не виданной миллионерше, и девушки из лаборатории, и страстные игроки в конский тотализатор, которые, покупая спортивные газеты, просили Жанету назвать им на счастье какую–нибудь цифру, и нищие, которым она никогда не скупилась подать монету в два су, если она находилась в кармане передника, и так далее. Но были у нее еще дружки, особенно ценные, интересные, занятные и любимые. Появлялся, например, раза три в месяц в пределах Жанетиного властвования старый, бодрый шарманщик. У него не было левой руки и правой ноги, которые он потерял на войне, но зато была хорошо налаженная, солидная клиентура из истинных знатоков и тонких любителей благородной шарманочной музыки или, как ее вернее называют, – органной. Через каждые десять дней регулярно он приходил под окно очередного меломана, укреплял каким–то непонятным способом при помощи костылей свою шарманку и давал на ней превосходный концерт, начинавшийся всегда с итальянской канцонетты "O sola mia"[12], военной французской песенкой "Madelon" или "Марсельезой". Надо сказать, что избранная (по его мнению) публика любила его. Во время концерта и после его окончания разные монеты, завернутые в бумажки, так и летели изо всех этажей, бряцая об уличные тротуары и о мостовые.

Но, кроме изысканной музыки, однорукий и одноногий шарманщик приспособил к крышке своего органа небольшую шкатулочку, из которой уличная публика могла за пять сантимов вытаскивать свернутые в голубые, зеленые и красные трубочки предсказания судьбы, разрешения любовных и коммерческих дел, астрологическое значение планеты каждого человека и прочие премудрости. Однако музыканту, очевидно, было по его инвалидности и больно и неудобно заниматься одновременно несколькими делами: вертеть ручку шарманки, следить за любителями предсказательной лотереи и подбирать с земли завернутые монеты, шкандыбая, тяжело нагибаясь и еще еле успевая посылать добрым клиентам летучие поклоны во все этажи, от рэ–де–шоссе до мансарды восьмого этажа, в котором гнездились горничные, кухарки, швейки и прочая беднота, всегда щедрая на расплату за маленькое удовольствие. Однако шарманщик терпеть не мог, когда кто-нибудь из собравшейся вокруг него публики проявлял желание помочь ему. В этих случаях он стучал костылем и с недовольной торопливостью говорил:

– Нет, нет, благодарю, благодарю, я сам, я сам. Благодарю!

Но удивительно – когда Жанета впервые нагнулась со своей легкой гибкостью и изящно, двумя пальчиками, поднесла ему скомканную бумажку с двумя толстыми "гро су"[13], шарманщик нежно похлопал ее по плечу и, улыбаясь, сказал:

– О, мерси, гранд мерси, моя крошка. Как вы очаровательны!

И правда, в этой смуглой, грязноватой девочке, с черными живыми глазами, было очень много того, что французы называют шармом и что в Жанете ласково пленяло людей, собак, лошадей и кошек.

В следующий свой визит на Пасси, в герцогство принцессы Жанеты, шарманщик уже разыскивал озабоченно глазами, где его недавняя помощница, и, отыскав, с улыбкой поманил ее к себе, а когда она подошла, вся сияя от радости, он вытащил из отворота пальто слегка

---

[12] "О моя единственная" (ит.).

[13] Монетами в десять сантимов (от фр. gros sou).

помятую, но все еще благоуханную розу и галантно поднес ее девочке. С этих пор Жанета, как только услышит издали гнусавые, тягучие звуки шарманки, – стрелой летит к своему импресарио и добросовестно работает, избегая лишь переступать через запретные зоны. И неизменно она получает от музыканта розу, гвоздику или другой сезонный цветок. Эти подарки – ее гордость. Они заработаны чистым артистическим трудом.

Другой увечный человек – самый любимый друг Жанеты, предмет ее жалости и особой заботы, – это слепец. Он – кроткий пожилой мужчина, с бледным лицом и мягким голосом прекрасного печального тембра. Ему каждый день утром надо зачем–то переходить через улицу Ранеляг, которая в этот год загромождена новыми строениями, полными мусора, кирпича и досок, что делает непостоянную дорогу трудной и опасной для незрячего. Жанета помогает ему много дней, недель и месяцев. Каждый день, кроме праздников, в семь часов утра дожидается Жанета на перекрестке авеню Мозар и улицы Ранеляг появления своего тихого и милого друга. Он показывается ровно в семь, минута в минуту, секунда в секунду. В руке у него белая палочка. Он не видит, но движениями головы как бы хочет учуять то место, где находится девочка, и она тотчас же подает звонко свой тоненький голосок:

– Здравствуйте, господин Гастон.

Его проваленные глаза черно–мертвы. Но на губах его разливается теплая, всегда грустная улыбка.

– Здравствуй, душа моя. Что видела во сне?

Но Жанета так еще молода, что снов не видит, а если и видит, то мгновенно же их забывает.

– Ничего, господин Гастон.

– И слава богу, – утешительно произносит слепой.

Они берутся за руки и идут. Слепой уже привык ощупывать почву своей палкой, но иногда Жанета, слегка пожимая его руку, предупреждает:

– Направо кирпич! Налево ямка!

Иногда они садятся на уличную скамейку и разговаривают. Слепой вдруг спрашивает:

– У нас сегодня понедельник?

– Кажется, господин Гастон.

– А как ты думаешь, Жанета, какого цвета понедельник?

– Темно–зеленого, – отвечает девочка.

– И мне кажется так же. А вот – слышишь? – солдаты в трубы трубят. Теперь какой цвет?

– Красный, – не задумавшись, отвечает Жанета.

– А я думаю, что красный с желтым оттенком. Не правда ли?

182

– Да, правда, господин Гастон, с желтым.

Они замолкают. Через несколько минут господин Гастон тихо говорит:

– Ну да. Я ослеп. Ничего не вижу. Но ведь судьба оставила мне великодушно слух, осязание, обоняние, вкус и разум. А я мог бы лишиться всего этого и лежать бы теперь в вечном бессознательном мраке. Разве я не счастлив, милая Жанета?

– Я вас люблю, господин Гастон, – шепчет девочка и ласковой рукой нежно проводит по его лицу. А потом они рука об руку идут до бульвара Босежур, где расстаются.

Профессор Симонов не раз видел эти тихие, меланхолические свидания. Нет! Его светлая душа не знает ревности, особенно к такому человеку, как господин Гастон, столь жестоко наказанному судьбою. Он только иногда смутно думает о том, что если бы он сам был слепцом, то величайшим утешением в этом несчастии была бы для него дружба с Жанетой. И вот он однажды решается на невинную, смешную мальчишескую уловку. Водиться с русским профессором строго-настрого запрещено, но, встречаясь с ним случайно на улице, Жанета никогда не упустит возможности поздороваться с ним улыбкой или кивком головы. Иногда даже перебегает через улицу на другую сторону, причем у нее несносная манера лезть под каждый трамвай и камион[14], что приводит Симонова в холодный ужас. И вот как-то раз утром, вывернувшись чудом из-под огромной, ревущей и пыхтящей машины, Жанета застает старого друга совсем расслабленным, хилым, разбитым, измученным.

– О господин профессор, что с вами? Вы, кажется, очень больны? – говорит жалобно Жанета. – Чем я могу вам помочь?

– Ах, дорогая Жанета, – кряхтит и стонет Симонов. – У меня большое горе. Я ослеп! Не будешь ли ты так добра провести меня до дома? Я живу близко отсюда, бульвар Монморанси.

– О, с удовольствием, господин профессор. Не угодно ли вам будет опереться на мою руку?

Они идут. Проходят шагов с пятьдесят. Походка профессора становится все спотыкливее и неувереннее, и, не доходя до квартиры профессора шагов на тридцать, Жанета вдруг разражается веселым, громким хохотом, звенящим, как золотой дождь по серебряному блюду.

– Ах, шутник! обманщик! – заливается Жанета. – Разве меня можно одурачить! Ваши руки слишком жестки для слепого, и разве я не вижу, как дрожат ваши ресницы, когда вы через них поглядываете на меня? И шаг ваш гораздо тверже, чем у слепца. Ну, алор, марш домой, господин

---

[14] Грузовик (от фр. camion).

слепой! И пожалуйста, не делайте над собой таких фокусов, а то и навсегда останетесь слепым. На небе таких шуток не любят.

Симонов уходит посрамленным и сконфуженным. Но в дорогу Жанета посылает ему ласковое утешение:

– Вы не думайте. Я люблю господина Гастона, но люблю и вас. Гастон хороший, и вы тоже хороший, всякий по-своему. Подождите, я когда-нибудь вас познакомлю, и вы станете друзьями.

Много странностей с течением времени замечает профессор за Жанетой. Так он открывает, что эта милая девочка совсем чужда брезгливости.

Однажды, ранним утром, спустившись со своего высоченного чердака вниз, на уличный асфальт, профессор увидел обычное зрелище, которое он привык созерцать каждый день. У выхода из дома, как всегда, стоял высокий, вместительный автомобиль около заранее выставленных консьержками цинковых кубов со всяким накопившимся за сутки домашним мусором. Трое бойких овернцев ловко подхватывали эти кубы и опоражнивали их в автомобиль. И вдруг Симонов услышал громкий веселый голос оверньята:

– Эй, Жанета! Держи.

Тут только увидел профессор маленькую фигурку девочки, до сих пор заслоненную боком машины. Жанета искусно поймала на лету небольшой серый предмет, брошенный для нее. Это был уже сильно поношенный плюшевый медвежонок с наивной, удивленной мордочкой.

– Благодарю, господин Антуан! – крикнула радостно Жанета.

А Симонов подумал: "Так вот откуда у нее в детской колясочке такая богатая коллекция старых, потрепанных игрушек. Из ордюров, а по-русски говоря – из помоек. Черт возьми, ведь эти чаны самое удобное гнездилище всевозможных бацилл и бактерий. Здесь захватить опасную инфекционную болезнь – одна секунда. Почему мать Жанеты такая росомаха? О чем думает городская полиция? Чем занят санитарный надзор?" Обратиться к Жанетиной матери с предупреждениями и увещаниями профессор не отваживался, давно узнавши ее деспотичную властность и крутую самостоятельность по отношению к дочери. Смешно и нелепо было бы также рекомендовать людям, занятым чистотою и здоровьем громадного города, чтобы они следили за гигиеническим поведением и за чистоплотностью каждой бойкой и резвой парижской девочки семи лет. Это – дело матерей и школы. Но изобретательный ум профессора выдумал уловку – безвредную для Жанеты и приятную для него самого.

Один из мусорщиков, господин Антуан, похожий наружностью на грузина, а характером на русского ярославца, был с ним в дружбе. Они посещали одно и то же бистро госпожи Бюссак и уже много раз успели сыграть в беллот и угощали один другого очередными турами красного вина. У Симонова с давних пор был дар ладить с простыми рабочими людьми. Однажды, допивая свой стакан розового вина, профессор сказал:

– А кстати, господин Антуан, у меня к вам маленькая просьба.

– К вашим услугам, мосье.

– Видите ли... Маленькая Жанета – очаровательная девочка... прелестная, но ее почтенная мамаша ужасно строга к ней. Никогда не сделает ей какого-нибудь детского удовольствия и ни за что не позволяет подарить девочке хотя бы самую невинную, самую пустячную безделушку.

– О господин, – возражает серьезным тоном Антуан. – Мы, французы, мы очень любим наших детей, и мы никогда не поймем, с какой стати иностранец, хотя бы жантильом, вдруг станет дарить нашим детям игрушки. Что у него на уме? Откуда такой странный каприз? Разве у иностранцев нет своих собственных детей?

Профессор вздыхает.

– Ах, господин Антуан, у меня было двое детей, две девочки. Но теперь их нет, и я никогда уже больше их не увижу. Понимаете ли вы эту тоску по детям. Один великий философ сказал как-то: "Природа не терпит пустоты". Отсюда и моя чистая, святая любовь, моя отцовская привязанность к Жанете. Будь я богатым человеком, я бы обставил жизнь Жанеты и ее матери прекрасными комфортабельными условиями, дал бы девочке превосходное образование, сделал бы каждый день ее существования на свете радостным и полезным для нее и для окружающих ее людей. Но что же я, бедный дьявол, могу теперь для нее сделать, только подарить ей кое-когда дешевую игрушку.

Господин Антуан растроган словами профессора и особенно его теплым, печальным, задушевным тоном.

– Чем же я могу помочь вам, мой бедный друг?

Профессор оживает.

– О! Господин Антуан, совсем невинным пустяком. Я видел как-то: вы бросили Жанете с вашего камиона плюшевого медвежонка. Он был уже старый, потрепанный, инвалидный, но я видел, каким восторгом заблистали глаза Жанеты. Вот и все. Так позвольте, я когда-нибудь принесу вам какую-нибудь неважную детскую безделицу, а вы, ничего не говоря, бросьте ее Жанете, и я тоже обещаю вам никому об этом и никогда не говорить. Пусть тайна останется между нами двумя.

В душу каждого француза, даже делового овернята, вложена небольшая доза сентиментальности, когда дело коснется детей.

– О, – говорит овернят, хлопая Симонова по плечу. – Конечно, мне это не доставит никакого труда. Я в вашем распоряжении.

Еще задолго до ужасной войны и до последовавшей за нею

принудительной эмиграции Симонов знал поверхностно Париж, восхищаясь им в недолгие наезды. Теперь, прожив в столице мира почти десять лет, он не устает все больше изумляться ею: ее жизненной могучей силой, ее радостным, всегда молодым темпом, ее любовью к зрелищам, к острому слову, к изяществу во всех отраслях жизни, чудесной законченностью во всех делах, изобретениях и творческих произведениях. Чего только не подарил Париж всему свету. Самый блистательный, самый роскошный, самый могущественный и самый абсолютный монархизм и самые кровавые, самые непреоборимые революции; мудрость Паскаля и оперетку Оффенбаха, смех Рабле и язвительную иронию Вольтера, тонкие афоризмы мыслителей и прекрасное в своей грубости историческое слово Камбронна, удивительнейшие духи знаменитых парфюмеров и мудрую книгу Суварена "Физиология вкуса".

В продолжение многих столетий Париж был всеми признанным царем, владыкою женских мод, и останется на этом троне еще на много веков, как останется впереди прочих народов в областях математики, химии, физики, строительства, юриспруденции, медицины, инженерных искусств и всех прочих наук и искусств.

Марка Парижа – это пропускной билет в храм славы и бессмертия. Это знают не только ученые, не только знаменитые писатели, художники, скульпторы, композиторы, музыканты, певцы, но и престидижитаторы, Вантерлоки, жокеи, клоуны, сальтимбанки и предсказатели. Париж скуповат на денежные глупые подношения, но его аплодисменты звучат на весь земной шар. И как благородно хранит Париж память о том, кто при жизни удостоился сделаться его любимцем. Вряд ли есть во всем мире другой город, в котором с парижской роскошью были бы увековечены в статуях и в наименованиях улиц великие люди, ушедшие из жизни. Воистину Париж светоч и столица мира.

Но особенно сильно пленяло и восхищало Симонова народное кустарное, наивное творчество французов. Он никогда не пропускал хозяйственных выставок в память парижского префекта Лепина и заслушивался изумительным красноречием уличных шарлатанов, которые при помощи слова и жеста умели втереть прохожему самую пустячную и никуда не годную вещь. Также доставляло ему большое и чисто мальчишеское удовольствие ходить по Большим бульварам в те погожие часы, когда там безвестные изобретатели и мастера продавали детские игрушки, всегда новые, всегда забавные, всегда заманчивые и остроумные. Ведь только здесь, в невольном и тяжком изгнании, он понял, что почти все милые и любимые игрушки его раннего московского детства круговым путем приходили из Парижа: и бильбоке – игра садовая, и американский чертик, разноцветные воздушные шары, и скрипучие кри–кри, запрещенные потом обер–полицмейстером Огаревым. А парижские кустари выделывают да выделывают все новые да новые игрушки, забавляющие взрослых и детей, стариков и старух, девочек и мальчиков. Какая веселая изобретательность и какое знание сегодняшней моды. Стали парижские дамы увлекаться фокстерьерами – на бульварах тотчас же появляются крошечные фоксы из лайки, плюша, фланели и даже бархата. Вошли в моду мохнатые айриштерьеры – и уже на Больших бульварах продаются сотни этих добродушных симпатичных собачонок, которые и живыми кажутся, будто они наспех, неумелыми детскими руками, сделаны из ваты, пуха и домашних мелких лоскутков. Потом пришла очередь Микэ, не то мышат, не то морских свинок, не то кроликов. Эти Микэ раньше до слез смешили ребятишек, выходя в антрактах кинематографов на экране, но потом их потешный образ был перелицован в маленькие игрушки, которые и смешили по-прежнему, и вскоре оказались отличными порт-бонерами [15]. Большой успех имели растягивающиеся и сжимающиеся игрушки ё-ё, но успех их оказался недолгим – месяцев пять-шесть, а потом он исчез. Но бывают игрушки-счастливцы, на которые не влияют ни моды, ни время, ни капризы покупателей и которые в спросе постоянно: десятками, если не сотнями лет. Тут либо ворожба, либо умно схваченный вкус всех детей одного и того же возраста. Это, во-первых, два картонные боруа, которые прекрасно изображают на столе все перипетии римско-французской борьбы, будучи незримо привязаны к тончайшей ниточке, управляемой игрушечником. Затем утка, крякающая при нажиме на весь базар, и, наконец, жуки, мухи, стрекозы, пчелы и прочая тваришка, которая сама движется от пружинного завода. И, двигаясь, дребезжит. Конечно, такая игрушка может прожить несколько человеческих поколений, если солидный папа вынимает ее в праздничный день из стеклянного футляра и осторожно заводит, отнюдь не перекручивая завод, а после того как кукла исполнила свой номер, осторожно запирает ее в тот же футляр, где она пролежит мирно до следующего большого праздника. Но куда же мы тогда денем невинное детское любопытство и присущее детям научное влечение ко всем механизмам?

На другой же день после своего сентиментального разговора с овернятом Антуаном Симонов пошел на Большие бульвары. Предварительно он сделал строгий учет своей денежной кассе. Наличными оказалось одиннадцать франков семьдесят пять сантимов. Черному коту Пятнице печенку не покупать ввиду его безвестного отсутствия. Это – плюс. Старые мозеровские часы можно было бы продать или заложить. Ход у них как у судового хронометра. Но кто же польстится на древние серебряные, да еще пожелтевшие за долгую службу часишки?

---

[15] Брелоками (от фр. porte-bonheur).

Взять аванс на одном из уроков? Спросят: зачем понадобилось? А не умею я ни лгать, ни кривить умильно подобострастного лица. Обойдусь иначе. Да вот, на что лучше. Пробные опыты вегетарианства, как лучшего стимула физического и духовного возрождения. Это – идет. Полфунта белого хлеба, немножко черствого, стоит пятьдесят сантимов и хватает на два дня. Теперь вопрос в питательных веществах и в витаминах. Хорош геркулес, недурна овсянка, хвалят квакер и поридж. Надо из них выбрать что посытнее и подешевле. Чай у меня спитой, но был в употреблении только один раз и потому смело послужит еще раз на пять–шесть. Право, все в порядке!

На Больших бульварах, как всегда, было много продавцов игрушек, пропасть покупателей и еще больше праздных зевак. Симонову трудно было выбирать. Что казалось хорошим, было дорого, а дешевые вещицы были скучны, не интересны.

На Итальянском бульваре профессор вдруг наткнулся на игрушку, которая показалась ему и новой, и занимательной, и красивой. На левой руке продавца, под мышкой у него, сидит крошечный веселый фокстерьерчик, трудно сказать – щенок, или уродец, или лилипут. Он необычайно мал и мил. Глазки его задорно блестят, миниатюрные лапочки, вылезшие наружу, находятся в непрерывном движении. "Ну что за прелестный песик", – думает профессор и тут только замечает, что фокстерьер сделан из какой–то белой материи, глаза – из литого стекла, лапочки его заставляет двигаться каким–то образом хозяин. Но не один профессор поддается этой ловкой иллюзии. То и дело у лотка восклицают не только мужчины, но и более их проницательные женщины:

– Ах, какая прелестная собачка! Можно подумать, что в самом деле игрушечная. Но кто же сумел вырастить такую мелкую породу? Удивительно, до чего теперь доходит всякое искусство! Ах! Как он на меня сейчас поглядел. Ну просто не собака, а человек.

Симонов с унылой безнадежностью спрашивает сипло:

– Сколько?

– Десять франков девяносто сантимов.

Симонов долго и молча стоит, пришибленный своей проклятой бедностью. У него налицо всего одиннадцать франков семьдесят пять сантимов. Если один франк удержать у себя на всю грядущую массу расходов, то, увы, на покупку фоксика все–таки не хватает трех су.

– Три су, – кричит в молчаливом отчаянии профессор к небу, – только три су! Найти бы их хоть на земле. – Он нагибается до самого тротуара. Здоровенный, чеканки Наполеона Третьего, гро–су лежит на земле. Профессор почти не удивляется. Увы! Еще одного пти–су нет, одного су, на который теперь во Франции нельзя купить, кроме пустой аптечной облатки, ничего.

188

Но хозяин очаровательного фоксика добродушно говорит:

– Оставьте, не затрудняйте себя. Всего одно су – какой пустяк! Вы лучше посмотрите, как надо управлять собачкой. Один палец сюда, другой сюда, а несуществующее туловище вы как бы прикрываете рукою. Благодарю вас, мосье, я чувствую, что у вас легкая рука.

На другой день, ранним утром оверньят Антуан как бы случайно находит в своем емком камионе эту великолепную игрушку и дарит ее Жанете, показав сначала все чудесные движения веселого, ласкового песика. Игрушка имеет во всем квартале поразительный успех. Все друзья и подруги Жанеты целый день наполняют улицы, переулки и тупики восторженным визгом и неистовыми криками:

– О Жанета, позволь и мне подержать на минуту твою волшебную собачку! Милая Жанета, а она умеет лаять? Как ее зовут, Жанета? А можно ее погладить, Жанета? Ах, какая ты счастливая, Жанета!

Жанета добра и великодушна. К тому же ее радость так чрезмерно велика, что можно в ней захлебнуться, если не поделишься с другими. Она за сто шагов увидала Симонова и помчалась к нему, как ласточка:

– Господин профессор! О мой дорогой господин профессор! Посмотрите, какая у меня восхитительная вещичка. Видали ли вы когда-нибудь что-нибудь подобное?

Профессор сделал удивленно-серьезное лицо.

– Нет, милая Жанета, никогда не видел. Это – настоящее чудо. В том, что собачка – фокстерьер, можно не сомневаться по всей ее наружности, но я уверен в том, что такой малюсенькой собачки никто еще на свете не видывал. Это либо англичане, либо японцы могли вырастить такую редкостную породу. Ты ее чем кормишь, Жанета?

Тут девочка разражается звонким хохотом.

– Да ведь она не настоящая, не живая. Она неодушевленная. Она сделана из какой-то материи, у нее даже нет живота, и она не дышит.

– Удивительно! – говорит профессор. – Глаза у нее совсем живые, а мордочка превыразительная. Откуда ты ее взяла, Жанета?

– Мне подарили. Господин Антуан подарил, который по утрам мусор собирает.

– Ну что же, подарок забавный, – хвалит Симонов, – ты его береги.

Веский, времен Наполеона Третьего, десятисантимный гро-су, который с такой уверенностью нашел Симонов на тротуаре Итальянского бульвара, завязал в мозгу и в памяти профессора целый клубок мыслей, воспоминаний и отважных идей. Сидение на овсяном супе и на спитом чае только поощряли изобретательность и энергию ума.

Вот здесь, в Пасси, думал он, близко, стоит рукой подать, находится Булонский лес, резервуар свежего воздуха, с громадным скаковым ипподромом, с двумя озерами, по которым плавают ручные птицы и где можно кататься на лодках. Этот Булонский лес вовсе еще не лес, а хорошо возделанный парк. Но если пойти вглубь, по направлению к Лоншану, то можно забрести в настоящую лесную чащобу, где иногда выбегают к людям стайки грациозных, пугливых диких козочек, исчезающих мигом при неловком движении, при резком звуке. А в другую сторону Булонского леса – зоологический сад. Слоны, медведи, гиены, моржи и тюлени, фламинго и марабу, обезьяны и всякая дикая живность. Недалеко от Булонского леса – Трокадеро с интересным аквариумом, с богатым музеем, с огромным театром, где даются старые, классические, прекрасные пьесы. Всего этого никогда еще не видела милая девочка Жанета. Конечно, Симонов и подумать не смеет о систематическом образовании и воспитании чумазой Жанеты. Куда ему! В свое время она пройдет материнскую школу, потом коммунальную, потом – недорогой лицей, в котором научится немного грамматике, немножко литературе, немножко физике и химии, немножко математике, немножко истории и географии, – все для того, чтобы не быть круглой невеждой. А потом, если окажется дар божий, то кто же помешает ей сделаться новой Жорж Занд или новой мадам Кюри? Но профессор умом, чутьем, инстинктом знает и верует в то, что первичные детские впечатления входят в восприимчивые души младенцев и ребятишек с такой необычайной силой и с такой стихийной мощью, которые не имеют себе ничего равного в мировом здании. Каждый свет и цвет, каждый фальшивый и музыкальный звук, каждый оттенок человеческого голоса, каждый запах и каждое движение воздуха, каждый предмет, к которому сознательно или полусознательно прикасается будущий человек, каждое услышанное и сказанное слово, каждая мысль, слабо шевельнувшаяся в несовершенном еще мозгу, каждое подобие сна во сне, каждый атом пищи, проглоченный неумелым и жадным ртом, – все эти явления, образы и предметы идут на созидание того могущественного здания, которому имя человек и перед которым все созданное людьми является жалким ничтожеством. "Да, – говорит сам себе с умилением профессор, – правы те мудрые учители, которые советовали окружать рост младенца красотою и добром, рост дитяти – красотою и первичными знаниями, рост отрока – красотою и физическим развитием, рост юношей и дев – красотою и учением".

И профессор говорит дальше:

– Да, пусть Жанета ходит в свою родную школу и учится чему хочет и может на родном языке, который всегда лучшая пища для ума, но почему же ей, под моим любящим руководством, не научиться постигать бесконечную красоту, доброту, богатство и прекрасную планомерность мира? Здесь одна препона: властолюбивая, суеверная, недоверчивая мать, хозяйка газетного киоска. Но ничего. Такую невинную забаву, как зоологический сад, ярмарки или театр, мы уж как–нибудь состряпаем.

Недаром я человек хитрый, вроде североамериканского дикаря, на мамашу мы не станем действовать непосредственно и лично. Нет, как застрельщика, мы пустим вперед ее ами, господина Огюста, ленивого и падкого к вину пломбье[16]. Его просьбе влюбленная дама, конечно, не откажет. А главное – это что все расходы на воскресную прогулку я беру на себя. Это ли не макиавеллиевский прием? А дружба с пломбье давно уже началась и с каждым днем становится крепче. Она несложна: пять–шесть партий в беллот, во время которых профессор будто бы не замечает, что партнер его не прочь приписать на свой счет десять–пятнадцать туров красного вина или перно, взятых Симоновым как бы по ошибке на себя, а особенно искренняя, горячая любовь профессора к Франции и французам – вот узы этой прочной дружбы, на которую уповает хитрый старый эмигрант. Но есть и другое трудно одолимое, почти совсем неодолимое препятствие: деньги. Их нет совсем и давно уже нет. Однако профессор не унывает. Он не напрасно считает себя счастливцем. Начиная от тех глубоких времен, когда он начал сознательно помнить себя, все его серьезные желания исполнялись. Исполнялись порою целиком, порою в половину, а чаще в пятую или десятую долю, но все–таки исполнялись. Помнится ему, как еще до поступления в приготовишки жил он с родителями в Москве на Пресне, в деревянном доме, большой двор которого был настоящим ристалищем для благородной игры в бабки. И вот малышу Кольке во что бы то ни стало захотелось выиграть бабку-свинчатку, взяв ее с боя. Конечно, такую свинчатку было легко и возможно купить, самому сделать или заказать литейщику, но такая бабка не имела почета и не внушала уважения. Ценилась только бабка свинчатка–битка, которая имела бы свою батальную историю, подтверждаемую свидетельством знаменитейших в квартале игроков. Добыть такую свинчатку бывало нелегко: требовалось разбить столько–то конов и выбить столько–то свинчаток, играя с партнерами наивысочайших качеств. И Симонов выслужил–таки свою знаменитую свинчатку. Правда, через год, будучи уже в первом классе гимназии и перейдя через великое испытание.

Потом, уже во втором классе гимназии, его страстно повлекло желание попасть в гимназический церковный хор. Это удалось не скоро и пришло к Симонову лишь тогда, когда его сиплый теноришко переломился в приятный баритон. То же было с умением плавать, с верховой ездой, с первым застреленным зайцем, с первой робкой, наивной любовью, с первой лекцией, с первой вышедшей в свет книгой. Правда, с годами профессор стал замечать, что сила желания и послушность ему судьбы живучи только в юности, немного устают в молодости, слабеют в

---

[16] Водопроводчика (от фр. plombier).

зрелом возрасте, а затем хотя и повинуются, но как—то спотыкливо и неуверенно, но все—таки повинуются. В Париже, в дурные дни, он нашел на улице один раз пять франков, а в другой – два. Да вот и недавний случай на Итальянском бульваре. Разве не по его желанию нашелся на земле этот толстый гро—су? Надо только собрать в комок волю и напрячь желание.

Всю ночь лил сплошной дождь. Утро проснулось теплое и туманное, солнце скрывалось в густых ленивых тучах.

Как всегда, профессор рано скатился со своего чердачка на улицу. Мусорщики уже начали свою работу. Вспомнилась Жанета, принцесса четырех улиц, и сердце заколотилось и заныло от непонятной жалости. Навстречу Симонову шел его старый друг – художник.

– Добрый день, господин профессор!

– Добрый день, Иван Иванович. Что же, пойдем в Буа—де—Булонский лес?

– Пойдем.

Они пошли далеко за ипподром, вдоль наружного озера до паромного перевоза на другую сторону. Художник выбранил политику Германии и предсказывал близость ужасной войны, размеров и жестокости которой не может представить себе человеческое воображение.

Так они дошли до той бухточки, где стояли лодки, отдаваемые напрокат. Впереди их ждало странное зрелище. Лебеди сгрудились на воде в густом тумане. Странно: перспектива совсем пропала, точно исчезла, осталась лишь плоскость. От этого птицы казались нарисованными или, вернее, нанизанными на невидимые ниточки и поставленными параллельно.

– Что за черт! – воскликнул неприятно удивленный профессор. – Кажется, весь мир сплюснулся?

– Это ничего, – пояснил художник, – это только аберрация зрения, то самое, что бывает на кораблях и в пустынях. Сейчас взойдет солнце, и все станет на свои места, указанные Господом Богом.

И действительно, художник был прав. Туман скоро осел, предметам вернулось их тело. Друзья пошли обратно, художник вдруг по дороге сказал:

– Я чуть не забыл с этими туманными превращениями, что пришел к вам по делу. Помните вашу старинную картинку по дереву?

Симонов напряг память и вспомнил. Речь шла о художественной маленькой вещице, которая множество лет валялась в родовом новгородском доме Симоновых и которую профессор почему—то вывез с собою в Париж. Она в темных тонах изображала древнюю голландскую или фламандскую харчевню, с молодцом в медном шлеме, с роскошнотелой, полуголой женщиной, с белой собакой и с мальчуганом,

192

делающим в угол то же, что и брюссельский Манекен–пис. Когда–то, очень давно, профессор дал эту вещь художнику с просьбой узнать ее автора и приблизительную стоимость. Он сказал:

– Помню. И что же?

– Это не Теньер, как я предполагал, а Тенирс, любимый ученик Теньера. Что любимый – видно из того, что он дал ему как бы частицу своего имени. Вещь хорошая. Если наскоро ее продавать в магазинах обже д'ар [17], дадут тысяч восемь–десять. С любителя можно свободно взять двадцать, а со знатока и тридцать. И все. И моя миссия окончена.

– Я обещал дать вам куртажные, – мягко сказал Симонов.

– Эх, бросьте глупости городить, – ответил художник. – Вы обещали, а я этого обещания и слышать не хотел. Съедим когда–нибудь ляпена [18] или барашка с чесночком в кабачке у мадам Бюссак и запьем их шопином красного ординера, и баста. Квиты.

Они поднимаются по перекидному мосту и по нему же спускаются на другую сторону, вниз, прямо к давно знакомому киоску. Профессор идет первым... Художник вдруг с удивлением слышит его тревожный возглас:

– Господи! Где же киоск? Что же случилось с киоском?

Легкий художник горошком скатывается вниз и застает профессора с руками, вздетыми к небу. Журнальная лавка полупуста и полуразрушена, повсюду пыль, грязь, клочья бумаги, обрывки веревок и шпагата, и вокруг теснятся чужие, незнакомые люди, похожие на погромщиков. Профессор ничего не понимает, но сердце у него холодеет и сжимается от дурного предчувствия. Незнакомые громилы внушают ему суеверный страх. Он идет в бистро мадам Бюссак.

– Мадам, что такое случилось с киоском? Неужели какое–нибудь несчастие?

Госпожа Бюссак – истинная староста Пасси. Она всегда и все знает раньше других.

– О, ничего особенного, господин профессор. Успокойтесь.

И тут она подробно рассказывает Симонову всю суть киоскного происшествия.

Мать Жанеты своего газетного дела никогда не любила; никогда не хотела и не умела его вести. И вот теперь представился ей очень выгодный случай разделаться со своим киоском. Вчера вечером она окончила сдачу своего дела новым владельцам и поехала на вокзал с Жанетой и с господином Огюстом. Ни для кого не были тайной их отношения, но теперь они устраиваются, как настоящие буржуа. Мать

---

[17] Антикварных (от фр. objets d'art).

[18] Кролика (от фр. lapin).

Жанеты получила на днях кругленькое наследство у себя в Лангедоке или, кажется, в Бретани, а господин Огюст получает там же солидное место на большом заводе. Конечно, прибыв к себе в скучный Лангедок, они немедленно обвенчаются, сначала в мэрии, а потом в церкви.

— Ну, что же, господин профессор, пожелаем им доброго пути и счастливого брака, — сказала госпожа Бюссак.

— Пожелаем. Дай бог, — сказал профессор. — Ах, как мила была ее дочка Жанета.

— О да. Славная девочка.

Густой туман, спустившийся на Париж, стоял до вечера. Симонов вернулся домой поздно. Внезапное исчезновение Жанеты и тяжелая погода совсем его раздавили. Он сидел в темноте, без огня, и безучастно перебирал невеселые серые мысли. В первый раз за всю жизнь ощущал он тихую тоску.

Полил крупный редкий дождь и забарабанил по железному козырьку. "Вот и дождь идет, — подумал профессор равнодушно, — а зимой, может быть, и снег пойдет... Все законно..."

В эту минуту крыша выгибается с железным грохотом, кто-то царапается в стекло.

— Кто там? — кричит профессор и, не дождавшись ответа, открывает окно. Мягкий, тяжелый клубок падает на пол. Симонов зажигает огонь и нагибается. — Пятница! — восклицает он с удивлением и радостью. — Это ты, Пятница? — Кот прыгает ему на колени и начинает бесконечную мурчащую, рокочущую песню. Тут только Симонов с ужасом замечает, какие жестокие следы оставили на его верном друге Пятнице два протекших года: он хромает на правую переднюю и на левую заднюю ноги; на всем теле следы вырванных клочьев шерсти; на морде еще не зажившие глубокие царапины.

— Срамник ты, Пятница, — говорит, вздыхая, профессор. — Впрочем, оба мы хороши.

Кот зевает во всю пасть, показывая весь красный шершавый язык, и громко требует, — мняу, мняу... — я голоден, как собака.

Молча надевает профессор свою непромокаемую разлетайку и бежит по дождю в бистро мадам Бюссак за остатками говядины и молока.

МОЛОХ

I

Заводский гудок протяжно ревел, возвещая начало рабочего дня. Густой, хриплый, непрерывный звук, казалось, выходил из-под земли и низко расстилался по ее поверхности. Мутный рассвет дождливого августовского дня придавал ему суровый оттенок тоски и угрозы.

Гудок застал инженера Боброва за чаем. В последние дни Андрей Ильич особенно сильно страдал бессонницей. Вечером, ложась в постель с тяжелой головой и поминутно вздрагивая, точно от внезапных толчков, он все-таки забывался довольно скоро беспокойным, нервным сном, но просыпался задолго до света, совсем разбитый, обессиленный и раздраженный.

Причиной этому, без сомнения, было нравственное и физическое переутомление, а также давняя привычка к подкожным впрыскиваниям морфия привычка, с которой Бобров на днях начал упорную борьбу.

Теперь он сидел у окна и маленькими глотками прихлебывал чай, казавшийся ему травянистым и безвкусным. По стеклам зигзагами сбегали капли. Лужи на дворе морщило и рябило от дождя. Из окна было видно небольшое квадратное озеро, окруженное, точно рамкой, косматыми ветлами, с их низкими голыми стволами и серой зеленью. Когда поднимался ветер, то на поверхности озера вздувались и бежали, будто торопясь, мелкие, короткие волны, а листья ветел вдруг подергивались серебристой сединой. Блеклая трава бессильно приникала под дождем к самой земле. Дома ближайшей деревушки, деревья леса, протянувшегося зубчатой темной лентой на горизонте, поле в черных и желтых заплатах – все вырисовывалось серо и неясно, точно в тумане.

Было семь часов, когда, надев на себя клеенчатый плащ с капюшоном, Бобров вышел из дому. Как многие нервные люди, он чувствовал себя очень нехорошо по утрам: тело было слабо, в глазах ощущалась тупая боль, точно кто-то давил на них сильно снаружи, во рту – неприятный вкус. Но всего больнее действовал на него тот внутренний, душевный разлад, который он примечал в себе с недавнего времени. Товарищи Боброва, инженеры, глядевшие на жизнь с самой несложной, веселой и практической точки зрения, наверно, осмеяли бы то, что причиняло ему столько тайных страданий, и уж во всяком случае не поняли бы его. С каждым днем в нем все больше и больше нарастало отвращение, почти ужас к службе на заводе.

По складу его ума, по его привычкам и вкусам ему лучше всего было

195

посвятить себя кабинетным занятиям, профессорской деятельности или сельскому хозяйству. Инженерное дело не удовлетворяло его, и, если бы не настоятельное желание матери, он оставил бы институт еще на третьем курсе.

Его нежная, почти женственная натура жестоко страдала от грубых прикосновений действительности, с ее будничными, но суровыми нуждами. Он сам себя сравнивал в этом отношении с человеком, с которого заживо содрали кожу. Иногда мелочи, не замеченные другими, причиняли ему глубокие и долгие огорчения.

Наружность у Боброва была скромная, неяркая... Он был невысок ростом и довольно худ, но в нем чувствовалась нервная, порывистая сила. Большой белый прекрасный лоб прежде всего обращал на себя внимание на его лице. Расширенные и притом неодинаковой величины зрачки были так велики, что глаза вместо серых казались черными. Густые, неровные брови сходились у переносья и придавали этим глазам строгое, пристальное и точно аскетическое выражение. Губы у Андрея Ильича были нервные, тонкие, но не злые, и немного несимметричные: правый угол рта приходился немного выше левого; усы и борода маленькие, жидкие, белесоватые, совсем мальчишеские. Прелесть его в сущности некрасивого лица заключалась только в улыбке. Когда Бобров смеялся, глаза его становились нежными и веселыми, и все лицо делалось привлекательным.

Пройдя полверсты, Бобров взобрался на пригорок. Прямо под его ногами открылась огромная панорама завода, раскинувшегося на пятьдесят квадратных верст. Это был настоящий город из красного кирпича, с лесом высоко торчащих в воздухе закопченных труб, – город, весь пропитанный запахом серы и железного угара, оглушаемый вечным, несмолкаемым грохотом. Четыре доменные печи господствовали над заводом своими чудовищными трубами. Рядом с ними возвышалось восемь кауперов, предназначенных для циркуляции нагретого воздуха, – восемь огромных железных башен, увенчанных круглыми куполами. Вокруг доменных печей разбросались другие здания: ремонтные мастерские, литейный двор, промывная, паровозная, рельсопрокатная, мартеновские и пудлинговые печи и так далее.

Завод спускался вниз тремя громадными природными площадями. Во всех направлениях сновали маленькие паровозы. Показываясь на самой нижней ступени, они с пронзительным свистом летели наверх, исчезали на несколько секунд в туннелях, откуда вырывались, окутанные белым паром, гремели по мостам и, наконец, точно по воздуху, неслись по каменным эстакадам, чтобы сбросить руду и кокс в самую трубу доменной печи.

Дальше, за этой природной террасой, глаза разбегались на том хаосе, который представляла собою местность, предназначенная для возведения пятой и шестой доменных печей. Казалось, какой-то страшный подземный переворот выбросил наружу эти бесчисленные груды щебня, кирпича разных величин и цветов, песчаных пирамид, гор плитняка, штабелей железа и леса. Все это было нагромождено как будто бы без толку, случайно. Сотни подвод и тысячи людей суетились здесь, точно муравьи на разоренном муравейнике. Белая тонкая и едкая известковая пыль стояла, как туман, в воздухе.

Еще дальше, на самом краю горизонта, около длинного товарного поезда толпились рабочие, разгружавшие его. По наклонным доскам, спущенным из вагонов, непрерывным потоком катились на землю кирпичи; со звоном и дребезгом падало железо; летели в воздухе, изгибаясь и пружинясь на лету, тонкие доски. Одни подводы направлялись к поезду порожняком, другие вереницей возвращались оттуда, нагруженные доверху. Тысячи звуков смешивались здесь в длинный скачущий гул: тонкие, чистые и твердые звуки каменщичьих зубил, звонкие удары клепальщиков, чеканящих заклепы на котлах, тяжелый грохот паровых молотов, могучие вздохи и свист паровых труб и изредка глухие подземные взрывы, заставлявшие дрожать землю.

Это была страшная и захватывающая картина. Человеческий труд кипел здесь, как огромный, сложный и точный механизм. Тысячи людей, инженеров, каменщиков, механиков, плотников, слесарей, землекопов, столяров и кузнецов – собрались сюда с разных концов земли, чтобы, повинуясь железному закону борьбы за существование, отдать свои силы, здоровье, ум и энергию за один только шаг вперед промышленного прогресса.

Нынешний день Бобров особенно нехорошо себя чувствовал. Иногда, хотя и очень редко – раза три или четыре в год, у него являлось весьма странное, меланхолическое и вместе с тем раздражительное настроение духа. Случалось это обыкновенно в пасмурные осенние утра или по вечерам, во время зимней ростепели. Все в его глазах приобретало скучный и бесцветный вид, человеческие лица казались мутными, некрасивыми или болезненными, слова звучали откуда-то издали, не вызывая ничего, кроме скуки. Особенно раздражали его сегодня, когда он обходил рельсопрокатный цех, бледные, выпачканные углем и высушенные огнем лица рабочих. Глядя на их упорный труд в то время, когда их тела обжигал жар раскаленных железных масс, а из широких дверей дул пронзительный осенний ветер, он сам как будто бы испытывал часть их физических страданий. Ему тогда становилось стыдно и за свой выхоленный вид, и за свое тонкое белье, и за три тысячи своего годового жалованья...

II

Он стоял около сварочной печи, следя за работой. Каждую минуту громадный пылающий зев печи широко раскрывался, чтобы поглощать один за другим двадцатипудовые "пакеты" раскаленной добела стали, только что вышедшие из пламенных печей. Через четверть часа они, протянувшись с страшным грохотом через десятки станков, уже складывались на другом конце мастерской длинными, гладкими, блестящими рельсами.

Кто–то тронул Боброва сзади за плечо. Он досадливо обернулся и увидел одного из сослуживцев – Свежевского.

Этот Свежевский, с его всегда немного согнутой фигурой, – не то крадущейся, не то кланяющейся, – с его вечным хихиканьем и потираньем холодных, мокрых рук, очень не нравился Боброву. В нем было что–то заискивающее, обиженное и злобное. Он вечно знал раньше всех заводские сплетни и выкладывал их с особенным удовольствием перед тем, кому они были наиболее неприятны; в разговоре же нервно суетился и ежеминутно притрагивался к бокам, плечам, рукам и пуговицам собеседника.

– Что это вас, батенька, так давно не видно? – спросил Свежевский; он хихикал и мял в своих руках руку Андрея Ильича. – Все сидите и книжки почитываете? Почитываете все?

– Здравствуйте, – отозвался нехотя Бобров, отымая руку. – Просто мне нездоровилось это время.

– У Зиненко за вами все соскучились, – продолжал многозначительно Свежевский. – Отчего вы у них не бываете? А там третьего дня был директор и о вас справлялся. Разговор зашел как–то о доменных работах, и он о вас отзывался с большой похвалой.

– Весьма польщен, – насмешливо поклонился Бобров.

– Нет, серьезно... Говорил, что правление вас очень ценит, как инженера, обладающего большими знаниями, и что вы, если бы захотели, могли бы пойти очень далеко. По его мнению, нам вовсе не следовало бы отдавать французам вырабатывать проект завода, если дома есть такие сведущие люди, как Андрей Ильич. Только...

"Сейчас что–нибудь неприятное скажет", – подумал Бобров.

– Только, говорит, нехорошо, что вы так удаляетесь от общества и производите впечатление замкнутого человека. Никак не поймешь, кто вы такой на самом деле, и не знаешь, как с вами держаться. Ах, да! – вдруг хлопнул себя по лбу Свежевский. – Я вот болтаю, а самое важное позабыл вам сказать... Директор просил всех быть непременно завтра к двенадцатичасовому поезду на вокзале.

– Опять будем встречать кого–нибудь?

– Совершенно верно. Угадайте, кого?

Лицо Свежевского приняло лукавое и торжествующее выражение. Он потирал руки и, по–видимому, испытывал большое удовольствие, готовясь сообщить интересную новость.

– Право, не знаю, кого... Да я и не мастер вовсе угадывать, – сказал Бобров.

– Нет, голубчик, отгадайте, пожалуйста... Ну хоть так, наугад, кого–нибудь назовите...

Бобров замолчал и стал с преувеличенным вниманием следить за действиями парового крана. Свежевский заметил это и засуетился еще больше прежнего.

– Ни за что не скажете... Ну да я уже не буду вас больше томить. Ждут самого Квашнина.

Фамилию он произнес с таким откровенным подобострастием, что Боброву даже сделалось противно.

– Что же вы тут находите особенно важного? – спросил небрежно Андрей Ильич.

– Как "что же особенного"? Помилуйте. Ведь он в правлении, что захочет, то и делает: его, как оракула, слушают. Вот и теперь: правление уполномочило его ускорить работы, то есть, иными словами, он сам себя уполномочил к этому. Вы увидите, какие громы и молнии у нас пойдут, когда он приедет. В прошлом году он постройку осматривал – это, кажется, до вас еще было?.. Так директор и четверо инженеров полетели со своих мест к черту. У вас задувка[19] скоро окончится?

– Да, уже почти готова.

– Ну, это хорошо. При нем, значит, и открытие отпразднуем и начало каменных работ. Вы Квашнина самого встречали когда–нибудь?

– Ни разу. Фамилию, конечно, слышал...

– А я так имел удовольствие. Это ж, я вам доложу, такой тип, каких больше не увидите. Его весь Петербург знает. Во–первых, так толст, что у него руки на животе не сходятся. Не верите? Честное слово. У него и особая карета такая есть, где вся правая сторона отворяется на шарнирах. При этом огромного роста, рыжий, и голос, как труба иерихонская. Но что за умница! Ах, боже мой!.. Во всех акционерных обществах состоит членом правления... получает двести тысяч всего только за семь заседаний в год! Зато уже, когда на общих собраниях надо спасать ситуацию, –

---

[19] Задувкой доменной печи называется разогревание ее перед началом работы до температуры плавления руды, приблизительно до 1600® С. Самое действие печи называется "кампанией". Задувка продолжается иногда несколько месяцев. (Прим. автора).

лучше его не найти. Самый сомнительный годовой отчет он так доложит, что акционерам черное белым покажется, и они потом уже не знают, как им выразить правлению свою благодарность. Главное: он никогда и с делом—то вовсе незнаком, о котором говорит, и берет прямо апломбом. Вы завтра послушаете его, так, наверно, подумаете, что он всю жизнь только и делал, что около доменных печей возился, а он в них столько же понимает, сколько я в санскритской языке.

– На–ра–ра–ра–рам! – фальшиво и умышленно небрежно запел Бобров, отворачиваясь.

– Да вот... на что лучше... Знаете, как он принимает в Петербурге? Сидит голый в ванне по самое горло, только голова его рыжая над водою сияет, – и слушает. А какой–нибудь тайный советник стоит, почтительно перед ним согнувшись, и докладывает... Обжора он ужасный... и действительно умеет поесть; во всех лучших ресторанах известны битки а' la Квашнин. А уж насчет бабья и не говорите. Три года тому назад с ним прекомичный случай вышел...

И, видя, что Бобров собирается уйти, Свежевский схватил его за пуговицу и умоляюще зашептал:

– Позвольте... это так смешно... позвольте, я сейчас... в двух словах. Видите ли, как дело было. Приезжает осенью, года три тому назад, в Петербург один бедный молодой человек – чиновник, что ли, какой–то... я даже его фамилию знаю, только не могу теперь вспомнить. Хлопочет этот молодой человек о спорном наследстве и каждое утро, возвращаясь из присутственных мест, заходит в Летний сад, посидеть четверть часа на скамеечке... Ну–с, хорошо. Сидит он три дня, четыре, пять и замечает, что ежедневно с ним гуляет по саду какой–то рыжий господин необычайной толщины... Они знакомятся. Рыжий, который оказывается Квашниным, разузнает от молодого человека все его обстоятельства, принимает в нем участие, жалеет... Однако фамилии ему своей не говорит. Ну–с, хорошо. Наконец однажды рыжий предлагает молодому человеку: "А что, согласились ли бы вы жениться на одной особе, но с уговором – сейчас же после свадьбы с ней разъехаться и больше не видаться?" А молодой человек как раз в это время чуть с голоду не умирал. "Согласен, говорит, только смотря по тому, какое вознаграждение, и деньги вперед". Заметьте, тоже молодой человек знает, с какого конца спаржу едят. Ну–с, хорошо... Сговорились они. Через неделю рыжий одевает молодого человека во фрак и чуть свет везет куда–то за город, в церковь. Народу никого; невеста уже дожидается, вся закутанная в вуаль, однако видно, что хорошенькая и совсем молодая. Начинается венчание. Только молодой человек замечает, что его невеста стоит какая–то печальная. Он ее и спрашивает шепотом: "Вы, кажется, против своей охоты сюда приехали?" А она говорит: "Да и вы, кажется, тоже?" Так они и объяснились между собой. Оказывается, что

200

девушку принудила выйти замуж ее же мать. Прямо-то отдать дочь Квашнину маменьке все-таки мешала совесть... Ну-с, хорошо... Стоят они, стоят... молодой человек-то и говорит: "А давайте-ка удерем такую штуку: оба мы с вами молоды, впереди еще для нас может быть много хорошего, давайте-ка оставим Квашнина на бобах". Девица решительная и с быстрым соображением. "Хорошо, говорит, давайте". Окончилось венчание, выходят все из церкви, Квашнин так и сияет. А молодой человек даже и деньги с него вперед получил, да и немалые деньги, потому что Квашнин в этих случаях ни за какими капиталами не постоит. Подходит он к молодым и поздравляет, с самым ироническим видом. Те слушают его, благодарят, посаженным папенькой называют, и вдруг оба – прыг в коляску. "Что такое? Куда?" – "Как куда? На вокзал, свадебную поездку совершать. Кучер, пошел!.." Так Василий Терентьевич и остался на месте с разинутым ртом... А то вот однажды... Что это? Вы уже уходите, Андрей Ильич? – прервал свою болтовню Свежевский, видя, что Бобров с решительным видом поправляет на голове шляпу и застегивает пуговицы пальто.

– Извините, мне некогда, – сухо ответил Бобров. – А что касается вашего анекдота, то я его еще раньше где-то слышал или читал... Мое почтение.

И, повернувшись спиной к Свежевскому, озадаченному его резкостью, он быстро вышел из мастерской.

III

Вернувшись с завода и наскоро пообедав, Бобров вышел на крыльцо. Кучер Митрофан, еще раньше получивший приказание оседлать Фарватера, гнедую донскую лошадь, с усилием затягивал подпругу английского седла. Фарватер надувал живот и несколько раз быстро изгибал шею, ловя зубами рукав Митрофановой рубашки. Тогда Митрофан кричал на него сердитым и ненатуральным басом: "Но-о! Балуй, идол!" – и прибавлял, кряхтя от напряжения: "Ишь ты, животная".

Фарватер – жеребец среднего роста, с массивною грудью, длинным туловищем и поджарым, немного вислым задом – легко и стройно держался на крепких мохнатых ногах, с надежными копытами и тонкой бабкой. Знаток остался бы недоволен его горбоносой мордой и длинной шеей с острым, выдающимся кадыком. Но Бобров находил, что эти особенности, характерные для всякой донской лошади, составляют красоту Фарватера так же, как кривые ноги у таксы и длинные уши у сеттера. Зато во всем заводе не было лошади, которая могла бы обскакать Фарватера.

Хотя Митрофан и считал необходимым, как и всякий хороший русский кучер, обращаться с лошадью сурово, отнюдь не позволяя ни себе, ни ей никаких проявлений нежности, и поэтому называл ее и "каторжной", и "падалью", и "убийцею", и даже "хамлетом", тем не менее он в глубине души страстно любил Фарватера. Эта любовь выражалась в том, что донской жеребчик был и вычищен лучше и овса получал больше, чем другие казенные лошади Боброва: Ласточка и Черноморец.

– Поил ты его, Митрофан? – спросил Бобров.

Митрофан ответил не сразу. У него была и еще одна повадка хорошего кучера – медлительность и степенность в разговоре.

– Попоил, Андрей Ильич, как же не попоимши–то. Но, ты, озирайся, леший! Я тебе поверчу морду–то! – крикнул он сердито на лошадь. – Страсть, барин, как ему охота нынче под седлом идти. Не терпится.

Едва только Бобров подошел к Фарватеру и, взяв в левую руку поводья, обмотал вокруг пальцев гривку, как началась история, повторявшаяся чуть ли не ежедневно. Фарватер, уже давно косившийся большим сердитым глазом на подходившего Боброва, начал плясать на месте, выгибая шею и разбрасывая задними ногами комья грязи. Бобров прыгал около него на одной ноге, стараясь вдеть ногу в стремя.

– Пусти, пусти, поводья, Митрофан! – крикнул он, поймав, наконец, стремя, и в тот же момент, перебросив ногу через круп, очутился в седле.

Почувствовав шенкеля всадника. Фарватер тотчас же смирился и, переменив несколько раз ногу, фыркая и мотая головой, взял от ворот широким, упругим галопом...

Быстрая езда, холодный ветер, свистевший в уши, свежий запах осеннего, слегка мокрого поля очень скоро успокоили и оживили вялые нервы Боброва. Кроме того, каждый раз, отправляясь к Зиненкам, он испытывал приятный и тревожный подъем духа.

Семья Зиненок состояла из отца, матери и пятерых дочерей. Отец служил на заводе и заведовал складом. Этот ленивый и добродушный с виду гигант был в сущности очень пронырливым и каверзным господином. Он принадлежал к числу тех людей, которые под видом высказывания всякому в глаза "истинной правды" грубо, но приятно льстят начальству, откровенно ябедничают на сослуживцев, а с подчиненными обращаются самым безобразно–деспотическим образом. Он спорил из–за всякого пустяка, не слушая возражений и хрипло крича; любил поесть и питал слабость к хоровому малорусскому пению, причем неизменно фальшивил. Он, незаметно для самого себя, находился под башмаком у своей жены, – женщины маленького роста, болезненной и жеманной, с крошечными серыми глазками, до смешного близко поставленными к переносью.

Дочерей звали: Мака, Бета, Шурочка, Нина и Кася.

Каждой из них в семье было отведено свое амплуа, Мака, девица с рыбьим профилем, пользовалась репутацией ангельского характера. "Уж эта Мака – сама простота". – говорили про нее родители, когда она во время прогулок и вечеров стушевывалась на задний план в интересах младших сестер (Маке уже перевалило за тридцать).

Бета считалась умницей, носила пенсне и, как говорили, хотела даже когда–то поступить на курсы. Она держала голову склоненной набок и вниз, как старая пристяжная, и ходила ныряющей походкой, то подымаясь, то опускаясь при каждом шаге. К новым гостям она приставала со спорами о том, что женщины лучше и честнее мужчин, или с наивной игривостью просила: "Вы такой проницательный... ну вот, определите мой характер". Когда разговор переходил на одну из классических домашних тем: "Кто выше: Лермонтов или Пушкин?" или: "Способствует ли природа смягчению нравов?" – Бету выдвигали вперед, как боевого слона.

Третья дочь, Шурочка, избрала специальностью игру в дурачки со всеми холостыми инженерами по очереди. Как только узнавала она, что ее старый партнер собирается жениться, она, подавляя огорчение и досаду, избирала себе нового. Конечно, игра велась с милыми шутками и маленьким пленительным плутовством, причем партнера называли "противным" и били по рукам картами.

Нина считалась в семье общей любимицей, избалованным, но прелестным ребенком. Она была выродком среди своих сестер с их массивными фигурами и грубоватыми, вульгарными лицами. Может быть, одна только madame Зиненко могла бы удовлетворительно объяснить, откуда у Ниночки взялась эта нежная, хрупкая фигурка, эти почти аристократические руки, хорошенькое смугловатое личико, все в родинках, маленькие розовые уши и пышные, тонкие, слегка вьющиеся волосы. На нее родители возлагали большие надежды, и ей поэтому разрешалось все: и объедаться конфетами, и мило картавить, и даже одеваться лучше сестер.

Самой младшей, Касе, исполнилось недавно четырнадцать лет, но этот феноменальный ребенок перерос на целую голову свою мать, далеко превзойдя старших сестер могучей рельефностью форм. Ее фигура давно уже вызывала пристальные взоры заводской молодежи, совершенно лишенной, по отдаленности от города, женского общества, и Кася принимала эти взоры с наивным бесстыдством рано созревшей девочки.

Это разделение семейных прелестей было хорошо известно на заводе, и один шутник сказал как–то, что если уж жениться на Зиненках, то непременно на всех пятерых сразу. Инженеры и студенты–практиканты глядели на дом Зиненко, как на гостиницу, толклись там с утра до ночи, много ели, еще больше пили, но с удивительной ловкостью избегали брачных сетей.

В этой семье Боброва недолюбливали. Мещанские вкусы madame Зиненко, стремившейся все подвести под линию пошлого и благополучно-скучного провинциального приличия, оскорблялись поведением Андрея Ильича. Его желчные остроты, когда он бывал в духе, встречались с широко раскрытыми глазами, и, наоборот, когда он молчал целыми вечерами, вследствие усталости и раздражения, его подозревали в скрытности, в гордости, в молчаливом иронизировании, даже о! Это было всего ужаснее! – даже подозревали, что он "пишет в журналы повести и собирает для них типы".

Бобров чувствовал эту глухую вражду, выражавшуюся в небрежности за столом, в удивленном пожимании плечей матери семейства, но все-таки продолжал бывать у Зиненок. Любил ли он Нину? На это он сам не мог бы ответить. Когда он трое или четверо суток не бывал в их доме, воспоминание о ней заставляло его сердце биться со сладкой и тревожной грустью. Он представлял себе ее стройную, грациозную фигурку, улыбку ее томных, окруженных тенью глаз и запах ее тела, напоминавший ему почему-то запах молодых клейких почек тополя.

Но стоило ему побывать у Зиненок три вечера подряд, как его начинало томить их общество, их фразы, – всегда одни и те же в одинаковых случаях, шаблонные и неестественные выражения их лиц. Между пятью "барышнями" и "ухаживавшими" за ними "кавалерами" (слова зиненковского обихода) раз навсегда установились пошло-игривые отношения. И те и другие делали вид, будто они составляют два враждующих лагеря. То и дело один из кавалеров, шутя, похищал у барышни какую-нибудь вещь и уверял, что не отдаст ее; барышни дулись, шептались между собой, называли шутника "противным" и все время хохотали деревянным, громким, неприятным хохотом. И это повторялось ежедневно, сегодня совершенно в тех же словах и с теми же жестами, как вчера. Бобров возвращался от Зиненок с головной болью и с нервами, утомленными их провинциальным ломаньем.

Таким образом, в душе Боброва чередовалась тоска по Нине, по нервному пожатию ее всегда горячих рук, с отвращением к скуке и манерности ее семьи. Бывали минуты, когда он уже совершенно готовился сделать ей предложение. Тогда его не остановило бы даже сознание, что она, с ее кокетством дурного тона и душевной пустотой, устроит из семейной жизни ад, что он и она думают и говорят на разных языках. Но он не решался и молчал.

Теперь, подъезжая к Шепетовке, он уже заранее знал, что и как там будут говорить в том или другом случае, даже представлял себе выражение лиц. Он знал, что когда с их террасы увидят его верхом на лошади, то сначала между барышнями, всегда находящимися в ожидании "приятных кавалеров", подымется длинный спор о том, кто это едет. Когда же он приблизится, то угадавшая начнет подпрыгивать, бить в ладоши, прищелкивать языком и задорно выкрикивать: "А что? А что? Я угадала, я угадала!" Вслед за тем она побежит к Анне Афанасьевне: "Мама, Бобров едет, я первая угадала!" А мама, лениво перетирая чайные чашки, обратится к Нине – непременно к Нине – таким тоном, как будто бы она передает что-то смешное и неожиданное: "Ниночка, знаешь, Бобров едет". И уже после этого все они вместе чрезвычайно и очень громко изумятся, увидя входящего Андрея Ильича.

IV

Фарватер шел, звучно фыркая и допрашивая поводьев. Вдали показался дом Шепетовской экономии. Из густой зелени сиреней и акаций едва виднелись его белые стены и красная крыша. Под горой небольшой пруд выпукло подымался из окружавших его зеленых берегов.

На крыльце стояла женская фигура. Бобров издали узнал в ней Нину по ярко-желтой кофточке, так красиво оттенявшей смуглый цвет ее лица, и тотчас же, подтянув Фарватеру поводья, выпрямился и высвободил носки ног, далеко залезшие в стремена.

– Вы опять на своем сокровище приехали? Ну вот, просто видеть не могу этого урода! – крикнула с крыльца Нина веселым и капризным голосом избалованного ребенка. У нее уже давно вошло в привычку дразнить Боброва его лошадью, к которой он был так привязан. Вообще в доме Зиненок вечно кого-нибудь и чем-нибудь дразнили.

Бросив поводья подбежавшему заводскому конюху, Бобров похлопал крутую, потемневшую от пота шею лошади и вошел вслед за Ниной в гостиную. Анна Афанасьевна, сидевшая за самоваром, сделала вид, будто необычайно поражена приездом Боброва.

– А-а-а! Андрей Ильич! Наконец-то вы к нам пожаловали!.. – воскликнула она нараспев.

И, ткнув ему руку прямо в губы, когда он здоровался с ней, она своим громким носовым голосом спросила:

– Чаю? Молока? Яблоков? Говорите, чего хотите.

– Merci, Анна Афанасьевна.

– Merci – oui, ou merci – non?[20]

Подобные французские фразы были неизменны в семье Зиненко. Бобров отказался от всего.

---

[20] Спасибо – да, или спасибо – нет? (франц.).

– Ну, так идите на террасу, там молодежь затеяла какие–то фанты, что ли, милостиво разрешила madame Зиненко.

Когда он вышел на балкон, все четыре барышни разом, совершенно тем же тоном и так же в нос, как их маменька, воскликнули:

– А–а–а! Андрей Ильич! Вот уж кого давно–то не было видно! Чего вам принести? Чаю? Яблоков? Молока? Не хотите? Нет, правда? А может быть, хотите? Ну, в таком случае садитесь здесь и принимайте участие.

Играли в "барыня прислала сто рублей", в "мнения" и еще в какую–то игру, которую шепелявая Кася называла "играть в пошуду". Из гостей были: три студента–практиканта, которые все время выпячивали грудь и принимали пластические позы, выставив вперед ногу и заложив руку в задний карман сюртука; был техник Миллер, отличавшийся красотою, глупостью и чудесным баритоном, и, наконец, какой–то молчаливый господин в сером, не обращавший на себя ничьего внимания.

Игра не ладилась. Мужчины исполняли свои фанты со снисходительным и скучающим видом: девицы вовсе от них отказывались, перешептывались и напряженно хохотали.

Смеркалось. Из–за крыш ближней Деревни медленно показывалась огромная красная луна.

– Дети, идите в комнаты! – крикнула из столовой Анна Афанасьевна. Попросите Миллера, чтобы он нам спел что–нибудь.

Через минуту голоса барышень уже слышались в комнатах.

– Нам было очень весело, – щебетали они вокруг матери, – мы так смеялись, так смеялись...

На балконе остались только Нина и Бобров. Она сидела на перилах, обхвативши столб левой рукой и прижавшись к нему в бессознательно–грациозной позе. Бобров поместился на низкой садовой скамеечке у самых ее ног и снизу вверх, заглядывая ей в лицо, видел нежные очертания ее шеи и подбородка.

– Ну, расскажите же что–нибудь интересное, Андрей Ильич, – нетерпеливо приказала Нина.

– Право, я не знаю, что бы вам рассказать, – возразил Бобров. – Ужасно трудно говорить по заказу. Я и то уж думаю: нет ли такого разговорного сборника, на разные темы...

– Фу–у! Какой вы ску–учный, – протянула Нина. – Скажите, когда вы бываете в духе?

– А вы мне скажите, почему вы так боитесь молчания? Чуть разговор немножко иссяк, вам уже и не по себе... А разве дурно разговаривать молча?

– "Мы будем с тобой молчали–ивы..." – пропела насмешливо Нина.

206

— Конечно, будем молчаливы. Посмотрите: небо ясное, луна рыжая, большущая, на балконе так тихо... Чего же еще?..

— "И эта глупая луна на этом глупом небосклоне", – продекламировала Нина. – A propos[21], вы слышали, что Зиночка Маркова выходит замуж за Протопопова? Выходит-таки! Удивительный человек этот Протопопов. – Она пожала плечами. Три раза ему Зина отказывала, и он все-таки не мог успокоиться, сделал в четвертый раз предложение. И пускай на себя пеняет. Она его, может быть, будет уважать, но любить – никогда!

Этих слов было достаточно, чтобы расшевелить желчь в душе Боброва. Его всегда выводил из себя узкий, мещанский словарь Зиненок, с выражениями вроде: "Она его любит, но не уважает", "Она его уважает, но не любит". Этими словами в их понятиях исчерпывались самые сложные отношения между мужчиной и женщиной, точно так же, как для определения нравственных, умственных и физических особенностей любой личности у них существовало только два выражения; "брюнет" и "блондин".

И Бобров из смутного желания разбередить свою злобу спросил:

— Что же такое представляет собою этот Протопопов?

— Протопопов? – задумалась на секунду Нина. – Он... как бы вам сказать... довольно высокого роста... шатен!..

— И больше ничего?

— Чего же еще? Ах, да: служит в акцизе...

— И только? Да неужели, Нина Григорьевна, у вас для характеристики человека не найдется ничего, кроме того, что он шатен и служит в акцизе! Подумайте: сколько в жизни встречается нам интересных, талантливых и умных людей. Неужели все это только "шатены" и "акцизные чиновники"? Посмотрите, с каким жадным любопытством наблюдают жизнь крестьянские дети и как они метки в своих суждениях. А вы, умная и чуткая девушка, проходите мимо всего равнодушно, потому что у вас есть в запасе десяток шаблонных, комнатных фраз. Я знаю, если кто-нибудь упомянет в разговоре про луну, вы сейчас же вставите: "Как эта глупая луна", – и так далее. Если я расскажу, положим, какой-нибудь выходящий из ряда обыкновенных случай, я наперед знаю, что вы заметите: "Свежо предание, а верится с трудом". И так во всем, во всем... Поверьте мне, ради бога, что все самобытное, своеобразное...

— Я вас прошу не читать мне нравоучений! – отозвалась резко Нина.

Он замолчал с ощущением горечи во рту, и они оба сидели минут пять тихо и не шевелясь. Вдруг из гостиной послышались звучные аккорды, и немного тронутый, но полный глубокого выражения голос Миллера запел:

---

[21] кстати – фр.

207

Средь шумного бала, случайно,
В тревоге мирской суеты,
Тебя я увидел, но тайна
Твои покрывала черты.

Озлобленное настроение Боброва быстро улеглось, и он жалел теперь, что огорчил Нину. "Для чего вздумал я требовать от ее наивного, свежего, детского ума оригинальной смелости? – думал он. – Ведь она, как птичка: щебечет первое, что ей приходит в голову, и, почем знать, может быть, это щебетанье даже гораздо лучше, чем разговоры об эмансипации, и о Ницше, и о декадентах?"

– Нина Григорьевна, не сердитесь на меня. Я увлекся и наговорил глупостей, – сказал он вполголоса.

Нина молчала, отвернувшись от него и глядя на восходившую луну. Он отыскал в темноте ее свесившуюся руку и, нежно пожав ее, прошептал:

– Нина Григорьевна... Пожалуйста...

Нина вдруг быстро повернулась к нему и, ответив на его пожатие быстрым, нервным пожатием, воскликнула тоном прощения и упрека:

– Злючка! Всегда вы меня обижаете... Пользуетесь тем, что я на вас не умею сердиться!..

И, оттолкнув его внезапно задрожавшую руку, почти вырвавшись от него, она перебежала балкон и скрылась в дверях.

...И в грезах неведомых сплю...
Люблю ли тебя – я не знаю,
Но кажется мне, что люблю...

пел со страстным и тоскливым выражением Миллер.

"Но кажется мне, что люблю!" – повторил взволнованным шепотом Бобров, глубоко переводя дух и прижимая руку к забившемуся сердцу.

"Зачем же, – растроганно думал он, – утомляю я себя бесплодными мечтами о каком–то неведомом, возвышенном счастье, когда здесь, около меня, – простое, но глубокое счастье? Чего же еще нужно от женщины, от жены, если в ней столько нежности, кротости, изящества и внимания? Мы, бедные, нервные, больные люди, не умеем брать просто от жизни ее радостей, мы их нарочно отравляем ядом нашей неутомимой потребности копаться в каждом чувстве, в каждом своем и чужом помышлении... Тихая ночь, близость любимой девушки, милые, незатейливые речи, минутная вспышка гнева и потом внезапная ласка – господи! Разве не в этом вся прелесть существования?"

Он вошел в гостиную повеселевший, бодрый, почти торжествующий. Глаза его встретились с глазами Нины, и в ее долгом взоре он прочел нежный ответ на свои мысли. "Она будет моей женой", – подумал Бобров, ощущая в душе спокойную радость.

Разговор шел о Квашнине. Анна Афанасьевна, наполняя своим уверенным голосом всю комнату, говорила, что она думает завтра тоже повести "своих девочек" на: вокзал.

– Очень может быть, что Василий Терентьевич захочет сделать нам визит. По крайней мере о его приезде мне еще за месяц писала племянница мужа моей двоюродной сестры – Лиза Белоконская...

– Это, кажется, та Белоконская, брат которой женат на княжне Муховецкой? покорно вставил заученную реплику господин Зиненко.

– Ну да, та самая, – снисходительно кивнула в его сторону головой Анна Афанасьевна. – Она еще приходится дальней родней по бабушке Стремоуховым, которых ты знаешь. И вот Лиза Белоконская писала мне, что встретилась в одном обществе с Василием Терентьевичем и рекомендовала ему побывать у нас, если ему вообще вздумается ехать когда–нибудь на завод.

– Сумеем ли мы принять, Нюся? – спросил озабоченно Зиненко.

– Как ты смешно говоришь! Мы сделаем, что можем. Ведь уж, во всяком случае, мы не удивим ничем человека, который имеет триста тысяч годового дохода.

– Господи! Триста тысяч! – простонал Зиненко. – Просто страшно подумать.

– Триста тысяч! – вздохнула, точно эхо, Нина.

– Триста тысяч! – воскликнули восторженно хором девицы.

– Да, и все это он проживает до копеечки, – сказала Анна Афанасьевна. Затем, отвечая на невысказанную мысль дочерей, она прибавила: – Женатый человек. Только, говорят, очень неудачно женился. Его жена какая–то бесцветная личность и совсем не представительна. Что ни говорите, а жена должна быть вывеской в делах мужа.

– Триста тысяч! – повторила еще раз, точно в бреду, Нина. – Чего только на эти деньги не сделаешь!..

Анна Афанасьевна провела рукой по ее пышным волосам.

– Вот бы тебе такого мужа, деточка. А?

Эти триста тысяч чужого годового дохода точно наэлектризовали все общество. С блестящими глазами и разгоревшимися лицами рассказывались и слушались анекдоты о жизни миллионеров, рассказы о баснословных меню обедов, о великолепных лошадях, о балах и исторически безумных тратах денег.

Сердце Боброва похолодело и до боли сжалось. Он тихонько отыскал свою шляпу и осторожно вышел на крыльцо. Его ухода, впрочем, и так никто бы не заметил.

И когда он крупною рысью ехал домой и представил себе томные, мечтательные глаза Нины, шептавшей почти в забытьи: "Триста тысяч!" – ему вдруг припомнился утренний анекдот Свежевского.

– Эта... тоже сумеет себя продать! – прошептал он, судорожно стиснув зубы и с бешенством ударив Фарватера хлыстом по шее.

V

Подъезжая к своей квартире, Бобров заметил свет в окнах. "Должно быть, без меня приехал доктор и теперь валяется на диване в ожидании моего приезда", подумал он, сдерживая взмыленную лошадь. В теперешнем настроении Боброва доктор Гольдберг был единственным человеком, присутствие которого он мог перенести без болезненного раздражения.

Он любил искренно этого беспечного, кроткого еврея за его разносторонний ум, юношескую живость характера и добродушную страсть к спорам отвлеченного свойства. Какой бы вопрос ни затрагивал Бобров, доктор Гольдберг возражал ему с одинаковым интересом к делу и с неизменной горячностью. И хотя между обоими в их бесконечных спорах до сих пор возникали только противоречия, тем не менее они скучали друг без друга и виделись чуть не ежедневно.

Доктор действительно лежал на диване, закинув ноги на его спинку, и читал какую–то брошюру, держа ее вплотную у своих близоруких глаз. Быстро скользнув взглядом по корешку, Бобров узнал "Учебный курс металлургии" Мевиуса и улыбнулся. Он хорошо знал привычку доктора читать с одинаковым увлечением, и непременно из середины, все, что только попадалось ему под руку.

– А я без вас распорядился чайком, – сказал доктор, отбросив в сторону книгу и глядя поверх очков на Боброва. – Ну, как попрыгиваете, государь мой Андрей Ильич? У–у, да какой же вы сердитый! Что? Опять веселая меланхолия?

– Ах, доктор, скверно на свете жить, – сказал устало Бобров.

– Отчего же так, голубчик?

– Да так... вообще... все скверно. Ну как, доктор, ваша больница?

– Наша больница ничего... живет. Сегодня очень интересный хирургический случай был. Ей–богу, и смешно и трогательно. Представьте себе, приходит на утренний осмотр парень, из масальских каменщиков. Эти масальские ребята, какого ни возьми, все, как на подбор, богатыри, "Что тебе?" – спрашиваю. "Да вот, господин дохтур, резал я хлеб для артели, так палец маненечко попортил, руду никак не уймешь". Осмотрел я его руку: так себе царапинка, пустяки, но нагноилась немного;

210

я приказал фельдшеру положить пластырь. Только вижу, парень мой не уходит. "Ну, чего тебе еще надо? Заклеили тебе руку, и ступай". – "Это верно, говорит, заклеили, дай бог тебе здоровья, а только вот што, этто башка у меня трешшыть, так думаю, заодно и напротив башки чего-нибудь дашь". "Что же у тебя с башкой? Треснул кто-нибудь, верно?" Парень так и обрадовался, загоготал. "Есть, говорит, тот грех. Ономнясь, на Спаса (это, значит, дня три тому назад), загуляли мы артелью да вина выпили ведра полтора, ну, ребята и зачали баловать промеж себя... Ну, и я тоже. А опосля... в драке-то нешто разберешь?.. ка-ак он меня зубилом саданул по балде... починил, стало быть... Сначала-то оно ничего было, не больно, а вот теперь трешшыть башка-то". Стал я осматривать "балду", и что же вы думаете? – прямо в ужас пришел! Череп проломлен насквозь, дыра с пятак медный будет величиною, и обломки кости в мозг врезались... Теперь лежит в больнице без сознания. Изумительный, я вам скажу, народец: младенцы и герои в одно и то же время. Ей-богу, я не шутя думаю, что только русский терпеливый мужик и вынесет такую починку балды. Другой, не сходя с места, испустил бы дух. И потом, какое наивное незлобие: "В драке нешто разберешь?" Черт знает что такое!

Бобров ходил взад и вперед по комнате, щелкая хлыстом по голенищам высоких сапог и рассеянно слушал доктора. Горечь, осевшая ему на душу еще у Зиненок, до сих пор не могла успокоиться.

Доктор помолчал немного и, видя, что его собеседник не расположен к разговору, сказал с участием:

– Знаете что, Андрей Ильич? Попробуемте-ка на минуточку лечь спать да хватим на ночь ложечку-другую брому. Оно полезно в вашем настроении, а вреда все равно никакого не будет...

Они оба легли в одной комнате: Бобров на кровати, доктор на том же диване. Но и тому и другому не спалось. Гольдберг долго слушал в темноте, как ворочался с боку на бок и вздыхал Бобров, и наконец заговорил первый:

– Ну, что вы, голубчик? Ну, что терзаетесь? Уж говорите лучше прямо, что такое там в вас засело? Все легче будет. Чай, все-таки не чужой я вам человек, не из праздного любопытства спрашиваю.

Эти простые слова тронули Боброва. Хотя его и связывали с доктором почти дружеские отношения, однако ни один из них до сих пор ни словом не подтвердил этого вслух: оба были люди чуткие и боялись колючего стыда взаимных признаний. Доктор первый открыл свое сердце. Ночная темнота и жалость к Андрею Ильичу помогли этому.

– Все мне тяжело и гадко. Осип Осипович, – отозвался тихо Бобров. Первое, мне гадко то, что я служу на заводе и получаю за это большие деньги, а мне это заводское дело противно и противно! Я считаю себя честным человеком и потому прямо себя спрашиваю: "Что ты делаешь?

Кому ты приносишь пользу?" Я начинаю разбираться в этих вопросах и вижу, что благодаря моим трудам сотня французских лавочников–рантье и десяток ловких русских пройдох со временем положат в карман миллионы. А другой цели, другого смысла нет в том труде, на подготовку к которому я убил лучшую половину жизни!..

– Ну, уж это даже смешно, Андрей Ильич, – возразил доктор, повернувшись в темноте лицом к Боброву. – Вы требуете, чтобы какие–то буржуи прониклись интересами гуманности. С тех пор, голубчик, как мир стоит, все вперед движется брюхом, иначе не было и не будет. Но суть–то в том, что вам наплевать на буржуев, потому что вы гораздо выше их. Неужели с вас не довольно мужественного и гордого сознания, что вы толкайте вперед, выражаясь языком передовых статей, "колесницу прогресса"? Черт возьми! Акции пароходных обществ приносят колоссальные дивиденды, но разве это мешает Фультону считаться благодетелем человечества?

– Ах, доктор, доктор! – Бобров досадливо поморщился. – Вы не были, кажется, сегодня у Зиненок, а вашими устами вдруг заговорила их житейская мудрость. Слава богу, мне не придется ходить далеко за возражениями, потому что я сейчас разобью вас вашей же возлюбленной теорией.

– То есть какой это теорией?.. Позвольте... я что–то не помню никакой теории... право, голубчик, не помню... забыл что–то...

– Забыли? А кто здесь же, на этом самом диване, с пеной у рта кричал, что мы, инженеры и изобретатели, своими открытиями ускоряем пульс общественной жизни до горячечной скорости? Кто сравнивал эту жизнь с состоянием животного, заключенного в банку с кислородом? О, я отлично помню, какой страшный перечень детей двадцатого века, неврастеников, сумасшедших, переутомленных, самоубийц, кидали вы в глаза этим самым благодетелям рода человеческого. Телеграф, телефон, стодвадцативерстные поезда, говорили вы, сократили расстояние до minimum'a, – уничтожили его... Время вздорожало до того, что скоро начнут ночь превращать в день, ибо уже чувствуется потребность в такой удвоенной жизни. Сделка, требовавшая раньше целых месяцев, теперь оканчивается в пять минут. Но уж и эта чертовская скорость не удовлетворяет нашему нетерпению... Скоро мы будем видеть друг друга по проволоке на расстоянии сотен и тысяч верст!.. А между тем всего пятьдесят лет тому назад наши предки, собираясь из деревни в губернию, не спеша служили молебен и пускались в путь с запасом, достаточным для полярной экспедиции... И мы несемся сломя голову вперед и вперед, оглушенные грохотом и треском чудовищных машин, одуревшие от этой бешеной скачки, с раздраженными нервами, извращенными вкусами и тысячами новых болезней... Помните, доктор? Все это ваши собственные слова, поборник благодетельного прогресса!

Доктор, уже несколько раз тщетно пытавшийся возразить, воспользовался минутной передышкой Боброва.

— Ну да, ну да, голубчик, все это я говорил, — заторопился он не совсем, однако, уверенно. — Я и теперь это утверждаю. Но надо же, голубчик, так сказать, приспособляться. Как же жить-то иначе? Во всякой профессии есть эти скользкие пунктики. Вот взять хоть нас, например, докторов... Вы думаете, у нас все это так ясно и хорошо, как в книжечке? Да ведь мы дальше хирургии ничего ровнешенько не знаем наверняка. Мы выдумываем новые лекарства и системы, но совершенно забываем, что из тысячи организмов нет двух, хоть сколько-нибудь похожих составом крови, деятельностью сердца, условиями наследственности и черт знает чем еще! Мы удалились от единого верного терапевтического пути — от медицины зверей и знахарок, мы наводнили фармакопею разными кокаинами, атропинами, фенацетинами, но мы упустили из виду, что если простому человеку дать чистой воды да уверить его хорошенько, что это сильное лекарство, то простой человек выздоровеет. А между тем в девяноста случаях из ста в нашей практике помогает только эта уверенность, внушаемая нашим профессиональным жреческим апломбом. Поверите ли? Один хороший врач, и в то же время умный и честный человек, признавался мне, что охотники лечат собак гораздо рациональнее, чем мы людей. Там одно средство — серный цвет, — вреда особенного он не принесет, а иногда все-таки и помогает... Не правда ли, голубчик, приятная картинка? А, однако, и мы делаем, что можем... Нельзя, мой дорогой, иначе: жизнь требует компромиссов... Иной раз хоть своим видом всезнающего авгура, а все-таки облегчишь страдания ближнего. И на том спасибо.

— Да, компромиссы — компромиссами, — возразил мрачным тоном Бобров, — а, однако, вы у масальского каменщика кости из черепа-то сегодня извлекли...

— Ах, голубчик, что значит один исправленный череп? Подумайте-ка, сколько ртов вы кормите и скольким рукам даете работу. Еще в истории Иловайского сказано, что "царь Борис, желая снискать расположение народных масс, предпринимал в голодные годы постройку общественных зданий". Что-то в этом роде... Вот вы и посчитайте, какую колоссальную сумму пользы вы...

При последних словах Боброва точно подбросило на кровати, и он быстро уселся на ней, свесив вниз голые ноги.

— Пользы?! — закричал он исступленно. — Вы мне говорите о пользе? В таком случае уж если подводить итоги пользе и вреду, то, позвольте, я вам приведу маленькую страничку из статистики. — И он начал мерным и резким тоном, как будто бы говорил с кафедры: – Давно известно, что работа в рудниках, шахтах, на металлических заводах и на больших фабриках сокращает жизнь рабочего приблизительно на целую четверть. Я не говорю уже о несчастных случаях или непосильном труде. Вам, как врачу, гораздо лучше моего известно, какой процент приходится на долю сифилиса, пьянства и чудовищных условий прозябания в этих проклятых бараках и землянках... Постойте, доктор, прежде чем возражать, вспомните, много ли вы видели на фабриках рабочих старее сорока – сорока пяти лет? Я положительно не встречал. Иными словами, это значит, что рабочий отдает предпринимателю три месяца своей жизни в год, неделю – в месяц или, короче, шесть часов в день. Теперь слушайте дальше... У нас, при шести домнах, будет занято до тридцати тысяч человек, – царю Борису, верно, и не снились такие цифры! Тридцать тысяч человек, которые все вместе, так сказать, сжигают в сутки сто восемьдесят тысяч часов своей собственной жизни, то есть семь с половиной тысяч дней, то есть, наконец, сколько же это будет лет?

– Около двадцати лет, – подсказал после небольшого молчания доктор.

– Около двадцати лет в сутки! – закричал Бобров. – Двое суток работы пожирают целого человека. Черт возьми! Вы помните из Библии, что какие–то там ассирияне или моавитяне приносили своим богам человеческие жертвы? Но ведь эти медные господа. Молох и Дагон, покраснели бы от стыда и от обиды перед теми цифрами, что я сейчас привел...

Эта своеобразная математика только что пришла в, голову Боброву (он, как и многие очень впечатлительные люди, находил новые мысли только среди разговора). Тем не менее и его самого и Гольдберга поразила оригинальность вычисления.

– Черт возьми, вы меня ошеломили, – отозвался с дивана доктор. – Хотя цифры могут быть и не совсем точными...

– А известна ли вам, – продолжал с еще большей горячностью Бобров, известна ли вам другая статистическая таблица, по которой вы с чертовской точностью можете вычислить, во сколько человеческих жизней обойдется каждый шаг вперед вашей дьявольской колесницы, каждое изобретение какой–нибудь поганой веялки, сеялки или рельсопрокатки? Хороша, нечего сказать, ваша цивилизация, если ее плоды исчисляются цифрами, где в виде единиц стоит железная машина, а в виде нулей – целый ряд человеческих существований!

– Но, послушайте, голубчик вы мой, – возразил доктор, сбитый с толку пылкостью Боброва, – тогда, по–вашему, лучше будет возвратиться к первобытному труду, что ли? Зачем же вы всё черные стороны берете?

Ведь вот у нас, несмотря на вашу математику, и школа есть при заводе, и церковь, и больница хорошая, и общество дешевого кредита для рабочих...

Бобров совсем вскочил с постели и босой забегал по комнате.

– И больница ваша и школа – все это пустяки! Цаца детская для таких гуманистов, как вы, – уступка общественному мнению... Если хотите, я вам скажу, как мы на самом деле смотрим... Вы знаете, что такое финиш?

– Финиш? Это что–то лошадиное, кажется? Что–то такое на скачках?

– Да, на скачках. Финишем называются последние сто сажен перед верстовым столбом. Лошадь должна их проскакать с наибольшей скоростью, – за столбом она может хоть издохнуть. Финиш – это полнейшее, максимальное напряжение сил, и, чтобы выжать из лошади финиш, ее истязают хлыстом до крови... Так вот и мы. А когда финиш выжат и кляча упала с переломленной спиной и разбитыми ногами, – к черту ее, она больше никуда не годится! Вот тогда и извольте утешать павшую на финише клячу вашими школами да больницами... Вы видели ли когда–нибудь, доктор, литейное и прокатное дело? Если видали, то вы должны знать, что оно требует адской крепости нервов, стальных мускулов и ловкости циркового артиста... Вы должны знать, что каждый мастер несколько раз в день избегает смертельной опасности только благодаря удивительному присутствию духа... И сколько за этот труд рабочий получает, хотите вы знать?

– А все–таки, пока стоит завод, труд этого рабочего обеспечен, – сказал упрямо Гольдберг.

– Доктор, не говорите наивных вещей! – воскликнул Бобров, садясь на подоконник. – Теперь рабочий более чем когда–либо зависит от рыночного спроса, от биржевой игры, от разных закулисных интриг. Каждое громадное предприятие, прежде чем оно пойдет в ход, насчитывает трех или четырех покойников–патронов. Вам известно, как создалось наше общество? Его основала за наличные деньги небольшая компания капиталистов. Дело предполагалось устроить сначала в небольших размерах. Но целая банда инженеров, директоров и подрядчиков ухнула капитал так скоро, что предприниматели не успели и оглянуться. Возводились громадные постройки, которые потом оказывались негодными... Капитальные здания шли, как у нас говорят, "на мясо", то есть рвались динамитом. И когда в конце концов предприятие пошло по десять копеек за рубль, только тогда стало понятно, что вся эта сволочь действовала по заранее обдуманной системе и получала за свой подлый образ действий определенное жалованье от другой, более богатой и ловкой компании. Теперь дело идет в гораздо больших размерах, но мне хорошо известно, что при крахе первого покойника восемьсот рабочих не получили двухмесячного жалованья. Вот вам и обеспеченный труд! Да стоит только акциям упасть на бирже, как это сейчас же отражается на заработной плате. А вам, я думаю, известно, как поднимаются и падают на бирже акции? Для этого нужно мне приехать в Петербург – шепнуть маклеру, что вот, мол, хочу я продать тысяч на триста акций, "только, мол, ради бога, это между нами, уж лучше я вам заплачу хороший куртаж, только молчите...". Потом другому и третьему шепнуть то же самое по секрету, и акции мгновенно падают на несколько десятков рублей. И чем больше секрет, тем скорее и вернее упадут акции... Хороша обеспеченность!..

Сильным движением руки Бобров разом распахнул окно. В комнату ворвался холодный, воздух.

– Посмотрите, посмотрите сюда, доктор! – крикнул Андрей Ильич, показывая пальцем по направлению завода.

Гольдберг приподнялся на локте и устремил глаза в ночную темноту, глядевшую из окна. На всем громадном пространстве, расстилавшемся вдали, рдели разбросанные в бесчисленном множестве кучи раскаленного известняка, на поверхности которых то и дело вспыхивали голубоватые и зеленые серные огни... Это горели известковые печи[22] [*]. Над заводом стояло огромное красное колеблющееся зарево. На его кровавом фоне стройно и четко рисовались темные верхушки высоких труб, между тем как нижние части их расплывались в сером тумане, шедшем от земли. Разверстые пасти этих великанов безостановочно изрыгали густые клубы дыма, которые смешивались в одну сплошную, хаотическую, медленно ползущую на восток тучу, местами белую, как комья ваты, местами грязно–серую, местами желтоватого цвета железной ржавчины. Над тонкими, длинными дымоотводами, придавая им вид исполинских факелов, трепетали и метались яркие снопы горящего газа. От их неверного отблеска нависшая над заводом дымная туча, то вспыхивая, то потухая, принимала странные и грозные оттенки. Время от времени, когда по резкому звону сигнального молотка опускался вниз колпак доменной печи, из ее устья с ревом, подобным отдаленному грому, вырывалась к самому небу целая буря пламени и копоти. Тогда на несколько мгновений весь завод резко и страшно выступал из мрака, а тесный ряд черных круглых кауперов казался башнями легендарного железного замка. Огни коксовых печей тянулись длинными правильными рядами. Иногда один из них вдруг вспыхивал и разгорался, точно огромный красный глаз. Электрические огни примешивали к пурпуровому свету раскаленного

---

[22] Известковые печи устраиваются таким образом: складывается из известкового камня холм величиной с человеческий рост и разжигается дровами или каменным углем. Этот холм раскаляется около недели, до тех пор, пока из камня не образуется негашеная известь. (Прим. автора).

железа свой голубоватый мертвый блеск... Несмолкаемый лязг и грохот железа несся оттуда.

От зарева заводских огней лицо Боброва приняло в темноте зловещий медный оттенок, в глазах блестели яркие красные блики, спутавшиеся волосы упали беспорядочно на лоб. И голос его звучал пронзительно и злобно.

– Вот он – Молох, требующий теплой человеческой крови! – кричал Бобров, простирая в окно свою тонкую руку. – О, конечно, здесь прогресс, машинный труд, успехи культуры... Но подумайте же, ради бога, – двадцать лет! Двадцать лет человеческой жизни в сутки!.. Клянусь вам, – бывают минуты, когда я чувствую себя убийцей!..

"Господи! Да ведь он – сумасшедший", – подумал доктор, у которого по спине забегали мурашки, и он принялся успокаивать Боброва.

– Голубчик, Андрей Ильич, да оставьте же, мой милый, ну что за охота из-за глупостей расстраиваться. Смотрите, окно раскрыто, а на дворе сырость... Ложитесь, да нате-ка вам бромку. "Маниак, совершенный маниак", – думал он, охваченный одновременно жалостью и страхом.

Бобров слабо сопротивлялся, обессиленный только что миновавшей вспышкой. Но когда он лег в постель, то внезапно разразился истерическими рыданиями. И долго доктор сидел возле него, гладя его по голове, как ребенка, и говоря ему первые попавшиеся ласковые, успокоительные слова.

VI

На другой день состоялась торжественная встреча Василия Терентьевича Квашнина на станции Иванково. Уж к одиннадцати часам все заводское управление съехалось туда. Кажется, никто не чувствовал себя спокойным. Директор – Сергей Валерьянович Шелковников – пил стакан за стаканом зельтерскую воду, поминутно вытаскивал часы и, не успев взглянуть на циферблат, тотчас же машинально прятал их в карман. Только это рассеянное движение и выдавало его беспокойство. Лицо же директора – красивое, холеное, самоуверенное лицо светского человека – оставалось неподвижным. Лишь весьма немногие знали, что Шелковников только официально, так сказать на бумаге, числился директором постройки. Всеми делами, в сущности, ворочал бельгийский инженер Андреа, полуполяк, полушвед по национальности, роли которого на заводе никак не могли понять непосвященные. Кабинеты обоих директоров были расположены рядом и соединены дверью. Шелковников не смел положить резолюции ни на одной важной бумаге, не справившись сначала с условным знаком, сделанным карандашом где–нибудь на уголке страницы рукою Андреа. В экстренных же случаях, исключавших возможность совещания, Шелковников принимал озабоченный вид и говорил просителю небрежным тоном:

– Извините... положительно не могу уделить вам ни минуты... завален по горло... Будьте добры изъяснить ваше дело господину Андреа, а он мне потом изложит его отдельной запиской.

Заслуги Андреа перед правлением были неисчислимы. Из его головы целиком вышел гениально–мошеннический проект разорения первой компании предпринимателей, и его же твердая, но незримая рука довела интригу до конца. Его проекты, отличавшиеся изумительной простотой и стройностью, считались в то же время последним словом горнозаводской науки. Он владел всеми европейскими языками и – редкое явление среди инженеров – обладал, кроме своей специальности, самыми разнообразными знаниями.

Изо всех собравшихся на станции только один этот человек, с чахоточной фигурой и лицом старой обезьяны, сохранял свою обычную невозмутимость. Он приехал позднее всех и теперь медленно ходил взад и вперед по платформе, засунув руки по локоть в карманы широких, обвисших брюк и пожевывая свою вечную сигару. Его светлые глаза, за которыми чувствовался большой ум ученого и сильная воля авантюриста, как и всегда, неподвижно и равнодушно глядели из–под опухших, усталых век.

Приезду семейства Зиненок никто не удивился. Их почему–то все давно привыкли считать неотъемлемой принадлежностью заводской жизни. Девицы внесли с собой в мрачную залу станции, где было и холодно и скучно, свое натянутое оживление и ненатуральный хохот. Их окружили утомившиеся долгим ожиданием инженеры помоложе. Девицы, тотчас же приняв обычное оборонительное положение, стали сыпать налево и направо милыми, но давно всем наскучившими наивностями. Среди своих суетившихся дочерей Анна Афанасьевна, маленькая, подвижная, суетливая, казалась беспокойной наседкой.

Бобров, усталый, почти больной после вчерашней вспышки, сидел одиноко в углу станционной залы и очень много курил. Когда вошло и с громким щебетанием расселось у круглого стола семейство Зиненок, Андрей Ильич испытал одновременно два весьма смутных чувства. С одной стороны, ему стало стыдно за бестактный, как он думал, приезд этого семейства, стало стыдно жгучим, удручающим стыдом за другого. С другой стороны, он обрадовался, увидев Нину, разрумяненную быстрой ездой, с возбужденными, блестящими глазами, очень мило одетую и, как всегда это бывает, гораздо красивее, чем ее рисовало ему воображение. В его больной, издерганной душе вдруг зажглось нестерпимое желание нежной, благоухающей, девической любви, жажда привычной и успокоительной женской ласки.

Он искал случая подойти к Нине, но она все время была занята болтовней с двумя горными студентами, которые наперерыв старались ее рассмешить. И она смеялась, сверкая мелкими белыми зубами, более кокетливая и веселая, чем когда–либо. Однако два или три раза она встретилась глазами с Бобровым, и ему почудился в ее слегка приподнятых бровях молчаливый, но не враждебный вопрос.

На платформе раздался продолжительный звонок, возвещавший отход поезда с ближайшей станции. Между инженерами произошло смятение. Андрей Ильич наблюдал из своего угла с насмешкой на губах, как одна и та же трусливая мысль мгновенно овладела этими двадцатью с лишком человеками, как их лица вдруг стали серьезными и озабоченными, руки невольным быстрым движением прошлись по пуговицам сюртуков, по галстукам и фуражкам, глаза обратились в сторону звонка. Скоро в зале никого не осталось.

Андрей Ильич вышел на платформу. Барышни, покинутые занимавшими их мужчинами, беспомощно толпились около дверей, вокруг Анны Афанасьевны. Нина обернулась на пристальный, упорный взгляд Боброва и, точно угадывая его желание поговорить с нею наедине, пошла ему навстречу.

– Здравствуйте. Что вы такой бледный сегодня? Вы больны? – спросила она, крепко и нежно пожимая его руку и заглядывая ему в глаза серьезно и ласково. Почему вы вчера так рано уехали и даже не хотели проститься? Рассердились на что–нибудь?

– И да и нет, – ответил Бобров улыбаясь. – Нет, – потому что я ведь не имею никакого права сердиться.

– Положим, всякий человек имеет право сердиться. Особенно, если знает, что его мнением дорожат. А почему же да?

– Потому что... Видите ли, Нина Григорьевна, – сказал Бобров, почувствовав внезапный прилив смелости. – Вчера, когда мы с вами сидели на балконе, помните? – я благодаря вам пережил несколько чудных мгновений. И я понял, что вы, если бы захотели, то могли бы сделать меня самым счастливым человеком в мире... Ах, да что же я боюсь и медлю... Ведь вы знаете, вы догадались, ведь вы давно знаете, что я...

Он не договорил... Нахлынувшая на него смелость вдруг исчезла.

– Что вы... что такое? – переспросила Нина с притворным равнодушием, однако голосом, внезапно, против ее воли, задрожавшим, и опуская глаза в землю.

Она ждала признания в любви, которое всегда так сильно и приятно волнует сердца молодых девушек, все равно, отвечает ли их сердце взаимностью на это признание или нет. Ее щеки слегка побледнели.

219

– Не теперь... потом, когда–нибудь, – замялся Бобров. – Когда–нибудь, при другой обстановке я вам это скажу... Ради бога, не теперь, – добавил он умоляюще.

– Ну, хорошо. Все–таки почему же вы рассердились?

– Потому что после этих нескольких минут я вошел в столовую в самом, – ну, как бы это сказать, в самом растроганном состоянии... И когда я вошел...

– То вас неприятно поразил разговор о доходах Квашнина? – догадалась Нина с той внезапной, инстинктивной проницательностью, которая иногда осеняет даже самых недалеких женщин. – Да? Я угадала? – Она повернулась к нему и опять обдала его глубоким, ласкающим взором. – Ну, говорите откровенно. Вы ничего не должны скрывать от своего друга.

Когда–то, месяца три или четыре тому назад, во время катанья по реке большим обществом, Нина, возбужденная и разнеженная красотой теплой летней ночи, предложила Боброву свою дружбу на веки вечные, – он принял этот вызов очень серьезно и в продолжение целой недели называл ее своим другом, так же как и она его. И когда она говорила ему медленно и значительно, со своим обычным томным видом: "мой друг", то эти два коротеньких слова заставляли его сердце биться крепко и сладко. Теперь он вспомнил эту шутку и отвечал со вздохом:

– Хорошо, "мой друг", я вам буду говорить правду, хотя мне это немного тяжело. По отношению к вам я вечно нахожусь в какой–то мучительной двойственности. Бывают минуты в наших разговорах, когда вы одним словом, одним жестом, даже одним взглядом вдруг сделаете меня таким счастливым!.. Ах, разве можно передать такие ощущения словами?.. Скажите только, замечали ли вы это?

– Замечала, – отозвалась она почти шепотом и низко, с лукавой дрожью в ресницах, опустила глаза.

– А потом... потом вдруг, тотчас же, на моих глазах вы превращались в провинциальную барышню, с шаблонным обиходом фраз и с какою–то заученной манерностью во всех поступках... Не сердитесь на меня за откровенность... Если бы это не мучило меня так страшно, я не говорил бы...

– Я и это тоже заметила...

– Ну, вот видите... Я ведь всегда был уверен, что у вас отзывчивая, нежная и чуткая душа. Отчего же вы не хотите всегда быть такой, как теперь?

Она опять повернулась к Боброву и даже сделала рукой такое движение, как будто бы хотела прикоснуться к его руке. Они в это время ходили взад и вперед по свободному концу платформы.

– Вы не хотели никогда меня понять, Андрей Ильич, – сказала она с упреком. – Вы нервны и нетерпеливы. Вы преувеличиваете все, что во мне есть хорошего, но зато не прощаете мне того, что я не могу же быть иной в той среде, где я живу. Это было бы смешно, это внесло бы в нашу семью несогласие. Я слишком слаба и, надо правду сказать, слишком ничтожна для борьбы и для самостоятельности... Я иду туда, куда идут все, гляжу на вещи и сужу о них, как все. И вы не думайте, чтобы я не сознавала своей обыденности... Но я с другими не чувствую ее тяжести, а с вами... с вами я всякую меру теряю, потому что... – она запнулась, – ну, да все равно... потому что вы совсем другой, потому что такого, как вы, человека я никогда еще в жизни не встречала.

Ей казалось, что она говорит искренно. Бодрящая свежесть осеннего воздуха, вокзальная суета, сознание своей красоты, удовольствие чувствовать на себе влюбленный взгляд Боброва – все это наэлектризовало ее до того состояния, в котором истеричные натуры лгут так вдохновенно, так пленительно и так незаметно для самих себя. С наслаждением любуясь собой в новой роли девицы, жаждущей духовной поддержки, она чувствовала потребность говорить Боброву приятное.

– Я знаю, что вы меня считаете кокеткой... Пожалуйста, не оправдывайтесь... И я согласна, я даю повод так думать... Например, я смеюсь и болтаю часто с Миллером. Но если бы вы знали, как мне противен этот вербный херувим! Или эти два студента... Красивый мужчина уже по тому одному неприятен, что вечно собой любуется... Поверите ли, хотя это, может быть, и странно, но мне всегда были особенно симпатичны некрасивые мужчины.

При этой милой фразе, произнесенной самым нежным тоном, Бобров грустно вздохнул. Увы! Он уже не раз из женских уст слышал это жестокое утешение, в котором женщины никогда не отказывают своим некрасивым поклонникам.

– Значит, и я могу надеяться заслужить когда-нибудь вашу симпатию? спросил он шутливым тоном, в котором, однако, явственно прозвучала горечь насмешки над самим собой.

Нина быстро спохватилась.

– Ну вот, какой вы, право. С вами нельзя разговаривать... Зачем вы напрашиваетесь на комплименты, милостивый государь? Стыдно!..

Она сама немного сконфузилась своей неловкости и, чтобы переменить разговор, спросила с игривой повелительностью:

– Ну-с, что же вы это собирались мне сказать при другой обстановке? Извольте немедленно отвечать!

– Я не знаю... не помню, – замялся расхоложенный Бобров.

– Я вам напомню, мой скрытный друг. Вы начали говорить о вчерашнем дне, потом о каких-то прекрасных мгновениях, потом сказали,

221

что я, наверно, давно уже заметила... но что? Вы этого не докончили... Извольте же говорить теперь. Я требую этого, слышите!

Она глядела на него глазами, в которых сияла улыбка – лукавая, и обещающая, и нежная в одно и то же время... Сердце Боброва сладко замерло в груди, и он почувствовал опять прилив прежней отваги. "Она знает, она сама хочет, чтобы я говорил", – подумал он, собираясь с духом.

Они остановились на самом краю платформы, где совсем не было публики. Оба были взволнованы. Нина ждала ответа, наслаждаясь остротой затеянной ею игры. Бобров искал слов, тяжело дышал и волновался. Но в это время послышались резкие звуки сигнальных рожков, и на станции поднялась суматоха.

– Так слышите же... Я жду, – шепнула Нина, быстро отходя от Боброва. – Для меня это гораздо важнее, чем вы думаете...

Из-за поворота железной дороги выскочил окутанный черным дымом курьерский поезд. Через несколько минут, громыхая на стрелках, он плавно и быстро замедлил ход и остановился у платформы... На самом конце его был прицеплен длинный, блестящий свежей синей краской служебный вагон, к которому устремились все встречающие. Кондуктора почтительно бросились раскрывать дверь вагона; из нее тотчас же выскочила, с шумом развертываясь, складная лестница. Начальник станции, красный от волнения и беготни, с перепуганным лицом торопил рабочих с отцепкой служебного вагона. Квашнин был одним из главных акционеров N-ской железной дороги и ездил по ее ветвям с почетом, какого не всегда удостаивалось даже самое высшее железнодорожное начальство.

В вагон вошли только Шелковников, Андреа и двое влиятельных инженеров-бельгийцев. Квашнии сидел в кресле, расставив свои колоссальные ноги и выпятив вперед живот. На нем была круглая фетровая шляпа, из-под которой сияли огненные волосы; бритое, как у актера, лицо с обвисшими щеками и тройным подбородком, испещренное крупными веснушками, казалось заспанным и недовольным; губы складывались в презрительную, кислую гримасу.

При виде инженеров он с усилием приподнялся.

– Здравствуйте, господа, – сказал он сиплым басом, протягивая им поочередно для почтительных прикосновений свою огромную пухлую руку. – Ну-с, как у вас на заводе?

Шелковников начал докладывать языком служебной бумаги. На заводе все благополучно. Ждут только приезда Василия Терентьевича, чтобы в его присутствии пустить доменную печь и сделать закладку новых зданий... Рабочие и мастера наняты по хорошим ценам. Наплыв заказов так велик, что побуждает как можно скорее приступить к работам.

Квашнин слушал, отворотясь лицом к окну, и рассеянно разглядывал собравшуюся у служебного вагона толпу. Лицо его ничего не выражало, кроме брезгливого утомления.

Вдруг он прервал директора неожиданным вопросом:

– Э... па... послушайте... Кто эта девочка?

Шелковников заглянул в окно.

– Ну, вот эта... с желтым пером на шляпе, – нетерпеливо показал пальцем Квашнин.

– Ах, эта? – встрепенулся директор и, наклонившись к уху Квашнина, прошептал таинственно по-французски: – Это дочь нашего заведующего складом. Его фамилия Зиненко.

Квашнин грузно кивнул головой. Шелковников продолжал свой доклад, но принципал опять перебил его:

– Зиненко... Зиненко... – протянул он задумчиво и не отрываясь от окна. Зиненко... кто же такой этот Зиненко?.. Где я эту фамилию слышал?.. Зиненко?

– Он у нас заведует складом, – почтительно и умышленно бесстрастно повторил Шелковников.

– Ах, вспомнил! – догадался вдруг Василий Терентьевич. – Мне о нем в Петербурге говорили... Ну-с, продолжайте, пожалуйста.

Нина безошибочным женским чутьем поняла, что именно на нее смотрит Квашнин и о ней говорит в настоящую минуту. Она немного отвернулась, но лицо ее, разрумянившееся от кокетливого удовольствия, все-таки было, со всеми своими хорошенькими родинками, видно Василию Терентьевичу.

Наконец доклад окончился, и Квашнин вышел на площадку, устроенную в виде просторного стеклянного павильона сзади вагона.

Это был момент, для увековечения которого, как подумал Бобров, не хватало только хорошего фотографического аппарата. Квашнин почему-то медлил сходить вниз и стоял за стеклянной стеной, возвышаясь своей массивной фигурой над теснящейся около вагона группой, с широко расставленными ногами и брезгливой миной на лице, похожий на японского идола грубой работы. Эта неподвижность патрона, очевидно, коробила встречающих: на их губах застыли, сморщив их, заранее приготовленные улыбки, между тем как глаза, устремленные вверх, смотрели на Квашнина с подобострастием, почти с испугом. По сторонам дверцы застыли в солдатских позах молодцеватые кондуктора. Заглянув случайно в лицо опередившей его Нины, Бобров с горечью заметил и на ее лице ту же улыбку и тот же тревожный страх дикаря, взирающего на своего идола.

"Неужели же здесь только бескорыстное, почтительное изумление перед тремястами тысячами годового дохода? – подумал Андрей Ильич. – Что же заставляет всех этих людей так униженно вилять хвостом перед человеком, который даже и не взглянет на них никогда внимательно? Или здесь есть какой-нибудь не доступный пониманию психологический закон подобострастия?"

Постояв немного, Квашнин решился двинуться и, предшествуемый своим животом, поддерживаемый бережно под руки поездной прислугой, спустился по ступеням на платформу.

На почтительные поклоны быстро расступившейся перед ним вправо и влево толпы он небрежно кивнул головой, выпятив вперед толстую нижнюю губу, и сказал гнусаво:

— Господа, вы свободны до завтрашнего дня.

Не дойдя до подъезда, он знаком подозвал к себе директора.

— Так вы, Сергей Валерьянович, представьте мне его, — сказал он вполголоса.

— Зиненку? — предупредительно догадался Шелконников.

— Ну да, черт возьми! — внезапно раздражаясь, буркнул Квашнин: — Только не здесь, не здесь, — остановил он за рукав устремившегося было директора. Когда я буду на заводе...

VII

Закладка каменных работ и открытие кампании новой домны произошли через четыре дня после приезда Квашнина. Предполагалось отпраздновать оба эти события с возможно большим торжеством, почему на соседние металлургические заводы: Крутогорский, Воронинский и Львовский были заранее разосланы печатные приглашения.

Вслед за Василием Терентьевичем из Петербурга прибыли еще два члена правления, четверо бельгийских инженеров и несколько крупных акционеров. Между заводскими служащими носились слухи, будто бы правление ассигновало на устройство парадного обеда около двух тысяч рублей, однако эти слухи пока ничем еще не оправдались, и вся закупка вин и припасов легла тяжелой данью на подрядчиков.

День выдался очень удачный для торжества, — один из тех ярких, прозрачных дней ранней осени, когда небо кажется таким густым, синим и глубоким, а прохладный воздух пахнет тонким, крепким вином. Квадратные ямы, вырытые под фундаменты для новой воздуходувной машины и бессемеровой печи, были окружены в виде "покоя" густой толпою рабочих. В середине этой живой ограды, над самым краем ямы, возвышался простой некрашеный стол, покрытый белой скатертью, на котором лежали крест и Евангелие рядом с жестяной чашей для святой воды и кропилом. Священник, уже облаченный в зеленую, затканную золотыми крестами ризу, стоял в стороне, впереди пятнадцати рабочих, вызвавшихся быть певчими. Открытую сторону покоя занимали инженеры, подрядчики, старшие десятники, конторщики – пестрая, оживленная группа из двухсот с лишком человек. На насыпи поместился фотограф, который, накрыв черным платком и себя и свой аппарат, давно уже возился, отыскивая удачную точку.

Через десять минут Квашнин быстро подкатил к площадке на тройке великолепных серых лошадей. Он сидел в коляске один, потому что, при всем желании, никто не смог бы поместиться рядом с ним. Следом за Квашниным подъехало еще пять или шесть экипажей. Увидев Василия Терентьевича, рабочие инстинктом узнали в нем "набольшего" и тотчас же, как один человек, поснимали шапки. Квашнин величественно прошел вперед и кивнул головой священнику.

– Благословен бог наш, всегда, ныне и присно, и во веки веко–ов, раздался среди быстро наступившей тишины дребезжащий, кроткий и. гнусавый тенорок священника.

– Аминь, – подхватил довольно стройно импровизированный хор.

Рабочие – их было до трех тысяч человек – так же дружно, как кланялись Квашнину, перекрестились широкими крестами, склонили головы и потом, подняв их, встряхнули волосами... Бобров стал невольно присматриваться к ним. Впереди стояли двумя рядами степенные русаки-каменщики, все до одного в белых фартуках, почти все со льняными волосами и рыжими бородами, сзади них литейщики и кузнецы в широких темных блузах, перенятых от французских и английских рабочих, с лицами, никогда не отмываемыми от железной копоти, между ними виднелись и горбоносые профили иноземных увриеров [рабочих – фр.]; сзади, из–за литейщиков, выглядывали рабочие при известковых печах, которых издали можно было узнать по лицам, точно обсыпанным густо мукою, и по воспаленным, распухшим, красным глазам...

Каждый раз, когда хор громко и стройно, хотя несколько в нос пел "Спаси от бед рабы твоя, богородице", все эти три тысячи человек с однообразным тихим шелестом творили свои усердные крестные знамения и клали низкие поклоны. Что–то стихийное, могучее и в то же время что–то детское и трогательное почудилось Боброву в этой общей молитве серой огромной массы. Завтра все рабочие примутся за свой тяжкий, упорный, полусуточный труд. Почем знать, кому из них уже предначертано судьбою поплатиться на этом труде жизнью: сорваться с высоких лесов, опалиться расплавленным металлом, быть засыпанным щебнем или кирпичом? И не об этом ли непреложном решении судьбы думают они теперь, отвешивая низкие поклоны и встряхивая русыми кудрями, в то время когда хор просит богородицу – спасти от бед рабы своя... И на кого, как не на одну только богородицу, надеяться этим

225

большим детям, с мужественными и простыми сердцами, этим смиренным воинам, ежедневно выходящим из своих промозглых, настуженных землянок на привычный подвиг терпения и отваги?

Так, или почти так, думал Бобров, всегда склонный к широким, поэтическим картинам; и хотя он давно уже отвык молиться, но каждый раз, когда дребезжащий, далекий голос священника сменялся дружным возгласом клира, по спине и по затылку Андрея Ильича пробегала холодная волна нервного возбуждения. Было что–то сильное, покорное и самоотверженное в наивной молитве этих серых тружеников, собравшихся бог весть откуда, из далеких губерний, оторванных от родного, привычного угла для тяжелой и опасной работы...

Молебен кончился. Квашнин с небрежным видом бросил в яму золотой, но нагнуться с лопаточкой никак не мог – это сделал за него Шелковников. Потом вся группа двинулась к доменным печам, возвышавшимся на каменных фундаментах своими круглыми черными массивными башнями.

Пятая, вновь выстроенная домна шла, как говорится на техническом жаргоне, "спелым ходом". Из проделанного внизу ее, на аршинной высоте, отверстия бил широким огненно–белым клокочущим потоком расплавленный шлак, от которого прыгали во все стороны голубые серные огоньки. Шлак стекал по наклонному желобу в котлы, подставленные к отвесному краю фундамента, и застывал в них зеленоватой густой массой, похожей на леденец. Рабочие, находившиеся на самой верхушке печи, продолжали без отдыха забрасывать в нее руду и каменный уголь, которые то и дело подымались наверх в железных вагонетках.

Священник окропил домну со всех сторон святою водой и, боязливо торопясь, спотыкающейся, старческой походкой отошел в сторону. Горновой мастер, жилистый, чернолицый старик, перекрестился и поплевал на руки. То же сделали четверо его подручных. Потом они подняли с земли очень длинный стальной лом, долго раскачивали его и, одновременно крякнув, ударили им в самый низ печи. Лом звонко стукнулся в глиняную втулку. Зрители в боязливо–нервном ожидании зажмурили глаза; некоторые подались назад. Рабочие ударили в другой раз, потом в третий, в четвертый... и вдруг из–под острия лома брызнул фонтан нестерпимо–яркого жидкого металла. Тогда горновой мастер кругообразными движениями лома расширил отверстие, и чугун медленно полился по песчаной бороздке, принимая оттенок огненной охры. Целые снопы блестящих крупных звезд летели во все стороны из отверстия печи, громко треща и исчезая в воздухе. От этого, тихо, как будто лениво текущего металла, шел такой страшный жар, что непривычные гости все время отодвигались и закрывали щеки руками.

От доменных печей инженеры двинулись в отдел воздуходувных

машин. Квашнин заранее распорядился так, чтобы приехавшие с ними акционеры увидели завод во всей его колоссальной величине и сутолоке. Он совершенно верно рассчитал, что эти господа, пораженные массою сильных и совершенно новых для них впечатлений, будут потом рассказывать чудеса уполномочившему их общему собранию. И, глубоко зная психологию деловых людей, Василий Терентьевич уже считал делом решенным новый и весьма выгодный лично для него выпуск акций, на который до сих пор не соглашалось общее собрание.

И акционеры действительно были поражены до головной боли, до дрожи в ногах... В помещении воздуходувных машин они слышали, бледные от волнения, как воздух, нагнетаемый четырьмя вертикальными двухсаженными поршнями в трубы, устремлялся по ним с ревом, заставляющим трястись каменные стены здания. По этим чугунным массивным, в два обхвата шириною трубам воздух проходил сквозь каупера, нагревался в них горящими газами до шестисот градусов и оттуда уже проникал во внутренность доменной печи, расплавляя руду и уголь своим жарким дуновением. Инженер, заведывающий воздуходувным отделением, давал объяснения. И хотя он нагибался поочередно к самым ушам акционеров и кричал во весь голос, надсаживая грудь, но за страшным гулом машин его слов не было слышно, а казалось только, что он беззвучно и напряженно шевелит губами.

Потом Шелковников повел гостей в сарай пудлинговых печей, – высокое железное здание такой длины, что с одного его конца другой конец казался едва заметным просветом. Вдоль одной из стен сарая тянулась каменная платформа, на которой помещалось двадцать пудлинговых печей, формой напоминавших снятые с колес вагоны. В этих печах жидкий чугун смешивался с рудой и перерабатывался в сталь. Готовая сталь, стекая вниз по трубам, наполняла собой высокие железные штамбы – нечто вроде футляров без дна, но с ручками наверху – и застывала в них сплошными кусками, пудов по сорока весом. Свободная сторона сарая была занята рельсовым путем, по которому сновали, пыхтя, шипя и стуча, паровые краны, похожие на послушных и ловких животных, снабженных гибкими хоботами. Один кран хватал штамбу крючком за ручку, поднимал ее кверху, и из нее тяжело вываливался кусок стали в виде длинного правильного бруска ослепительно красного цвета. Но прежде чем этот кусок успевал упасть на землю, рабочий с необыкновенной ловкостью обматывал его цепью в руку толщиной. Второй кран, ухватив крючком эту цепь, плавно нес "штуку" в воздухе и клал рядом с другими на платформу, прикрепленную к третьему крану. Третий – влек этот груз на другой конец сарая, где четвертый, снабженный вместо крючка щипцами, снимал "штуки" с вагона и опускал их в раскрытые люки газовых печей, устроенных под полом. Наконец пятый кран вытаскивал их из этих люков совершенно белыми от жара, клал поочередно под круглое колесо с острыми зубьями, вращавшееся чрезвычайно быстро на горизонтальной оси, и сорокапудовая стальная "штука" в течение пяти секунд разрезалась на две половины, как кусок мягкого пряника. Каждая половина поступала под семисотпудовый пресс парового молота, обжимавшего ее с такой силой и такой легкостью, точно она была из воска. Рабочие подхватывали ее тотчас же на ручные тележки и бегом тащили дальше, обдавая всех встречных блеском и жаром раскаленного железа.

Затем Шелковников показал своим гостям рельсопрокатный цех. Огромный брусок раскаленного металла проходил через целый ряд станков, катясь от одного к другому по валикам, которые вращались под полом, виднеясь на его поверхности только самой верхней своей частью. Брусок втискивался в отверстие, образуемое двумя стальными, вертевшимися в разные стороны цилиндрами, и пролезал между ними, заставляя их раздаваться и дрожать от напряжения. Дальше его ждал станок с еще меньшим отверстием между цилиндрами. Кусок стали делался после каждого станка все тоньше и длиннее и, несколько раз перебежав рельсопрокатку взад и вперед, принимал мало-помалу форму десятисаженного красного рельса. Сложным движением пятнадцати станков управлял всего один человек, помещавшийся над паровой машиной, на возвышении вроде капитанского мостика. Он двигал рукоятку вперед, и все цилиндры и валики начинали вертеться в одну сторону; двигал ее назад – и цилиндры и валики вертелись в обратную сторону. Когда рельс окончательно вытягивался, круглая пила, оглушительно визжа и сыпля фонтаном золотых искр, разрезала его на три части.

Затем все перешли в токарный цех, где главным образом отделывались вагонные и паровозные колеса. Кожаные приводы спускались там с потолка от толстого стального стержня, проходившего через весь сарай, и приводили в движение сотни две или три станков самых разных величин и фасонов. Этих приводов было так много, и они перекрещивались во стольких направлениях, что производили впечатление одной сплошной, запутанной и дрожащей ременной сети. Колеса некоторых станков вращались с быстротой двадцати оборотов в секунду, движение же других было так медленно, что почти не замечалось глазом. Стальные, железные и медные стружки, в виде красивых длинных спиралей, густо покрывали пол. Сверлильные станки оглашали воздух нестерпимым, тонким и резким визжанием. Там же была показана гостям машина, работающая гайки, – нечто вроде двух огромных стальных регулярно чавкающих челюстей. Двое рабочих всовывали в эту пасть конец накаленного длинного прута, и машина, равномерно отгрызая по куску металла, выплевывала их на землю в виде совершенно готовых гаек.

Когда, выйдя из токарного цеха, Шелковников предложил акционерам (он все время исключительно к ним обращался со своими разъяснениями) осмотреть гордость завода, девятисотсильный "Компаунд", то петербургские господа уже в достаточной степени были оглушены и расстроены всем виденным и слышанным. Новые впечатления не внушали им более никакого интереса, а только еще сильнее утомляли их. Лица их пылали от жара рельсопрокатки, руки и костюмы были перепачканы угольной сажей. На предложение директора они согласились, по-видимому, скрепя сердце, чтобы только не уронить достоинства уполномочившего их собрания.

Девятисотсильный "Компаунд" помещался в отдельном здании, очень чистеньком и нарядном, со светлыми окнами и мозаичным полом. Несмотря на громадность машины, она почти не издавала стука... Два поршня, в четыре сажени каждый, мягко и быстро ходили в цилиндрах, обитых деревянными планками. Двадцатифутовое колесо, со скользящими по нем двенадцатью канатами, вращалось также беззвучно и быстро; от его широкого движения суховатый жаркий воздух машинного отделения колебался сильными, равномерными порывами. Эта машина приводила в движение и воздуходувки, и прокатные станки, и все машины токарного цеха.

Осмотрев "Компаунд", акционеры были уже совершенно убеждены, что их испытания окончились, но неутомимый Шелковников вдруг обратился к ним с новым любезным предложением:

– Теперь, господа, я вам покажу сердце всего завода, тот пункт, от которого он получает свою жизнь.

Он не повел, а почти повлек их в отделение паровых котлов. Однако после всего виденного "сердце завода" – двенадцать цилиндрических котлов пятисаженной длины и полутора сажен высоты каждый – не произвело на уставших акционеров особенно внушительного впечатления. Их мысли давно вращались вокруг ожидавшего их обеда, и они уже ничего не расспрашивали, как раньше, а только рассеянно и равнодушно кивали головами на все разъяснения Шелковникова. Когда директор кончил, акционеры вздохнули с облегчением и очень искренно, с нескрываемым удовольствием принялись жать ему руку.

Теперь только один Андрей Ильич остался около паровых котлов. Стоя на краю глубокой полутемной каменной ямы, в которой помещались топки, он долго глядел вниз на тяжелую работу шестерых обнаженных до пояса людей. На их обязанности лежало беспрерывно, и днем и ночью, подбрасывать каменный уголь в топочные отверстия. То и дело со звоном отворялись круглые чугунные заслонки, и тогда видно было, как в топках с гудением и ревом клокотало ярко–белое бурное пламя. То и дело голые тела рабочих, высушенные огнем, черные от пропитавшей их угольной пыли, нагибались вниз, причем на их спинах резко выступали все мускулы и все позвонки спинного хребта. То и дело худые, цепкие руки набирали полную лопатку угля и затем быстрым, ловким движением всовывали его в раскрытое пылающее жерло. Двое других рабочих, стоя наверху и также не останавливаясь ни на мгновение, сбрасывали вниз все новые и новые кучи угля, который громадными черными валами возвышался вокруг котельного отделения. Что–то удручающее, нечеловеческое чудилось Боброву в бесконечной работе кочегаров. Казалось, какая–то сверхъестественная сила приковала их на всю жизнь к этим разверстым пастям, и они, под страхом ужасной смерти, должны были без устали кормить и кормить ненасытное, прожорливое чудовище...

— Что, коллега, смотрите, как вашего Молоха упитывают? – услышал Бобров за своей спиной веселый, добродушный голос.

Андрей Ильич задрожал и чуть–чуть не полетел в кочегарную яму. Его поразило, почти потрясло это неожиданное соответствие шутливого восклицания доктора с его собственными мыслями. Даже и овладев собою, он долго не мог отделаться от странности такого совпадения. Его всегда интересовали и казались ему загадочными те случаи, когда, задумавшись о каком–нибудь предмете или читая о чем–нибудь в книге, он тотчас же слышал рядом с собою разговор о том же самом.

— Я вас, кажется, напугал, дорогой мой? – спросил доктор, внимательно заглянув в лицо Боброва. – Прошу прощения.

— Да, немножко... вы так неслышно подошли... я совсем не ожидал.

— Ох, батенька Андрей Ильич, давайте–ка полечим наши нервы. Никуда они у нас не годятся... Послушайтесь моего совета: берите отпуск да махните куда–нибудь за границу... Ну, что вам себя здесь растравлять? Поживите полгодика в свое удовольствие: пейте хорошее вино, ездите верхом побольше, насчет ламура [любви (от франц. l'amour)] пройдитесь...

Доктор подошел к краю кочегарки.

— Вот так преисподняя! – воскликнул он, заглянув вниз. – Сколько каждый такой самоварчик должен весить? Пудов восемьсот, я думаю?..

— Нет, побольше. Тысячи полторы.

— Ой, ой, ой... А ну как такая штучка вздумает того... лопнуть? Эффектное выйдет зрелище? А?

— Очень эффектное, доктор. Наверно, от всех этих зданий не останется камня на камне...

Гольдберг покачал головой и многозначительно свистнул.

— Отчего же это может случиться?

— Причины разные бывают... но чаще всего это случается таким образом: когда в котле остается очень мало воды, то его стенки

230

раскаляются все больше и больше, чуть не докрасна. Если в это время пустить в котел воду, то сразу получается громадное количество паров, стенки не выдерживают давления, и котел разрывается.

— Так что это можно сделать нарочно?

— Сколько угодно. Не хотите ли попробовать? Когда вода совсем упадет в водомере, нужно только повернуть вентиль... видите, маленький круглый рычажок... И все тут.

Бобров шутил, но голос его был странно серьезен, а глаза смотрели сурово и печально. "Черт его знает, – подумал доктор, – милый он человек, а все–таки... психопат..."

— Вы что же на обед–то не пошли, Андрей Ильич? – спросил Гольдберг, отходя от кочегарки. – Хоть поглядели бы, какой зимний сад из лаборатории устроили. А сервировка, – так прямо на удивление.

— А ну их! Терпеть не могу инженерных обедов, – поморщился Бобров. Хвастаются, орут, безобразно льстят друг другу, и потом эти неизменные пьяные тосты, во время которых ораторы обливают вином себя и соседей... Отвращение!..

— Да, да, совершенно верно, – рассмеялся доктор. – Я захватил начало. Квашнин – одно великолепие: "Милостивые государи, призвание инженера – высокое и ответственное призвание. Вместе с рельсовым путем, с доменной печью и с шахтой он несет в глубь страны семена просвещения, цветы цивилизации и..." какие–то еще плоды, я уж не помню хорошенько... Но ведь каков обер–жулик!.. "Сплотимтесь же, господа, и будем высоко держать святое знамя нашего благодетельного искусства!.." Ну, конечно, бешеные рукоплескания.

Они прошли несколько шагов молча. Лицо доктора вдруг омрачилось, и он заговорил со злобой в голосе:

— Да! Благодетельное искусство! А вот рабочие бараки из щепок выстроены. Больных не оберешься... дети, как мухи, мрут. Вот тебе и семена просвещения! То–то они запоют, когда брюшной тиф разгуляется в Иванкове.

— Да что вы, доктор? Разве уже есть больные? Это совсем ужасно было бы при такой тесноте.

Доктор остановился, тяжело переводя дух.

— Да как же не быть? – сказал он с горечью. – Вчера двух человек привезли. Один сегодня утром скончался, а другой если еще не умер, то вечером умрет непременно... А у нас ни медикаментов, ни помещения, ни фельдшеров опытных... Подождите, доиграются они!.. – прибавил Гольдберг сердито и погрозил кому–то в пространство кулаком.

VIII

Злые языки начали звонить. Про Квашнина еще до его приезда ходило на заводе так много пикантных анекдотов, что теперь никто не сомневался в настоящей причине его внезапного сближения с семейством Зиненок. Дамы говорили об этом с двусмысленными улыбками, мужчины в своем кругу называли вещи с циничной откровенностью их именами. Однако наверняка никто ничего не знал. Все с удовольствием ждали соблазнительного скандала.

В сплетне была доля правды. Сделав визит семейству Зиненок, Квашнин стал ежедневно проводить у них вечера. По утрам, около одиннадцати часов, в Шепетовскую экономию приезжала его прекрасная тройка серых, и кучер неизменно докладывал, что "барин просит барыню и барышень пожаловать к ним на завтрак". К этим завтракам посторонние не приглашались. Кушанье готовил повар-француз, которого Василий Терентьевич всюду возил за собою в своих частых разъездах, даже и за границу.

Внимание Квашнина к его новым знакомым выражалось очень своеобразно. Относительно всех пятерых девиц он сразу стал на бесцеремонную ногу холостого и веселого дядюшки. Через три дня он уже называл их уменьшительными именами с прибавлением отчества – Шура Григорьевна, Ниночка Григорьевна, а самую младшую, Касю, часто брал за пухлый, с ямочкой, подбородок и дразнил "младенцем" и "цыпленочком", отчего она краснела до слез, но не сопротивлялась.

Анна Афанасьевна с игривой ворчливостью пеняла ему, что он совсем избалует ее девочек! Действительно, стоило только одной из них выразить какое-нибудь мимолетное желание, как оно тотчас же исполнялось. Едва Мака заикнулась, без всякого, впрочем, заднего умысла, что ей хотелось бы выучиться ездить на велосипеде, как на другой же день нарочный привез из Харькова прекрасную машину, стоившую по меньшей мере рублей триста... Бете он проиграл, держа с нею пари по поводу каких-то пустяков, пуд конфет, а Касе – брошку, в которой последовательно чередовались камни – коралл, аметист, сапфир и яшма, обозначавшие составные буквы ее имени. Он услышал однажды, что Нина любит верховую езду и лошадей. Через два дня ей привели кровную английскую кобылу, в совершенстве выезженную под дамское седло. Барышни были очарованы. В их доме поселился добрый сказочный дух, угадывавший и тотчас же исполнявший их малейшие капризы. Анна Афанасьевна смутно чувствовала в этой щедрости что-то неприличное для хорошей семьи, но у нее не хватало ни смелости, ни такта, чтобы дать незаметно понять это

Квашнину. На ее льстивые выговоры он только махал рукой и отвечал своим грубоватым, решительным басом:

– Ну вот еще, дорогая моя... пустяки какие выдумали...

Однако ни одну из ее дочерей он не предпочитал явно, всем им одинаково угождая и над всеми бесцеремонно подтрунивая. Молодые люди, посещавшие раньше дом Зиненок, предупредительно и бесследно исчезли. Зато постоянным гостем сделался Свежевский, бывший у них до того всего–навсего раза два или три. Его никто не звал; он явился сам, точно по чьему–то таинственному приглашению, и сразу сумел сделаться необходимым для всех членов семьи.

Впрочем, появлению его у Зиненок предшествовал маленький анекдот. Как–то, месяцев пять тому назад, Свежевский проговорился в кругу своих сослуживцев, что мечта его жизни – сделаться со временем миллионером и что он к сорока годам непременно будет им.

– Как же вы этого добьетесь, Станислав Ксаверьевич? – спросили его.

Свежевский захихикал и, загадочно потирая свои мокрые руки, ответил:

– Все дороги ведут в Рим.

Чутье ему подсказывало, что теперь в Шепетовской экономии обстоятельства складываются весьма удобно для его будущей карьеры. Так или иначе, он мог пригодиться всемогущему патрону. И Свежевский, ставя все на карту, смело лез Квашнину на глаза со своим угодливым хихиканьем. Он заигрывал с ним, как веселый дворовый щенок со свирепым меделянским псом, выражая и лицом и голосом ежеминутную готовность учинить какую угодно пакость по одному только мановению Василия Терентьевича.

Патрон не препятствовал. Тот самый Квашнин, который прогонял со службы без объяснения причин директоров и управляющих заводами, – этот самый Квашнин молча терпел в своем присутствии какого–то Свежевского... Тут пахло важной услугой, и будущий миллионер напряженно ждал своего момента.

Все это, передаваясь из уст в уста, стало известно и Боброву. Он не удивился: на семейство Зиненок у него сложился свой твердый и точный взгляд. Его взволновало лишь то, что сплетня не преминет задеть грязным хвостом и Нину... После разговора на вокзале эта девушка стала ему еще милее и дороже. Ему одному она доверчиво открыла свою душу, прекрасную даже в колебаниях и в слабостях. Все другие знали – думалось ему – только ее костюм и наружность. Ревность же с ее циничными сомнениями, вечно раздраженным самолюбием, с ее мелочностью и грубостью была чужда доверчивой и нежной натуре Боброва.

Хорошая, искренняя женская любовь ни разу еще не улыбнулась Андрею Ильичу. Он был слишком застенчив и неуверен в себе, чтобы брать от жизни то, что ему, может быть, принадлежало по праву. Не удивительно, что теперь его душа радостно устремилась навстречу новому, сильному чувству.

Все эти дни Бобров находился под обаянием разговора на вокзале. Сотни раз он вспоминал его в мельчайших подробностях и с каждым разом прозревал в словах Нины более глубокое значение. По утрам он просыпался со смутным сознанием чего-то большого и светлого, что посетило его душу и обещает ему в будущем много блаженства.

Его неудержимо тянуло к Зиненкам: хотелось еще раз убедиться в своем счастье, еще раз слышать от Нины то робкие, то наивно-смелые полупризнания. Но его стесняло присутствие Квашнина, и он утешал себя только тем, что патрон ни в каком случае не мог пробыть в Иванкове более двух недель.

Однако случай помог ему увидеться с Ниной до отъезда Квашнина. Это произошло в воскресенье, через три дня после торжественного открытия кампании доменной печи. Бобров ехал верхом на Фарватере по широкой, хорошо набитой дороге, ведущей с завода на станцию. Было часа два прохладного, безоблачного дня. Фарватер шел бойкой ходой, прядая ушами и мотая косматой головой. На повороте около склада Бобров заметил даму в амазонке, спускавшуюся с горы на крупной гнедой лошади, и следом за нею – всадника на маленьком белом киргизе. Скоро он убедился, что это была Нина в темно-зеленой длинной развевающейся юбке, в желтых перчатках с крагами, с низеньким блестящим цилиндром на голове. Она уверенно и красиво сидела в седле. Стройная английская кобыла шла под нею эластической, широкой рысью, круто собрав шею и высоко подымая тонкие, сухие ноги. Сопровождавший Нину Свежевский далеко отстал и старался, болтая локтями, трясясь и горбясь, поймать носком потерянное стремя.

Заметив Боброва, Нина пустила лошадь галопом. Встречный ветер заставлял ее придерживать правой рукой перед шляпы и наклонять вниз голову. Поравнявшись с Андреем Ильичом, она сразу осадила лошадь, и та остановилась, нетерпеливо переступая ногами, раздувая широкие, порывистые ноздри и звучно перебирая зубами удила, с которых комьями падала пена. От езды у Нины раскраснелось лицо, и волосы, выбившиеся на висках из-под шляпы, откинулись назад длинными тонкими завитками.

– Откуда у вас такая прелесть? – спросил Бобров, когда ему, наконец, удалось осадить танцевавшего Фарватера и, перегнувшись на седле, подать кончики пальцев Нины.

– А правда, красавица? Это – подарок Квашнина.

– Я бы отказался от такого подарка, – грубо сказал Андрей Ильич, внезапно рассерженный беспечным ответом Нины.

Нина вспыхнула.

— На каком основании?

— Да на том, что... кто же для вас в самом деле Квашнин?.. Родственник?.. Жених?..

— Ах, боже мой, как вы щепетильны за других! — воскликнула Нина язвительно.

Но, увидев его страдающее лицо, она тотчас же смягчилась.

— Ведь ему это ничего не стоит... Он так богат...

Свежевский был уже в десяти шагах. Нина вдруг нагнулась к Боброву, ласково дотронулась концом хлыста до его руки и сказала вполголоса, тоном маленькой девочки, сознающейся в своей вине:

— Ну, будет... будет, не сердитесь... Я ему возвращу лошадь назад, злючка вы этакий!.. Видите, что значит для меня ваше мнение.

Глаза Андрея Ильича засияли счастьем, и руки невольно протянулись к Нине. Но он ничего не сказал, а только глубоко, всей грудью, вздохнул. Свежевский подъезжал к нему, раскланиваясь и стараясь принять небрежную посадку.

— Вы, конечно, знаете о нашем пикнике? — крикнул еще издали Свежевский.

— В первый раз слышу, — ответил Андрей Ильич.

— Пикник по инициативе Василия Терентьевича? В Бешеной балке?..

— Не слыхал...

— Да, да. Пожалуйста, приезжайте же, Андрей Ильич, — вмешалась Нина. — В среду, в пять часов вечера... сборный пункт — станция...

— Пикник по подписке?

— Кажется. Наверно не знаю.

Нина вопросительно и растерянно взглянула на Свежевского.

— По подписке, — подтвердил Свежевский. — Василий Терентьевич поручил мне исполнить некоторые его распоряжения. И я вам скажу, пикник будет колоссальный. Нечто сверхшикарное... Только все это покамест секрет. Вы будете поражены неожиданностью...

Нина не утерпела и прибавила кокетливо:

— Все это ведь из-за меня вышло. Третьего дня я говорила, что хорошо бы компанией куда-нибудь в лес проехаться, а Василий Терентьевич...

— Я не поеду, — сказал Бобров резко.

— Нет, поедете! — сверкнула глазами Нина. — Господа, марш, марш! крикнула она, подымая лошадь с места галопом. — Андрей Ильич! Слушайте, что я вам скажу.

Свежевский остался сзади. Нина и Бобров скакали рядом, она — улыбаясь и заглядывая ему в глаза, он — хмурый и недовольный.

— Ведь это я для вас выдумала пикник, мой нехороший, подозрительный друг, — сказала она с глубокой нежностью в голосе. — Я хочу непременно узнать то, что вы не договорили тогда, на вокзале... Нам никто не помешает на пикнике.

И опять мгновенная перемена произошла в душе Боброва. Чувствуя у себя на глазах слезы умиления, он воскликнул страстно:

– О Нина! Как я люблю вас!

Но Нина как будто бы не слыхала этого внезапного признания. Она потянула поводья, заставила лошадь перейти в шаг и спросила:

– Так будете? Да?

– Непременно. Непременно буду!

– Смотрите же... А теперь подождем моего кавалера и – до свиданья. Я тороплюсь домой...

Прощаясь с ней, он чувствовал через перчатку теплоту ее руки, ответившей ему долгим и крепким пожатием. Темные глаза Нины смотрели влюбленно.

IX

В среду, уже с четырех часов, станция была битком набита участниками пикника. Все чувствовали себя весело и непринужденно. Приезд Василия Терентьевича на этот раз окончился так благополучно, как никто даже не смел ожидать. Ни громов, ни молний не последовало, никого не попросили оставить службу, и даже, наоборот, носились слухи о прибавке в недалеком будущем жалованья большинству служащих. Кроме того, пикник обещал выйти очень занимательным. До Бешеной балки, куда условились отправиться, считалось, если ехать на лошадях, не более десяти верст очень красивой дороги... Ясная и теплая погода, прочно установившаяся в течение последней недели, никак не могла помешать поездке.

Приглашенных было до девяноста человек; они толпились оживленными группами на платформе, со смехом и громкими восклицаниями. Русская речь перемешивалась с французскими, немецкими и польскими фразами. Трое бельгийцев захватили с собой фотографические аппараты, рассчитывая делать при свете магния моментальные снимки... Всех интересовала полнейшая неизвестность относительно подробностей пикника. Свежевский с таинственным и важным видом намекал о каких-то "сюрпризах", но от объяснений всячески уклонялся.

Первым сюрпризом оказался экстренный поезд. Ровно в пять часов из паровозного депо вышел новый американский десятиколесный паровоз. Дамы не могли удержаться от криков удивления и восторга: вся громадная машина была украшена флагами и живыми цветами. Зеленые гирлянды дубовых листьев, перемешанные с букетами астр, георгин, левкоев и гвоздики, обвивали спиралью ее стальной корпус, вились вверх по трубе, свешивались оттуда вниз, к свистку, и вновь подымались вверх, покрывая цветущей стеной будку машиниста. Из-под зелени и цветов стальные и медные части машины эффектно сверкали в золотых лучах осеннего заходящего солнца. Шесть вагонов первого класса, вытянувшиеся вдоль платформы, должны были отвезти участников пикника на 303-ю версту, откуда до Бешеной балки оставалось пройти не более пятисот шагов.

— Господа, Василий Терентьевич просил меня сообщить вам, что он берет все расходы по пикнику на себя, — говорил Свежевский, торопливо переходя от одной группы к другой. — Господа, Василий Терентьевич просил меня передать всем приглашенным...

Около него составилась большая кучка, он объяснил в чем дело:

— Василий Терентьевич остался чрезвычайно доволен тем приемом, который ему сделало общество, и ему очень приятно отплатить любезностью за любезность. Он берет все расходы на себя...

И, не утерпев, движимый тем чувством, которое заставляет лакея хвастать щедростью своего барина, он добавил веско:

— Мы истратили на этот пикник три тысячи пятьсот девяносто рублей!

— Пополам с господином Квашниным? — послышался сзади насмешливый голос. Свежевский быстро обернулся и убедился, что этот ядовитый вопрос задал Андреа, глядевший на него со своим обычным невозмутимым видом, заложив руки глубоко в карманы брюк.

— Что вы изволили сказать? — переспросил Свежевский, густо краснея.

— Нет, это вы изволили сказать: "Мы истратили три тысячи", и я имею полное основание думать, что вы подразумеваете себя и господина Квашнина под этим "мы"... в таком случае я считаю приятным долгом заявить вам, что если я принимаю эту любезность от господина Квашнина, то ведь от господина Свежевского я ее могу и не принять...

— Ах, нет, нет... Вы не так меня поняли, — залепетал переконфуженный Свежевский. — Это все Василий Терентьевич. Я просто только... как доверенное лицо... Ну, вроде как приказчик, что ли, — добавил он с кислой усмешкой.

Почти одновременно с подачей экстренного поезда приехали Зиненки в сопровождении Квашнина и Шелковникова. Но не успел еще Василий Терентьевич вылезть из коляски, как случилось никем не предвиденное происшествие трагикомического свойства. Еще с утра жены, сестры и матери заводских рабочих, прослышав о предстоящем пикнике, стали собираться на вокзале; многие принесли с собою и грудных ребят. С выражением деревянного терпения на загорелых, изнуренных лицах

237

сидели они уже много часов на ступенях вокзального крыльца и на земле, вдоль стен, бросавших длинные тени. Их было более двухсот. На расспросы станционного начальства они отвечали, что им нужно "рыжего и толстого начальника". Сторож пробовал их устранить, но они подняли такой оглушительный гвалт, что он только махнул рукой и оставил баб в покое.

Каждый подъезжавший экипаж вызывал между ними минутный переполох, но так как "рыжего и толстого начальника" до сих пор еще не было, то они тотчас же успокаивались.

Едва только Василий Терентьевич, схватившись руками за козлы, кряхтя и накренив всю коляску, вступил на подножку, как бабы быстро окружили его со всех сторон и повалились на колени. Испуганные шумом толпы, молодые, горячие лошади захрапели и стали метаться; кучер, натянув вожжи и совсем перевалившись назад, едва сдерживал их на месте. Сначала Квашнин ничего не мог разобрать: бабы кричали все сразу и протягивали к нему грудных младенцев. По бронзовым лицам вдруг потекли обильные слезы...

Квашнин увидел, что ему не вырваться из этого живого кольца, обступившего его со всех сторон.

– Стой, бабы! Не галдеть! – крикнул он, покрывая сразу своим басом их голоса. – Орете все, как на базаре. Ничего не слышу. Говори кто-нибудь одна: в чем дело?

Но каждой хотелось говорить одной. Крики еще больше усилились, и слезы еще обильнее потекли по лицам.

– Кормилец... родной... рассмотри ты нас... Никак не можно терпеть... Отошшали!.. Помираем... с ребятами помираем... От холода, можно сказать, прямо дохнем!

– Что же вам нужно? От чего вы помираете? – крикнул опять Квашнин. – Да не орите все разом! Вот ты, молодка, рассказывай, – ткнул он пальцем в рослую и, несмотря на бледность усталого лица, красивую калужскую бабу. – Остальные молчи!

Большинство замолкло, только продолжало всхлипывать и слегка подвывать, утирая .глаза и носы грязными подолами...

Все-таки зараз говорило не менее двадцати баб.

– Помираем от холоду, кормилец... Уж ты сделай милость, обдумай нас как-нибудь... Никакой нам возможности нету больше... Загнали нас на зиму в бараки, а в них нешто можно жить-то? Одна только слава, что бараки, а то как есть из лучины выстроены... И теперь-то по ночам невтерпеж от холоду... зуб на зуб не попадает... А зимой что будем делать? Ты хоть наших робяток-то пожалей, пособи, голубчик, хоть печи-то прикажи поставить... Пишшу варить негде... На дворе пишшу варим...

238

Мужики наши цельный день на работе... Иззябши... намокши... Придут домой – обсушиться негде.

Квашнин попал в засаду. В какую сторону он ни оборачивался, везде ему путь преграждали валявшиеся на земле и стоявшие на коленях бабы. Когда он пробовал протиснуться между ними, они ловили его за ноги и за полы длинного серого пальто. Видя свое бессилие, Квашнин движением руки подозвал к себе Шелковникова, и, когда тот пробрался сквозь тесную толпу баб, Василий Терентьевич спросил его по–французски, с гневным выражением в голосе:

– Вы слышали? Что все это значит?

Шелковников беспомощно развел руками и забормотал:

– Я писал в правление, докладывал... Очень ограниченное число рабочих рук... летнее время... косовица, высокие цены... правление не разрешило... ничего не поделаешь...

– Когда же вы начнете перестраивать рабочие бараки? – строго спросил Квашнин.

– Положительно неизвестно... Пусть потерпят как–нибудь... Нам раньше надо торопиться с помещениями для служащих.

– Черт знает что за безобразия творятся под вашим руководством, проворчал Квашнин. И, обернувшись опять к бабам, он сказал громко: – Слушай, бабы! С завтрашнего дня вам будут строить печи и покроют ваши бараки тесом. Слышали?

– Слышали, родной... Спасибо тебе... Как не слышать, – раздались обрадованные голоса. – Так–то лучше небось, когда сам начальник приказал... спасибо тебе... ты уж нам, соколик, позволь и щепки собирать с постройки.

– Хорошо, хорошо, и щепки позволяю собирать.

– А то поставили везде черкесов[23] , чуть придешь за щепками, а он так сейчас нагайкой и норовит полоснуть...

– Ладно, ладно... Приходите смело за щепками, никто вас не тронет, успокаивал их Квашнин. – А теперь, бабье, марш по домам, щи варить! Да смотрите у меня, живо! – крикнул он подбодряющим, молодцеватым голосом. – Вы распорядитесь, – сказал он вполголоса Шелковникову, – чтобы завтра сложили около бараков воза два кирпича... Это их надолго утешит. Пусть любуются.

Бабы расходились совсем осчастливленные.

– Ты смотри, коли нам печей не поставят, так мы анжинеров позовем,

---

[23] В южном крае на заводах ив экономиях сторожами охотнее всего нанимают черкесов, отличающихся верностью и внушающих страх населению. (Прим. автора).

239

чтобы нас греть приходили, – крикнула та самая калужская баба, которой Квашнин приказал говорить за всех.

– А то как же, – отозвалась бойко другая, – пусть нас тогда сам генерал греет. Ишь какой толстой да гладкой... С ним теплей будет, чем на печке.

Этот неожиданный эпизод, окончившийся так благополучно, сразу развеселил всех. Даже Квашнин, хмурившийся сначала на директора, рассмеялся после приглашения баб отогревать их и примирительно взял Шелковникова под локоть.

– Видите ли, дорогой мой, – говорил он директору, тяжело подымаясь вместе с ним на ступеньки станции, – нужно уметь объясняться с этим народом. Вы можете обещать им все что угодно – алюминиевые жилища, восьмичасовой рабочий день и бифштексы на завтрак, – но делайте это очень уверенно. Клянусь вам: я в четверть часа потушу одними обещаниями самую бурную народную сцену...

Вспоминая подробности только что потушенного бабьего бунта и громко смеясь, Квашнин сел в вагон. Через три минуты поезд вышел со станции. Кучерам было приказано ехать прямо на Бешеную балку, потому что назад предполагалось возвратиться на лошадях, с факелами.

Поведение Нины смутило Андрея Ильича. Он ждал на станции ее приезда с нетерпеливым волнением, начавшимся еще вчера вечером. Прежние сомнения исчезли из его души; он верил в свое близкое счастье, и никогда еще мир не казался ему таким прекрасным, люди такими добрыми, а жизнь такой легкой и радостной. Думая о свидании с Ниной, он старался заранее его себе представить, невольно готовил нежные, страстные и красноречивые фразы и потом сам смеялся над собою... Для чего сочинять слова любви? Когда будет нужно, они придут сами и будут еще красивее, еще теплее. И Боброву вспоминались читанные им в каком-то журнале стихи, в которых поэт говорит своей милой, что они не будут клясться друг другу, потому что клятвы оскорбили бы их доверчивую и горячую любовь.

Бобров видел, как подъехали следом за тройкой Квашнина две коляски Зиненок. Нина сидела в первой. В легком платье палевого цвета, изящно отделанном у полукруглого выреза корсажа широкими бледными кружевами того же тона, в широкой белой итальянской шляпе, украшенной букетом чайных роз, она показалась ему бледнее и серьезнее, чем обыкновенно. Она издали заметила Боброва, стоявшего на крыльце, но не послала ему, как он ожидал, долгого, многозначительного взгляда. Наоборот, ему даже показалось, будто она нарочно отвернулась от него. Когда же Андрей Ильич подбежал к ее коляске, чтобы помочь ей из нее выйти, Нина, точно предупреждая его, быстро и легко выскочила из экипажа на другую сторону. Нехорошее, зловещее чувство кольнуло сердце Андрея Ильича, но он тотчас же поспешил себя успокоить.

"Бедная, она стыдится своего решения и своей любви. Ей кажется, что теперь всякий может свободно читать в ее глазах самые сокровенные мысли... О святая, прелестная наивность!"

Андрей Ильич был уверен, что Нина, как и в прошлый раз на вокзале, сама найдет случай подойти к нему, чтобы с глазу на глаз перекинуться несколькими фразами. Однако она, по-видимому, вся поглощенная объяснением Квашнина с бабами, не торопилась этого сделать... Она ни разу, даже украдкой, не обернулась назад, чтобы увидеть Боброва. Сердце Андрея Ильича забилось вдруг тревожно и тоскливо. Он решил подойти к семейству Зиненок, державшемуся тесной кучкой – остальные дамы их, видимо, избегали, – и под шум, привлекавший общее внимание, спросить Нину, если не словами, то хоть взглядом, о причине ее невнимания.

Кланяясь Анне Афанасьевне и целуя ее руку, он заглядывал ей в лицо и старался прочесть в нем, знает ли она что-нибудь. Да, она, несомненно, знала: ее надломленные углом тонкие брови – признак лживого характера, как думал нередко Бобров, – недовольно сдвинулись, а губы приняли надменное выражение. Должно быть, Нина рассказала все матери и получила от нее выговор, догадался Бобров и подошел к Нине.

Но Нина даже не взглянула на него. Ее рука неподвижно и холодно лежала в его дрожащей руке, когда они здоровались. Вместо ответа на приветствие Андрея Ильича она тотчас же повернула голову к Бете и обменялась с нею какими-то пустыми замечаниями... В этом поспешном маневре Боброву почудилось что-то виноватое, что-то трусливое, отступающее пред прямым ответом... Он почувствовал, что у него сразу ослабели ноги, а во рту стало холодно... Он не знал, что подумать. Если бы Нина даже и проболталась матери, разве не могла она одним из тех быстрых, говорящих взглядов, которыми всегда инстинктивно располагают женщины, сказать ему: "Да, ты угадал, наш разговор известен... но я все та же, милый, я все та же, не тревожься". Однако она предпочла отвернуться. "Все равно, я во что бы то ни стало на пикнике дождусь ее ответа, – подумал Бобров, в смутной тоске предчувствуя что-то тяжелое и грязное. – Так или иначе, она должна будет ответить".

X

На 303-й версте общество вышло из вагонов и длинной пестрой вереницей потянулось мимо сторожевой будки, по узкой дорожке, спускающейся в Бешеную балку... Еще издали на разгоряченные лица пахнуло свежестью и запахом осеннего леса... Дорожка, становясь все круче, исчезала в густых кустах орешника и дикой жимолости, которые сплелись над ней сплошным темным сводом. Под ногами уже шелестели желтые, сухие, скоробившиеся листья. Вдали сквозь густую сеть чащи алела вечерняя заря.

Кусты окончились. Перед глазами гостей неожиданно открылась окруженная лесом широкая площадка, утрамбованная и усыпанная мелким песком. На одном ее конце стоял восьмигранный павильон, весь разукрашенный флагами и зеленью, на другом – крытая эстрада для музыкантов. Едва только первые пары показались из чащи, как военный оркестр грянул с эстрады веселый марш. Резвые, красивые медные звуки игриво понеслись по лесу, звонко отражаясь от деревьев и сливаясь где-то далеко в другой оркестр, который, казалось, то перегонял первый, то отставал от него. В восьмигранном павильоне вокруг столов, расставленных покоем и уже покрытых новыми белыми скатертями, суетилась прислуга, гремя посудой...

Как только музыканты кончили марш, все приглашенные на пикник разразились дружными аплодисментами. Они были в самом деле изумлены, потому что не далее как две недели тому назад эта площадка представляла собою косогор, усеянный редкими кустами...

Оркестр заиграл вальс.

Бобров видел, как Свежевский, стоявший рядом с Ниной, тотчас же, без приглашения, обхватил ее талию, и они понеслись, быстро вертясь, по площадке.

Едва Нину оставил Свежевский, как к ней подбежал горный студент, за ним еще кто-то. Бобров танцевал плохо, да и не любил танцевать. Однако ему пришло в голову пригласить Нину на кадриль. "Может быть, – думал он, – мне удастся улучить минуту для объяснения". Он подошел к ней, когда она, только что сделав два тура, сидела и торопливо обмахивала веером пылавшее лицо.

– Надеюсь, Нина Григорьевна, что вы оставили для меня одну кадриль?

– Ах, боже мой... Такая досада! У меня все кадрили разобраны, – ответила она, не глядя на него.

– Неужели? Так скоро? – спросил глухим голосом Бобров.

– Ну да, – Нина нетерпеливо и насмешливо приподняла плечи. – Зачем же вы опоздали? Я еще в вагоне обещала все кадрили...

– Вы, значит, совсем позабыли обо мне? – сказал он печально.

Звук его голоса тронул Нину. Она нервно сложила; и опять развернула веер, но не подняла глаз.

– Вы сами виноваты. Почему вы не подошли?..

– Но ведь я только для того и приехал на пикник, чтобы вас видеть... Неужели вы шутили со мной, Нина Григорьевна?

Она молчала, в замешательстве теребя веер. Ее выручил подлетевший к ней молодой инженер. Она быстро встала и, даже не обернувшись на Боброва, положила свою тонкую руку в длинной белой перчатке на плечо инженера. Андрей Ильич следил за нею глазами... Сделав тур, она села, – конечно, умышленно, подумал Андрей Ильич, – на другом конце площадки. Она почти боялась его или стыдилась перед ним.

Прежняя, давно знакомая, тупая и равнодушная тоска овладела Бобровым. Все лица стали казаться ему пошлыми, жалкими, почти комичными. Размеренные звуки музыки непрерывными глухими ударами отзывались в его голове, причиняя раздражающую боль. Но он еще не потерял надежды и старался утешить себя разными предположениями: "Не сердится ли она за то, что я не прислал ей букета? Или, может быть, ей просто не хочется танцевать с таким мешком, как я? – догадался он. – Ну что же, она, пожалуй, и права. Ведь для девушек эти пустяки так много значат... Разве не они составляют их радости и огорчения, всю поэзию их жизни?"

Когда стало смеркаться, вокруг павильона зажгли длинные цепи из разноцветных китайских фонарей. Но этого оказалось мало: площадка оставалась почти не освещенною. Вдруг с обоих ее концов вспыхнули ослепительным голубоватым светом два электрические солнца, до сих пор тщательно замаскированные зеленью деревьев. Березы и грабы, окружавшие площадку, сразу выдвинулись вперед. Их неподвижные кудрявые ветви, ярко и фальшиво освещенные, стали похожи на театральную декорацию первого плана. За ними, окутанные в серо–зеленую мглу, слабо вырисовывались на совершенно черном небе круглые и зубчатые деревья чащи. Кузнечики в степи, не заглушаемые музыкой, кричали так странно, громко и дружно, что казалось, будто кричит только один кузнечик, но кричит отовсюду: и справа, и слева, и сверху.

Бал длился, становясь все оживленнее и шумнее. Один танец следовал за другим. Оркестр почти не отдыхал... Женщины, как от вина, опьянели от музыки и от сказочной обстановки вечера.

Аромат их духов и разгоряченных тел странно смешивался с запахом степной полыни, увядающего листа, лесной сырости и с отдаленным тонким запахом скошенной отавы. Повсюду – то медленно, то быстро колыхались веера, точно крылья красивых разноцветных птиц, собирающихся лететь... Громкий говор, смех, шарканье ног о песок площадки сплетались в один монотонный и веселый гул, который вдруг с особенной силой вырывался вперед, когда музыка переставала играть.

Бобров все время неотступно следил за Ниной. Раза два она чуть–чуть не задела его своим платьем. На него даже пахнуло ветром, когда она пронеслась мимо. Танцуя, она красиво и как будто беспомощно изгибала левую руку на плече своего кавалера и так склоняла голову, как будто бы хотела к этому плечу прислониться... Иногда мелькал край ее нижней белой кружевной юбки, развеваемой быстрым движением, и маленькая ножка в черном чулке с тонкой щиколоткой и крутым подъемом икры. Тогда Боброву становилось почему–то стыдно, и он чувствовал в душе злобу на всех, кто мог видеть Нину в эти моменты.

Началась мазурка. Было уже около девяти часов. Нина, танцевавшая со Свежевским, воспользовалась тем временем, когда ее кавалер, дирижировавший мазуркой, устраивал какую–то сложную фигуру, и побежала в уборную, легко и быстро скользя ногами в такт музыке и придерживая обеими руками распустившиеся волосы. Бобров, видевший это с другого конца площадки, тотчас же поспешил за нею следом и стал у дверей…, Здесь было почти темно; вся уборная – маленькая дощатая комнатка, пристроенная сзади павильона, – находилась в густой тени. Бобров решился дождаться Нины и во что бы то ни стало заставить ее объясниться. Сердце его часто и больно билось, пальцы, которые он, судорожно стискивал, сделались влажными и холодными.

Через пять минут Нина вышла. Бобров выдвинулся из тени и преградил ей дорогу. Нина слабо вскрикнула и отшатнулась.

– Нина Григорьевна, за что вы меня так мучите? – сказал Андрей Ильич, незаметно для себя складывая руки умоляющим жестом. – Разве вы не видите, как мне больно. О! Вы забавляетесь моим горем… Вы смеетесь надо мной…

– Я не понимаю, что вам нужно. Я и не думала смеяться над вами, – ответила Нина упрямо и заносчиво.

В ней проснулся дух ее семейства.

– Нет? – уныло спросил Бобров. – Что же значит ваше сегодняшнее обращение со мной?

– Какое обращение?

– Вы холодны со мной, почти враждебны. Вы отворачиваетесь от меня… Вам даже самое присутствие мое на вечере неприятно…

– Мне решительно все равно…

– Это еще хуже… Я чувствую в вас какую–то непостижимую для меня и ужасную перемену… Ну, будьте же откровенны, Нина, будьте такой правдивой, какой я вас еще сегодня считал… Как бы ни была страшна истина, скажите ее. Лучше уж для вас и для меня сразу кончить…

– Что кончить? Я не понимаю вас…

Бобров сжал руками виски, в которые лихорадочно билась кровь.

– Нет, вы понимаете. Не притворяйтесь. Нам есть что кончить. У нас были нежные слова, почти граничившие с признанием, у нас были прекрасные минуты, соткавшие между нами какие–то нежные, тонкие узы… Я знаю, – вы хотите сказать, что я заблуждаюсь… Может быть, может быть… Но разве не вы велели мне приехать на пикник, чтобы иметь возможность поговорить без посторонних?

Нине вдруг стало жаль его.

– Да... Я просила вас приехать... – произнесла она, низко опустив голову. – Я хотела вам сказать... Я хотела... что нам надо проститься навсегда.

Бобров покачнулся, точно его толкнули в грудь. Даже в темноте было заметно, как его лицо побледнело.

– Проститься... – проговорил он, задыхаясь. – Нина Григорьевна!.. Слово прощальное – тяжелое, горькое слово... Не говорите его...

– Я его должна сказать.

– Должны?

– Да, должна. Это не моя воля.

– Чья же?

Кто–то подходил к ним. Нина вгляделась в темноту и прошептала:

– Вот чья.

Это была Анна Афанасьевна. Она подозрительно оглядела Боброва и Нину и взяла свою дочь за руку.

– Зачем ты, Нина, убежала от танцев? – сказала она тоном выговора. – Стала где–то в темноте и болтаешь... Хорошее, нечего сказать, занятие... А я тебя ищи по всем закоулкам. Вы, сударь, – обратилась она вдруг бранчиво и громко к Боброву, – вы, сударь, если сами не умеете или не любите танцевать, то хоть барышням бы не мешали, и не компрометировали бы их беседой tete–a–tete...[24] в темных углах...

Она отошла и увлекла за собою Нину.

– О! Не беспокойтесь, сударыня: вашу барышню ничто не скомпрометирует! закричал ей вдогонку Бобров и вдруг расхохотался таким странным, горьким смехом, что и мать и дочь невольно обернулись.

– Ну! Не говорила я тебе, что это дурак и нахал? – дернула Анна Афанасьевна Нину за руку. – Ему хоть в глаза наплюй, а он хохочет... утешается... Сейчас будут дамы выбирать кавалеров, – прибавила она другим, более спокойным тоном. – Ступай и пригласи Квашнина. Он только что кончил играть. Видишь, стоит в дверях беседки.

– Мама! Да куда же ему танцевать? Он и поворачивается–то насилу-насилу.

– А я тебе говорю: ступай. Он когда–то считался одним из лучших танцоров в Москве... Во всяком случае, ему будет приятно.

Точно в далеком, сером колыхающемся тумане видел Бобров, как Нина быстро перебежала всю площадку и, улыбающаяся, кокетливая, легкая, остановилась перед Квашниным, грациозно и просительно наклонив набок голову. Василий Терентьевич слушал ее, слегка над ней нагнувшись; вдруг он расхохотался, отчего вся его огромная фигура

---

[24] наедине – фр.

затряслась, и замотал отрицательно головою. Нина долго настаивала, потом вдруг сделала обиженное лицо и капризно повернулась, чтобы отойти. Но Квашнин с вовсе несвойственной ему живостью догнал ее и, пожав плечами с таким видом, как будто бы хотел сказать: "Ну, уж ничего не поделаешь... надо баловать детей..." – протянул ей руку. Все танцующие остановились и с любопытством устремили глаза на новую пару. Зрелище Квашнина, танцующего мазурку, обещало быть чрезвычайно комичным.

Василий Терентьевич выждал такт и вдруг, повернувшись к своей даме движением, исполненным тяжелой, но своеобразно–величественной красоты, так самоуверенно и ловко сделал первое pas, что все сразу в нем почуяли бывшего отличного танцора. Глядя на Нину сверху вниз, с гордым, вызывающим и веселым поворотом головы, он сначала не танцевал, а шел под музыку эластичной, слегка покачивающейся походкой. И огромный рост и толщина, казалось, не только не мешали, но, наоборот, увеличивали в эту минуту тяжеловесную грацию его фигуры. Дойдя до поворота, он остановился на одну секунду, стукнул вдруг каблуком о каблук, быстро завертел Нину на месте и плавно, с улыбающимся снисходительно лицом, пронесся по самой середине площадки на толстых упругих ногах. Перед тем местом, откуда Квашнин взял Нину, он опять завертел свою даму в быстром, красивом движении и, неожиданно посадив на стул, сам остановился перед ней с низко опущенной головой.

Его тотчас же окружили со всех сторон дамы, упрашивая пройтись еще один тур. Но он, утомленный непривычным движением, тяжело дышал и обмахивался платком.

– Довольно, mesdames... пощадите старика... – говорил он, смеясь и насилу переводя дух. – Не в мои годы пускаться в пляс. Пойдемте лучше ужинать...

Общество садилось за столы, гремя придвигаемыми стульями... Бобров продолжал стоять на том самом месте, где его покинула Нина. Чувства унижения, обиды в безнадежной, отчаянной тоски попеременно терзали его. Слез не было, но что–то жгучее щипало глаза, и в горле стоял сухой и колючий клубок... Музыка продолжала болезненно и однообразно отзываться в его голове.

– Батюшка мой! А я–то вас ищу–ищу и никак не найду. Что это вы куда запропастились? – услышал Андрей Ильич рядом с собой веселый голос доктора. Как только приехал, меня сейчас же за винт усадили, насилу вырвался... Идем ужинать. Я нарочно два места захватил, чтобы вместе...

– Ах, доктор! Идите один. Я не пойду, не хочется, – через силу отозвался Бобров.

– Не пойдете? Вот так история! – Доктор пристально поглядел в лицо Боброву. – Да что с вами, голубушка? Вы совсем раскисли, – заговорил он серьезно и с участием. – Ну, уж как хотите, а я вас не оставлю одного. Идем, идем, без всяких разговоров.

– Тяжело мне, доктор. Гадко мне, – ответил тихо Бобров, машинально, однако, следуя за увлекавшим его Гольдбергом.

– Пустяки, пустяки, идем! Будьте мужчиной, плюньте... "Или есть недуг сердечный? Иль на совести гроза?" – неожиданно продекламировал Гольдберг, нежно и крепко обвивая рукой талию Боброва и ласково заглядывая ему в лицо. Я вам сейчас пропишу универсальное средство: "Выпьем, что ли, Ваня, с холода да с горя?.." Мы, по правде сказать, с этим Андреа уже порядочно наконьячились... Ах, и пьет же, курицын сын! Точно в пустую бочку льет... Ну, будьте мужчиной, милочка... Знаете ли, Андреа вами очень интересуется. Идем, идем!..

Говоря таким образом, доктор тащил Боброва в павильон. Они уселись рядом. Соседом Андрея Ильича с другой стороны оказался Андреа.

Андреа, еще издали улыбавшийся Боброву, потеснился, чтобы дать ему место, и ласково догладил его по спине.

– Очень рад, очень рад, садитесь к нам поближе, – сказал он дружелюбно. Симпатичный человек... люблю таких... хороший человек... Коньяк пьете?

Андреа был пьян. Его стеклянные глаза странно оживились и блестели на побледневшем лице (только полгода спустя стало известно, что этот безупречно сдержанный, трудолюбивый, талантливый человек каждый вечер напивался в совершенном одиночестве до потери сознания)...

"А и в самом деле, может быть, станет легче, если выпить, – подумал Бобров, – надо попробовать, черт возьми!"

Андреа дожидался с наклоненной бутылкой в руке. Бобров подставил стакан.

– Та–ак? – протянул Андреа, высоко подымая брови.

– Так, – ответил Бобров с печальной и кроткой улыбкой.

– Ладно! До которых пор?

– Стакан сам скажет.

– Прекрасно. Можно подумать, что вы служили в шведском флоте. Довольно?

– Лейте, лейте.

– Друг мой, но вы, вероятно, выпустили из виду, что это Martel под маркой VSOP – настоящий, строгий, старый коньяк.

– Лейте, не беспокойтесь...

И Бобров подумал с злорадством: "Ну что ж, и буду пьян, как сапожник. Пусть полюбуется..."

247

Стакан был полон. Андреа поставил бутылку на стол и стал с любопытством наблюдать за своим соседом.

Бобров залпом выпил вино и весь содрогнулся от непривычки.

– Дитя мое, у вас червяк? – спросил Андреа, серьезно поглядев в глаза Боброва.

– Да, червяк, – уныло покачал головою Андрей Ильич.

– В сердце?

– Да.

– Гм!.. Значит, вы хотите еще?

– Лейте, – сказал Бобров покорно и печально.

Он с жадностью и с отвращением пил коньяк, стараясь забыться. Но странно, – вино не оказывало на него никакого действия. Наоборот, ему становилось еще тоскливее и слезы еще больше жгли глаза.

Между тем лакеи разнесли шампанское. Квашнин встал со стула, держа двумя пальцами свой бокал и разглядывая через него огонь высокого канделябра. Все затихли. Слышно было только, как шипел уголь в электрических фонарях и звонко стрекотал неугомонный кузнечик.

Квашнин откашлялся.

– Милостивые государыни и милостивые государи! – начал он и сделал внушительную паузу. – Я думаю, никто из вас не усомнится в том искреннем чувстве признательности, с которым я подымаю этот бокал! Я никогда не забуду сделанного мне в Иванкове радушного приема, и сегодняшний маленький пикник благодаря очаровательной любезности посетивших его дам останется для меня навсегда приятнейшим воспоминанием. Пью за ваше здоровье, mesdames!

Он поднял кверху свой бокал, сделал им в воздухе широкий полукруг, отпил из него немного и продолжал:

– К вам, мои ближайшие сотрудники и товарищи, обращаю слово. Не осудите, если оно будет носить характер поучения: по летам я старик, сравнительно с большинством присутствующих, а на старика за поучение можно и не обижаться.

Андреа нагнулся к уху Боброва и прошептал:

– Посмотрите, какие рожи делает этот каналья Свежевский.

Свежевский действительно выражал своим лицом самое подобострастное и преувеличенное внимание. Когда Василий Терентьевич упомянул о своей старости, он и головой и руками начал делать протестующие жесты.

– Я все–таки повторю старое, избитое выражение газетных передовых статей, – продолжал Квашнин. – Держите высоко наше знамя. Не забывайте, что мы соль земли, что нам принадлежит будущее... Не мы ли опутали весь земной шар сетью железных дорог? Не мы ли разверзаем недра земли и превращаем ее сокровища в пушки, мосты, паровозы, рельсы и колоссальные машины? Не мы ли, исполняя силой нашего гения почти невероятные предприятия, приводим в движение тысяче-миллионные капиталы?.. Знайте, господа, что премудрая природа тратит свои творческие силы на создание целой нации только для того, чтобы из нее вылепить два или три десятка избранников. Имейте же смелость и силу быть этими избранниками, господа! Ура!

– Ура! Ура! – закричали гости, и громче всех выделился голос Свежевского.

Все встали со своих мест и пошли чокаться с Василием Терентьевичем.

– Гнусная речь, – сказал доктор вполголоса.

После Квашнина поднялся Шелковников и закричал:

– Господа! За здоровье нашего уважаемого патрона, нашего дорогого учителя и в настоящее время нашего амфитриона: за здоровье Василия Терентьевича Квашнина! Ура!

– Ура–а! – подхватили единодушно все гости и опять пошли чокаться с Квашниным.

Потом началась какая–то оргия красноречия. Произносили тосты и за успех предприятия, и за отсутствующих акционеров, и за дам, участвующих на пикнике, и за всех дам вообще. Некоторые тосты были двусмысленны и игриво–неприличны.

Шампанское, истребляемое дюжинами, оказывало свое действие: сплошной гул стоял в павильоне, и произносившему тост приходилось каждый раз, прежде чем начать говорить, долго и тщетно стучать ножом по стакану. В стороне, на отдельном маленьком столике, красавец Миллер приготовлял в большой серебряной чаше жженку... Вдруг опять поднялся Квашнин, на лице его играла добродушно–лукавая улыбка.

– Мне очень приятно, господа, что наш праздник как раз совпал с одним торжеством семейного характера, – сказал он с обворожительной любезностью. Поздравимте от всей души и пожелаем счастья нареченным жениху и невесте: за здоровье Нины Григорьевны Зиненко и... – он замялся, потому что позабыл имя и отчество Свежевского... – и нашего товарища, господина Свежевского...

Крики, встретившие слова Квашнина, были тем громче, что сообщаемая им новость оказалась совсем неожиданной. Андреа, услышавший рядом с собою восклицание, более похожее на мучительный стон, обернулся и увидел, что бледное лицо Боброва искривлено внутренним страданием.

– Коллега, вы еще не все знаете, – шепнул Андреа. – Послушайте–ка, я сейчас скажу пару теплых слов.

Он уверенно поднялся, уронив при этом свой стул и рукоплескав половину бокала, и воскликнул:

249

– Милостивые государи! Наш многоуважаемый хозяин из весьма понятной, великодушной скромности не докончил своего тоста... Мы должны поздравить нашего дорогого товарища, Станислава Ксаверьевича Свежевского, с новым назначением: с будущего месяца он займет ответственный пост управляющего делами правления общества... Это назначение будет, так сказать, свадебным подарком для молодых от глубокоуважаемого Василия Терентьевича... Я вижу на лице нашего высокочтимого патрона неудовольствие... Вероятно, я нечаянно выдал приготовленный им сюрприз и потому прошу прощения. Но, движимый чувством дружбы и уважения, я не могу не пожелать, чтобы наш дорогой товарищ, Станислав Ксаверьевич Свежевский, и на новом своем поприще в Петербурге оставался таким же деятельным работником и таким же любимым товарищем, как и здесь... Но я знаю, господа, никто из нас не позавидует Станиславу Ксаверьевичу (он остановился и с едкой насмешкой посмотрел на Свежевского)... потому что все мы так дружно желаем ему всего хорошего, что...

Речь его была внезапно прервана громким лошадиным топотом. Из чащи точно вынырнул верхом на взмыленной лошади какой-то человек без шапки, с лицом, на котором застыло, перекосив его, выражение ужаса. Это был десятник, служивший у подрядчика Дехтерева. Бросив на средине площадки лошадь, дрожавшую от усталости, он подбежал к Василию Терентьевичу и, фамильярно нагнувшись к его уху, стал что-то шептать... В павильоне сделалось вдруг страшно тихо и, как раньше, слышно было только шипение угля и назойливый крик кузнечика.

Красное от вина лицо Квашнина побледнело. Он нервно поставил на стол бокал, который держал в руке, и вино из бокала расплескалось по скатерти.

– А бельгийцы? – спросил он отрывисто и хрипло.

Десятник отрицательно замотал головой и опять зашептал что-то под самым ухом Квашнина.

– А, черт! – воскликнул вдруг Квашнин, вставая с места и комкая в руках салфетку. – Надо же было... Подожди, ты сейчас же отвезешь на станцию телеграмму к губернатору. Господа, – громко и взволнованно обратился он к присутствующим, – на заводе – беспорядки... Надо принимать меры, и... и, кажется, нам лучше всего будет немедленно уехать отсюда...

– Так я и знал, – презрительно, со спокойной злобой сказал Андреа.

И в то время, когда все засуетились, он медленно достал новую сигару, нащупал в кармане спички и налил себе в стакан коньяку.

XI

Началась бестолковая, нелепая сумятица. Все поднялись с мест и забегали по павильону, толкаясь, крича и спотыкаясь об опрокинутые стулья. Дамы торопливо надевали дрожащими руками шляпки. Кто-то распорядился вдобавок погасить электрические фонари, и это еще больше усилило общее смятение... В темноте послышались истерические женские крики.

Было около пяти часов. Солнце еще не всходило, но небо заметно посветлело, предвещая своим серым, однообразным тоном начало ненастного дня. Бледный, тусклый, однообразный полусвет занимающегося утра, так быстро и неожиданно сменивший яркое сияние электричества, придавал картине общего смятения страшный, удручающий, почти фантастический характер. Человеческие фигуры казались привидениями из какой-то фантастической, бредовой сказки. Измятые бессонной ночью, взволнованные лица были страшны. Обеденный стол, залитый вином и беспорядочно загроможденный посудой, напоминал о каком-то чудовищном, внезапно прерванном пиршестве.

Около экипажей суматоха была еще безобразнее: испуганные лошади храпели, взвивались на дыбы и не давались зануздывать; колеса сцеплялись с колесами, и слышался треск ломающихся осей; инженеры выкрикивали по именам своих кучеров, озлобленно ругавшихся между собою. В общем, получалось впечатление того оглушительного хаоса, который бывает только на больших ночных пожарах. Кого-то переехали или, может быть, раздавили. Был слышен вопль.

Бобров никак не мог отыскать Митрофана. Раза два или три ему послышалось, будто его кучер отзывается на крик откуда-то из самой середины перепутавшихся экипажей. Но проникнуть туда не было никакой возможности, потому что давка становилась с каждой минутой все сильнее и сильнее.

Вдруг в темноте вспыхнул высоко над толпой красным пламенем огромный керосиновый факел. Послышались крики: "С дороги! С дороги! Посторонитесь, господа! С дороги!" Стремительная человеческая волна, гонимая сильным напором, подхватила Андрея Ильича, понесла его за собой, чуть не сбросив с ног, и плотно. прижала между задком одной пролетки и дышлом другой. Отсюда Бобров увидел, как между экипажами быстро образовалась широкая дорога и как по этой дороге проехал на своей тройке серых лошадей Квашнин. Факел, колебавшийся над коляской, обливал массивную фигуру Василия Терентьевича зловещим, точно кровавым, дрожащим светом.

Вокруг его коляски выла от боли, страха и озлобления стиснутая со всех сторон обезумевшая толпа... У Боброва что-то стукнуло в висках. На мгновение ему. показалось, что это едет вовсе не Квашнин, а какое-то окровавленное, уродливое и грозное божество, вроде тех идолов восточных культов, под колесницы которых бросаются во время религиозных шествий опьяневшие от экстаза фанатики. И он задрожал от бессильного бешенства.

Когда проехал Квашнин, сразу стало немного свободнее, и Бобров, обернувшись назад, увидел, что дышло, давившее ему спину, принадлежало его же собственной пролетке. Митрофан стоял около козел и зажигал факел.

– Скорей на завод, Митрофан! – крикнул Андрей Ильич, садясь. – Чтоб через десять минут поспеть, слышишь!

– Слушаю-с, – ответил мрачно Митрофан.

Он обошел пролетку кругом, чтобы влезть на козлы, как подобает всякому хорошему кучеру, справа, разобрал вожжи и прибавил, полуобернувшись назад:

– Только ежели лошадей зарежем, вы тогда, барин не серчайте.

– Ах, все равно...

Осторожно, с громадным трудом выбравшись из этой массы сбившихся в кучу лошадей и экипажей и выехав на узкую лесную дорогу, Митрофан пустил вожжи. Застоявшиеся, возбужденные лошади подхватили, и началась сумасшедшая скачка. Пролетка подпрыгивала на длинных, протянувшихся поперек дороги корнях, раскатывалась на ухабах и сильно накренялась то на левый, то на правый бок, заставляя и кучера и седока балансировать.

Красное пламя факела металось во все стороны с бурным ропотом. Вместе с ним метались вокруг пролетки длинные, причудливые тени деревьев... Казалось, что тесная толпа высоких, тонких и расплывчатых призраков неслась рядом с пролеткой в какой-то нелепой пляске. Призраки то перегоняли лошадей, вырастая до исполинских размеров, то вдруг падали на землю и, быстро уменьшаясь, исчезали за спиной Боброва, то забегали на несколько секунд в чащу и опять внезапно появлялись около самой пролетки, то сдвигались тесными рядами и покачивались и вздрагивали, точно перешептываясь о чем-то между собою... Несколько раз ветви частого кустарника, окаймлявшего дорогу, хлестали Митрофана и Боброва по лицам, будто чьи-то цепкие, тонкие, протянутые вперед руки.

Лес кончился. Лошади зашлепали ногами по какой-то луже, в которой запрыгало и зарябилось багровое блестящее пламя факела, и вдруг дружным галопом вывезли на крутой пригорок. Впереди расстилалось черное, однообразное поле.

252

– Да погоняй же, Митрофан, мы с тобой никогда не доедем! – крикнул Бобров нетерпеливо, хотя пролетка и без того неслась так, что дыхание захватывало. Митрофан проворчал что-то недовольным басом и ударил кнутом Фарватера, скакавшего, изогнувшись кольцом, на пристяжке. Кучер недоумевал, что сделалось с его барином, всегда любившим и жалевшим своих лошадей.

На горизонте огромное зарево отражалось неровным трепетанием в ползущих по небу тучах. Бобров глядел на вспыхивающее небо, и торжествующее, нехорошее злорадство шевелилось в нем. Дерзкий, жестокий тост Андреа сразу открыл ему глаза на все: и на холодную сдержанность Нины в продолжении нынешнего вечера, и на негодование ее мамаши во время мазурки, и на близость Свежевского к Василию Терентьевичу, и на все слухи и сплетни, ходившие по заводу об ухаживании самого Квашнина за Ниной... "Так и надо ему, так и надо, рыжему чудовищу, – шептал Бобров, ощущая такой прилив злобы и такое глубокое сознание своего унижения, что даже во рту у него пересохло. – О, если бы мне теперь встретиться с ним лицом к лицу, я бы надолго смутил самодовольный покой этого покупателя свежего мяса, этого грязного, жирного мешка, битком набитого золотом. Я бы оставил хорошую печать на его медном лбу!.."

Чрезмерное количество выпитого сегодня вина не опьянило Андрея Ильича, но действие его выразилось в необычайном подъеме энергии, в нетерпеливой и болезненной жажде движения... Сильный озноб потрясал его тело, зубы так сильно стучали, что приходилось крепко стискивать челюсти, мысль работала быстро, ярко и беспорядочно, как в горячке. Андрей Ильич, незаметно для самого себя, то разговаривал вслух, то стонал, то громко и отрывисто смеялся, между тем как пальцы его сами собой крепко сжимались в кулаки.

– Барин, да вы, никак, больны? Нам бы домой ехать, – сказал несмело Митрофан.

Эти слова вдруг привели Боброва в неистовство, и он закричал хрипло:

– Не разговаривай, дурак!.. Гони!..

Скоро с горы стал виден и весь завод, окутанный мелочно-розовым дымом. Сзади, точно исполинский костер, горел лесной склад. На ярком фоне огня суетливо копошилось множество маленьких черных человеческих фигур. Еще издали было слышно, как трещало в пламени сухое дерево. Круглые башни кауперов и доменных печей то резко и отчетливо выдвигались из мрака, то опять совершенно тонули в нем. Красное зарево пожара ярким и грозным блеском отражалось в бурной воде большого четырехугольного пруда. Высокая плотина этого пруда вся сплошь, без просветов, была покрыта огромной черной толпой, которая медленно подвигалась вперед и, казалось, кипела. И необычайный – смутный и зловещий гул, похожий, на рев отдаленного моря, доносился от этой страшной, густой, сжатой на узком пространстве человеческой массы.

– Куда тебя несет, дьявол! Не видишь разве, что едешь на людей, сволочь! услыхал Бобров впереди грубый окрик, и на дороге, точно вынырнув из–под лошадей, показался рослый бородатый мужик, без шапки, с головой, сплошь забинтованной белыми тряпками.

– Погоняй, Митрофан! – крикнул Бобров.

– Барин! Подожгли, – услышал он дрожащий голос Митрофана.

Но тотчас же он услышал свист брошенного сзади камня и почувствовал острую боль удара немного выше правого виска. На руке, которую он поднес к ушибленному месту, оказалась теплая, липкая кровь.

Пролетка опять понеслась с прежней быстротой. Зарево становилось все сильнее. Длинные тени от лошадей перебегали с одной стороны дороги на другую. Временами Боброву начинало казаться, что он мчится по какому–то крутому косогору и вот–вот вместе с экипажем и лошадьми полетит с отвесной кручи в глубокую пропасть. Он совершенно потерял способность опознаваться и никак не мог узнать места, по которому проезжал. Вдруг лошади стали.

– Ну, чего же ты остановился, Митрофан? – раздражительно закричал Бобров.

– А куда ж я поеду, коли впереди люди? – отозвался Митрофан с угрюмым озлоблением в голосе.

Бобров, как ни всматривался в серый предутренний полумрак, ничего не видел, кроме какой–то черной неровной стены, над которою пламенело небо.

– Каких ты там еще людей видишь, черт возьми! – выругался он, слезая с пролетки и обходя лошадей, покрытых белыми комьями пены.

Но едва он отошел пять шагов от лошадей, как убедился, что то, что он принимал за черную стену, была большая, тесная толпа рабочих, запружавшая дорогу и медленно, в молчании подвигавшаяся вперед. Пройдя машинально вслед за рабочими шагов пятьдесят, Андрей Ильич повернул назад, чтобы найти Митрофана и объехать завод с другой стороны. Но ни Митрофана, ни лошадей на дороге не было. Митрофан ли поехал в другую сторону отыскивать барина, или сам Бобров заблудился – понять этого Андрей Ильич не мог. Он стал кричать кучера – никто ему не откликался. Тогда Бобров решил догнать только что оставленных рабочих и с этой целью опять повернулся и побежал, как ему казалось, в прежнюю сторону. Но, странно, рабочие точно провалились сквозь землю, и вместо них Бобров уперся с разбегу в невысокий деревянный забор.

Забору этому не было конца ни вправо, ни влево. Бобров перелез через него и стал взбираться по какому–то длинному, крутому откосу, поросшему частым бурьяном. Холодный пот струился по его лицу, язык во рту сделался сух и неподвижен, как кусок дерева; в груди При каждом вздохе ощущалась острая боль; кровь сильными, частыми ударами била в темя; ушибленный висок нестерпимо ныл...

Ему казалось, что подъем бесконечен, и тупое отчаяние овладевало его душой. Но он продолжал карабкаться наверх, ежеминутно падая, ссаживая колени и хватаясь руками за колючие кусты. Временами ему представлялось, что он спит и видит один из своих лихорадочных болезненных снов. И панический переполох после пикника, и долгое блуждание по дороге, и бесконечное карабканье по насыпи – все было так же тяжело, нелепо, неожиданно и ужасно, как эти кошмары.

Наконец откос кончился, и Бобров сразу узнал железнодорожную насыпь. С этого места фотограф снимал накануне, во время молебна, группу инженеров и рабочих. Совершенно обессиленный, он сел на шпалу, и в ту же минуту с ним произошло что–то странное: ноги его вдруг болезненно ослабли, в груди и в брюшной полости появилось тягучее, щемящее, отвратительное раздражение, лоб и щеки сразу похолодели. Потом все повернулось перед его глазами и вихрем понеслось мимо, куда–то в беспредельную глубину.

Андрей Ильич очнулся от обморока по крайней мере через полчаса. Внизу, у подножия насыпи, там, где обыкновенно с несмолкаемым грохотом день и ночь работал исполинский завод, была необычная жуткая тишина. Бобров с трудом поднялся на ноги и пошел по направлению к доменным печам. Голова его была так тяжела, что с трудом держалась на плечах, больной висок при каждом движении причинял невыносимую боль. Ощупывая рану, он опять почувствовал пальцами липкое и теплое прикосновение крови. Кровь была также у него во рту и на губах: он слышал ее соленый, металлический вкус. Сознание еще не вполне вернулось к нему, и усилие вспомнить и уяснить прошедшее причиняло ему сильную головную боль. Острая тоска и отчаянная, беспредметная злоба переполняли его душу...

Утро заметно уже близилось. Все было серо, холодно и мокро: и земля, и небо, и тощая желтая трава, и бесформенные кучи камня, сваленного по сторонам дороги. Бобров бесцельно бродил между опустевших заводских зданий и, как это случается иногда при особенно сильных душевных потрясениях, говорил сам с собою вслух. Ему хотелось удержать, привести в порядок разбегавшиеся мысли.

– Ну, скажи же, скажи, что мне делать? Скажи ради бога, – страстно шептал он, обращаясь к кому–то другому, постороннему, как будто сидевшему внутри его. – Ах, как мне тяжело! Ах, как мне больно!..

Невыносимо больно!.. Мне кажется, я убью себя... Я не выдержу этой муки...

А другой, посторонний, возражал из глубины его души, также вслух, но насмешливо–грубо:

– Нет, ты не убьешь себя. Зачем перед собой притворяться?.. Ты слишком любишь ощущение жизни, для того чтобы убить себя. Ты слишком немощен духом для этого. Ты слишком боишься физической боли. Ты слишком много размышляешь.

– Что же мне делать? Что же мне делать? – шептал опять Андрей Ильич, ломая руки. – Она такая нежная, такая чистая – моя Нина! Она была у меня одна во всем мире. И вдруг – о, какая гадость! – продать свою молодость, свое девственное тело!..

– Не ломайся, не ломайся; к чему эти пышные слова старых мелодрам, иронически говорил другой. – Если ты так ненавидишь Квашнина, поди и убей его.

– И убью! – закричал Бобров, останавливаясь бешено подымая кверху кулаки. – И убью! Пусть он заражает больше честных людей своим мерзким дыханием. И убью!

Но другой заметил с ядовитой насмешкой:

– И не убьешь... И отлично знаешь это. У тебя нет на это ни решимости, ни силы... Завтра же опять будешь благоразумен и слаб...

Среди этого ужасного состояния внутреннего раздвоения наступали минутные проблески, когда Бобров с недоумением спрашивал себя: что с ним, и как он подал сюда, и что ему надо делать? А сделать что–то нужно было непременно, сделать что–то большое и важное, но что именно, – Бобров забыл и морщился от боли, стараясь вспомнить. В один из таких светлых промежутков он увидел себя стоящим над кочегарной ямой. Ему тотчас же с необычайной яркостью вспомнился недавний разговор с доктором на этом самом месте.

Внизу никого из кочегаров не было: все они разбежались. Котлы давно успели охладеть. Только в двух крайних топках еще рдел еле–еле каменный уголь... Безумная мысль вдруг, как молния, мелькнула в мозгу Андрея Ильича. Он быстро нагнулся, свесил ноги вниз, потом повис на руках и спрыгнул в кочегарку.

В куче угля была воткнута лопата. Бобров схватил ее и торопливыми движениями принялся совать уголь в оба топочные отверстия. Через две минуты белое бурное пламя уже гудело в топках, а в котле глухо забурлила вода. Бобров все бросал и бросал, лопату за лопатой, уголь; в то же время он лукаво улыбался, кивал кому–то невидимому головой и издавал отрывистые, бессмысленные восклицания. Болезненная, мстительная и страшная мысль, мелькнувшая еще там, на дороге, овладевала им все более. Он смотрел на огромное тело котла, начинавшего

256

гудеть и освещаться огненными отблесками, и оно казалось ему все более живым и ненавистным.

Никто не мешал. Вода быстро убавлялась в водомере. Клокотание котла и гудение топок становилось все грознее и громче.

Но непривычная работа скоро утомила Боброва. Жилы в висках стали биться с горячечной быстротой и напряженностью, кровь из раны потекла по щеке теплой струей. Безумная вспышка энергии прошла, а внутренний, посторонний, голос заговорил громко и насмешливо:

– Ну, что же, остается сделать одно еще движение! Но ты его не сделаешь... Basta...[25]. Ведь все это смешно, и завтра ты не посмеешь даже признаться, что ночью хотел взрывать паровые котлы.

Солнце уже показалось на горизонте в виде тусклого большого пятна, когда Андреи Ильич пришел в заводскую больницу.

Доктор, только что прервавший на минуту перевязку, раненых и изувеченных людей, умывал руки под медным рукомойником. Фельдшер стоял рядом и держал полотенце. Увидев вошедшего Боброва, доктор попятился назад от изумления.

– Что с вами, Андрей Ильич, на вас лица нет? – проговорил он с испугом.

Действительно, вид у Боброва был ужасный. Кровь запеклась черными сгустками на его бледном лице, выпачканном во многих местах угольною пылью. Мокрая одежда висела клочьями на рукавах и на коленях; волосы падали беспрядочными прядями на лоб.

– Да говорите же, Андрей Ильич, ради бога, что с вами случилось? – повторил Гольдберг, наскоро вытирая руки и подходя к Боброву.

– Ах, это все пустяки... – простонал Бобров. – Ради бога, доктор, дайте морфия... Скорее морфия, или я сойду с ума!.. Я невыразимо страдаю!..

Гольдберг взял Андрея Ильича за руку, поспешно увел в другую комнату и, плотно прикрыв дверь, сказал:

– Послушайте, я догадываюсь, что вас терзает... Поверьте, мне вас глубоко жаль, и я готов помочь вам... Но... голубушка моя, – в голосе доктора послышались слезы, – милый мой Андрей Ильич... не можете ли вы перетерпеть как–нибудь? Вы только вспомните, скольких нам трудов стоило побороть эту поганую привычку! Беда, если я вам теперь сделаю инъекцию... вы уже больше никогда... понимаете, никогда не отстанете...

Бобров повалился на широкий клеенчатый диван лицом вниз и пробормотал сквозь стиснутые зубы, весь дрожа от озноба:

– Все равно... мне все равно, доктор... Я не могу больше выносить.

Доктор вздохнул, пожал плечами и вынул из аптечного шкафа футляр с правацовским шприцем. Через пять минут Бобров уже лежал на

---

[25] хватит, довольно – итал.

клеенчатом диване в глубоком сне. Сладкая улыбка играла на его бледном, исхудавшем за ночь лице. Доктор осторожно обмывал его голову.

Список

www.ingramcontent.com/pod-product-compliance
Lightning Source LLC
Chambersburg PA
CBHW020548020726
47494CB00006B/1976